사회복지학자가 읽은 노자
도덕경

사회복지학자가 읽은 노자
도덕경

초판 1쇄 발행 2015년 10월 23일
초판 2쇄 발행 2017년 2월 28일

지은이 박승희
펴낸이 정규상
펴낸곳 성균관대학교 출판부
출판부장 오종우
편　집 신철호·현상철·구남희
외주디자인 아베끄
마케팅 박정수·김지현
관　리 황용근·박인봉

등록 1975년 5월 21일 제1975-9호
주소 03063 서울특별시 종로구 성균관로 25-2
대표전화 02)760-1252~4
팩시밀리 02)762-7452
홈페이지 press.skku.edu

ⓒ 2015, 박승희

ISBN 979-11-5550-134-4　93150
　　　979-11-5550-125-5　 (세트)

잘못된 책은 구입한 곳에서 교환해 드립니다.
사람의무늬는 성균관대학교가 일반 대중을 위해 새롭게 시도한 브랜드명입니다.

사회복지학자가 읽은 노자

도덕경

道 德 經

박승희 지음

삶의무늬

| 머리말 |

어떻게 읽었는가?

『도덕경道德經』은 원래 대나무를 쪼개거나 나무를 깎아서 만든 조각들을 가죽 끈으로 엮어 놓은 죽간竹簡이나 목간木簡에 쓰여 있었다. 이런 책은 오래되면 끈이 떨어져서 순서가 바뀌거나 내용이 유실되기도 하고, 다른 사람들이 잘못 베껴서 내용이 달라지기도 하였을 것이다. 책을 정리하고 새 책을 만들 때마다 사람들의 생각이 더해졌을 가능성이 크다. 『도덕경』은 어쩌면 아리랑처럼 오랜 세월 동안 여러 사람들의 지혜가 모아진 책일 것이다. 아리랑이 여러 가지 곡과 가사가 있는 것처럼 『도덕경』도 다른 판본들이 전해지고 있다. 최근에도 오래된 무덤에서 『도덕경』의 새로운 죽간본이나 목간본이 발견되기도 한다.

여러 판본들 중에서도 가장 오랫동안 널리 읽히고 있는 것이 이른바 '통행본通行本'이다. 이것은, 23세에 요절한, 삼국시대 위나라의 천재 청년 학자 왕필(226-249)이 주석을 단 책으로도 유명하다. 이것도 긴 세월에 따라 조금씩 바뀌어 여러 판본들로 분화되었다. 그러다가 청나라 건륭제의 명으로 다시 정리되었다. 그는 최고 학자들을 동원하여 당시까지 전해오던 모든 고전들을 교감矯監해 3,600여권의 책을 만들었고, 각 책을 3부씩 베끼게 하여 4개의 서고書庫에 나누어 보관하면서, 이것을 '흠정사고전서欽定四庫全書'라고 불렀다. 흠정欽定이란 황제가 정했다는 의미이다. 이 중에 문연각文淵閣이란 서고에 보관한 것이 문연각사고전서이다. 최근에 이것의 전자판電子版이 나왔다. 여기서는 왕필이 주석을 단 '통행본'을 『老子道德經』으로 이름 붙였다. 나는 이 책, '文淵閣四庫全書電子版문연각사고전서전자판'의 『老子道德經노자도덕경』을 읽었다.

　이 책을 읽는 과정에서 다른 판본들을 참조하였다. 그러나 이 책에 아무리 이해하기 어려운 구절이 있더라도 그것을 다른 판본의 것으로 바꾸어 읽지는 않았다. 왜냐하면 각 판본을 나름대로 의미 있는 창조물로 존중하고 싶기 때문이다. 이것은 아리랑의 다른 가사와 곡들을 다 소중하게 여기려는 것과 같다.

　죽간이나 목간은 만들기도, 보관하고 운반하기도 어려웠다. 이것들을 만들 때는 글자를 아껴서 사용할 수밖에 없었고, 생략할 수 있는 한 최대한 생략하였다. 원래 죽간이나 목간이었던 『도덕경』도 매우 간결한 문체로 되어 있다. 이 책의 문장들은 적은 글자로 많은 뜻을 함축하고 있어서 좋다. 그러나 그 의미를 알아내기가 어렵고, 여러 가지 구구한 해석이 있을 수밖에 없다. 이것이 문제일 수도 있지만, 많은 사람들에게 오히려 수수께끼를 푸는 재미를 안겨주고 상상력을 키워준다. 뿐만 아니라 어떤 해석이 과연 옳은가를 놓고 이루어지는 수많은 논쟁들이 오랜 세월 동안 시루떡이나 지층처럼 켜켜이 쌓여서, 인간들의 깊은 생각들을 저장하는 데 기여한다.

　나는 칠곡七谷 교수의 가르침을 따라 주로 초서 편지를 읽는 '우리문화 사랑'의 월요 서당에 '풍월 읊는 개'처럼 10여 년간 드나들었다.

그때 추사秋史의 제자인 우봉又峰 조희룡이, 진도 출신 화가 소치小癡 허련을 위해서 써준, 그림 미학 시들(『又峰論畵詩』)을 접한 적이 있다. 그 중의 한 시와 해설은 다음과 같다.

"동기창은 술집에서 고개지 그림 조롱했고,
왕필은 어찌하여 정강성을 나무랐던가?
천추에 심미안이 그 얼마나 많았던고?
앞선 현인에게는 뒷사람이 두려우리.
酒肆譏嘲顧畵意 如何叱咤鄭康成
千秋隻眼幾人在 自是前賢畏後生

동문민(명대 문인화가 동기창董其昌)이 술집에서 고개지顧愷之(동진시대 화가)의 그림을 보고서 '진짜 술집 물건이다'라고 말했다. 왕필이 『주역 周易』의 주를 달면서 나무로 정강성(한대 학자 정현鄭玄)의 상을 조각하여 좌석의 오른 편에 놓아두고, 주가 잘못된 곳이 나올 때마다 그를 질타하였다. 이것으로 보건대 반드시 지금 것을 천시하면서 옛것을 높일 필요는 없다. (童文敏 於酒肆 見顧愷之畵 云眞酒肆中物 王弼注易 刻木爲鄭康成 象 置之座右 注至誤處 輒叱之 以此觀之 亦未必賤今而讓古)."

이십대 왕필의 학자다운 기개가 아름다운 그림처럼 다가온다. 우리가 창조 정신을 중시한다면, 옛것을 높이기만 할 필요는 없을 것이다. 그러나 자기의 견해를 중시하면서 옛것을 천시할 필요도 없을 것이다. 옛것은 그대로 존중해 주면서도 자기 생각은 생각대로 피력하는 것이 좋을 듯하다. 나는 기존의 『도덕경』 해석들을 존중한다. 여러 선학先學들께 향기로운 한 잔 술을 올린다. 그러나 그것들에 매이지 않고 자유스럽게 나의 견해를 정확하게 드러내고자 했다.

『도덕경』을 읽으면서 가장 중요하게 고려한 것이 문법이다. 그러나 문법만으로 의미를 잘 이해할 수는 없다. 이 책의 문장들에서는 목간과 죽간의 한계 때문에 많은 것들, 특히 주어와 객어(목적어)가 가능한 한 생략되어 있다. 그리고 한자는, 소통이 어려웠던 고대 사회의 넓은 지역에서 오랜 세월 동안 사용되어 왔으므로, 같은 글자라도 그 뜻과 발음과 용례가 매우 다양할 수밖에 없다. 예컨대『한어대사전漢語大詞典』에 수록된 之의 뜻 및 용례가 20가지이다. 한문의 문법은 분명히 있긴 있지만, 문법만으로 그 의미를 확정하기는 어렵다. 같은 글자들의 조합이라도 여러 문법이 합당할 수 있다. 예컨대 '吾之'는 '내가 간다', '나의', '나는', '내가 사용하다' 등과 같은 여러 의미들로 해석할 수 있다. 우리는 문맥에 적합한 논리를 동원하여 문장을 해석하지 않으면 안 된다. 그러나 논리에 의존한 해석도 문법에 어긋나서는 안 된다. 한문을 해석할 때는, 논리가 문법을 위반해서도 안 되지만, 문법이 논리를 결정해서도 안 된다. 비유하자면 문법은 울타리이고, 논리는 울타리에 갇혀서 노는 개다. 개는 울타리를 넘을 수 없고, 울타리는 개를 잡을 수 없다. 나는 논리가 문법을 넘지 않고, 문법이 논리를 잡지 않도록 노력했다.

『도덕경』의 문장들은 많은 요소들이 생략되어 있기 때문에 읽기 쉽게 번역하려면 논리의 징검다리가 필요한 경우가 많다. 따라서 때로는 원문에 없는 말도 추가할 수밖에 없다. 그러나 원래 뜻을 왜곡할 위험성을 줄이기 위해서는 말을 되도록 적게 추가하여야 한다. 그리고 추가한 부분을 분명하게 표시할 필요가 있다. 이 책에서는 추가한 부분을 다른 색의 글씨로 표시했다.

원문의 글자와 단어들을 내가 어떻게 읽었는가를 일일이 밝혀두었다. 이 책에 소개한 글자와 단어의 뜻은 별다른 표시가 없는 경우 『한어대사전漢語大詞典』의 전자판을 보고, 용례의 시대와 문맥을 고려하여 내가 고른 것이다. 그러므로 글자와 단어의 뜻을 단정하는 어투로 기술해서는 안 될 것이다. 그러나 중복을 피하기 위해서 간략하게 기술하면서, 나의 주관에 따른 선택임을 일일이 밝히지 못했다.

이 책에 인용된 나의 한시(칠언절구七言絶句)들은 백탑시사白塔詩社에서 벽사碧史 선생님의 가르침을 받아서 마무리하였다.

2015년 봄
개나리 방, 망춘재望春齋에서
박승희

차례

머리말 어떻게 읽었는가? · · · · · · · · · · · · · 5

상편

1장   길이 바른 길이라도 참길이 아니고 · · · · · · · · · 16
2장   예쁜 것이 예쁘다고 알고 있지만 · · · · · · · · · 34
3장   현자라고 떠받들지 않는 것이 · · · · · · · · · 44
4장   길은 비어 있어서 · · · · · · · · · 51
5장   하늘과 땅은 어질지 않아 · · · · · · · · · 58
6장   골짜기의 신은 죽지 않는다 · · · · · · · · · 63
7장   하늘은 영원하고 · · · · · · · · · 68
8장   최선의 지도자는 · · · · · · · · · 75
9장   움켜쥐고 채우는 것은 · · · · · · · · · 79
10장 혼과 백을 삶에 싣고 · · · · · · · · · 83
11장 수레바퀴 하나에 서른 개의 살 · · · · · · · · · 90
12장 다섯 가지 색깔은 · · · · · · · · · 95
13장 총애寵愛와 모욕侮辱이 · · · · · · · · · 108
14장 보려 해도 보이지 않으니 · · · · · · · · · 114
15장 옛날의 좋은 지도자는 · · · · · · · · · 119
16장 비움을 이룸이 지극해지면 · · · · · · · · · 124
17장 최고의 지도자란? · · · · · · · · · 130
18장 큰길이 폐지되면 · · · · · · · · · 137
19장 성스러움을 버리면 · · · · · · · · · 140
20장 배움을 끊으면 · · · · · · · · · 148

上篇

21장 통달한 덕의 모습 · · · · · · · · · · 153
22장 굽으면 완전해져 · · · · · · · · · · 156
23장 억지로 말하자면 · · · · · · · · · · 160
24장 까치발 딛는 사람 · · · · · · · · · · 164
25장 물질들이 뒤섞여서 이루어짐 · · · · · · · · · · 167
26장 무거움은 가벼움의 뿌리 · · · · · · · · · · 171
27장 잘 다니면 · · · · · · · · · · 174
28장 웅비를 알고 · · · · · · · · · · 178
29장 천하를 얻어서 · · · · · · · · · · 181
30장 길로서 임금을 보좌하는 사람 · · · · · · · · · · 184
31장 좋은 병기란 · · · · · · · · · · 188
32장 길은 항상 이름을 갖지 않는다 · · · · · · · · · · 193
33장 남을 알면 · · · · · · · · · · 197
34장 큰 길은 오른쪽과 왼쪽으로 · · · · · · · · · · 202
35장 큰 형상을 잡으면 · · · · · · · · · · 207
36장 거두어들이려면 · · · · · · · · · · 211
37장 항상 길은 함을 갖지 않지만 · · · · · · · · · · 215

하편

38장 상덕上德은 덕을 갖지 않아서 · · · · · 220
39장 옛날에 하나를 얻은 것 중에 · · · · · 226
40장 되돌아감이 길의 움직임이고 · · · · · 230
41장 최고의 선비가 길을 들으면 · · · · · 232
42장 길은 하나를 낳고 · · · · · 238
43장 천하에서 가장 유연한 것이 · · · · · 242
44장 이름과 몸 중에 · · · · · 246
45장 큰 이룸은 모자란 듯 · · · · · 251
46장 천하에 길이 있으면 · · · · · 254
47장 사립을 나서지 않아야 · · · · · 257
48장 배움을 이루려면 날마다 보태지만 · · · · · 260
49장 성인은 정해놓은 마음이 없으니 · · · · · 263
50장 이해의 다툼에서 나오면 살고 · · · · · 266
51장 길은 낳아주고 · · · · · 270
52장 천하의 근본 · · · · · 273
53장 지식을 확고하게 지니고서 · · · · · 277
54장 잘 세운 것은 · · · · · 281
55장 두텁게 덕을 품은 사람 · · · · · 286
56장 아는 사람은 말하지 않고 · · · · · 290
57장 엄정함으로써는 나라를 다스리고 · · · · · 293
58장 정치가 어벙하면 · · · · · 298
59장 사람을 다스리고 · · · · · 303
60장 큰 나라를 잘 다스리는 건 · · · · · 307

下篇

61장 대국이란 하류下流이므로 · · · · · · · · · 313
62장 길이란 만물의 안방 · · · · · · · · · · · · 316
63장 함을 갖지 않기(無為)를 하고 · · · · · 320
64장 안정된 것은 보존하기 쉽고 · · · · · · 324
65장 옛날에 길을 잘 실천함이란 · · · · · · 328
66장 강과 바다가 온 골의 왕 · · · · · · · · 336
67장 천하가 우리 길이 크다고 여겨 · · · 340
68장 지휘를 잘하는 이는 · · · · · · · · · · · · 344
69장 병기 쓰는 사람 · · · · · · · · · · · · · · · 348
70장 내 말은 매우 알기가 쉽고 · · · · · · · 354
71장 자기 모름을 아는 것 · · · · · · · · · · · 357
72장 백성이 위세를 두려워하지 않으면 · · 362
73장 결행함에 용감하면 · · · · · · · · · · · · 367
74장 백성이 죽음을 두려워하지 않으면 · · 371
75장 백성이 배고픈 것은 · · · · · · · · · · · · 374
76장 산 사람은 부드럽고 · · · · · · · · · · · · 377
77장 하늘의 길은 마치 활줄을 당기는 듯 · · 380
78장 천하에 물보다 연한 것이 없지만 · · 383
79장 큰 원한을 풀었다고 하더라도 · · · · 387
80장 나라를 작게 하고 백성을 적게 하면 · · 390
81장 미더운 말은 예쁘지 않고 · · · · · · · · 398

찾아보기 · 401
감사의 글 · 406

상편

사회복지학자가 읽은 노자 도덕경

上篇

1장

길이 바른 길이라도
참길이 아니고

길(道)이 바른 길(可道)이라도 참길(常道)이 아니고,
이름이 바른 이름이라도 참이름(常名)이 아니다.
이름안가짐(無名)이 천지의 근본이고,
이름가짐(有名)이 만물의 어미이니,
늘 싶음(欲)을 안 갖고서는
만물의 오묘(妙)한 광경을 보고,
늘 싶음을 가지고서는
만물의 명료(徼)한 단면을 본다.
이 둘(有名 無名)은 같이 생겨 달리 불리며,
같이 가물거린다(玄)고 일컬어진다.
가물거리고도 가물거리네.
여러 묘한 것들이 드나드는 문이로다.

道可道 非常道 名可名 非常名
無名天地之始 有名萬物之母 故常無欲以觀其妙 常有欲以觀其徼
此兩者同出而異名 同謂之玄 玄之又玄 衆妙之門

―――――― 문법과 용어 풀이 ――――――

- 道可道 非常道, 흔히 可는 할 수 있다(can), 두번째의 道는 '말해지다'로 본다. 이 경우 可道와 常道가 대칭을 이루지 못하여 문장의 맛이 떨다. 可道는 '적합한 길', 常道는 '참길'이다. 이런 可道의 다른 용례가, 『도덕경』 죽간본 竹簡本과 함께 출토된 『性自命出』의 "唯人道爲可道(人道만이 可道가 된다)"라는 구절에 있다(최진석, 『노자의 목소리로 듣는 도덕경』, 소나무, 24쪽).
- 名可名 非常名의 문장 구조는 위의 道可道 非常道와 같다.
- 無名과 有名의 無와 有는 타동사로서 가지지 않다(don't have)와 가지다(have)이고, 名이 객어客語(목적어)이다. 無와 有를 자동사인 '없다'와 '있다'로 번역하면 사람과 이름의 관계가 사라지므로 의미의 혼선이 커진다.
- 無欲과 有欲에서는 欲이 객어이다.
- 常無欲以觀其妙에서 常은 항상, 以는 그럼으로써(연사, 접속사)이다.
- 同出而異名에서 而는 그리고(and)이다.
- 同謂之玄 玄之又玄 衆妙之門에서 첫째 之는 대명사(it), 둘째 之는 그리고(而), 셋째 之는 '~의', 玄은 가물거리다이다.

―――

道도 길, 可가 적합한, 非비 아니다, 常상 참, 名명 이름, 無무 갖지 않음, 天地천지, 之지 의, 始시 근본, 有유 가지다, 萬物만물, 母모 어미, 故고 그러므로, 常상 항상, 欲욕 싶음, 以이 연사(접속사), 觀관 보다, 其기 그, 妙묘 묘함, 徼요 명료함, 此차 이, 兩양 둘, 者자 것, 同동 같이, 出출 나오다, 而이 연사, 異이 다르게, 名명 불리다, 謂위 이르다, 之지 그것, 玄현 가물거리다, 之지 그리고, 又우 또, 衆중 여러, 之지 의, 門문

―――

바람은 볼 수 없고 길(道)은 만질 수 없다

좋은 책 중에는 첫머리가 중요하고도 어려운 경우가 많다. 예를 들면, 맑스와 엥겔스가 쓴 책이 40여 권인데, 그 중에서 『자본』세 권, 그 세 권 중에서 1권, 1장, 1절이 중요할 뿐만 아니라, 어렵기도 하다. 노자의 『도덕경道德經』도 마찬가지다. 1장이 중요하고도 어렵다. 이 장을

17

이해하면 나머지 장은 물론, 『장자莊子』까지도 더 쉽게 이해할 수 있으니, 자세하게 풀어보려 한다. 부디 깊은 숨 한번 들이마시고 싸목싸목 읽어내길 바란다. 다만 1장을 다 이해하지 못한다 하더라도 뒷장을 읽을 수 없는 것은 아니니, 섣불리 계속 읽기를 포기할 필요는 없다. 뿐만 아니라 『도덕경』은 한 가닥으로 엮여진 책이 아니므로, 읽히는 대로 읽어가도 좋을 것이다.

道도란 길이다. 우리가 길을 따라가면 쉽게 목적지에 도달할 수 있다. 길을 따라가지 않으면 가기가 어렵거나 갈 수가 없다. 이런 길의 특성에 빗대어, 사람들이 따라야 하는 원리를 길이라고 일컫는다.

이 길 중에는 可道가도가 있다. 이것은 바른 길이다. 바르다는 것은 어떤 기준에 맞는다는 것이다. 네팔 사람들은 손으로 밥을 먹는 것이 바르고, 한국 사람들은 수저로 먹는 것이 바르다. 바른 길이란 세상 사람들 중의 일부나 전부가 자기 기준에 따라 바르다고 믿는 길이다. 이런 길은 수없이 많다. 그 가운데에는 유가儒家의 길도 있고, 법가法家의 길도 있다. 다양한 종교, 학설과 이념(Ideology)에서 주장하는 길도 있다. 화음을 으뜸으로 삼는 음악의 길도 있고, 중봉中鋒을 지침으로 삼는 서예의 길도 있다.

그런가 하면 길 중에는 常道상도도 있다. 常상은 '항상'이란 뜻으로 많이 쓰이지만, 시간과 공간의 제약을 받지 않은 불변의 진리라는 뜻도 있다. 常道상도는 참길이다. 굳이 표현하자면, 이 참길은 사람의 생각과 말과는 상관없이 만물을 생성 변화시키는 자연의 질서라고 할 수 있다. 이것이 없다면 하늘도 땅도 만물도 없을 것이다. 이것은 바람처럼 있긴 있지만, 눈으로 볼 수도, 귀로 들을 수도, 코로 맡을 수도, 혀로 맛볼 수도 없다. 바람과는 달리 몸으로는 느낄 수조차 없다. 이 참길을 눈 귀 코 입 살로는 확인할 수 없고, 열린 마음으로만 감지할 수 있다.

노자는 누구나 이 길을 따르면 평안하게 오래 살 수 있는데, 특히 천하의 지도자가 이 길을 따르면 천하가 태평해진다고 생각한다. 이 참길이 노자가 말하고자 하는 길이다. 노자는 여기서만 '참길(常道)'이란 표현을 쓰고, 다른 데에서는 이것을 그냥 '길(道)'이라 한다.

이 세상에 바른 길들이 많고 많지만, 그런 것들은 참길이 아니라(道可道 非常道)고 노자는 말한다. 우리는 이 말에 쉽게 동의할 수 있는데, 그것은 노자 이전에 이 참길에 대해서 어느 누구도 말하지 않았기 때문이다. 그러나 이것만이 동의의 근거는 아니다. 중요한 근거는 바른 길이란 인간이 생각하고 주로 말로 이름 붙인 것인 반면, 참길은 인간의 말과 같은 것으로는 이름을 붙일 수 없는 것이란 점이다. 참길에 이름을 붙일 수 없는 이유는 그것이 결코 신비스럽기 때문이 아니라, 이름이 그것을 다 나타낼 수 없는 한계를 갖기 때문이다.

이름과 말의 차이

그렇다면 도대체 이름이란 무엇인가? 이 세상에 '책상'이란 이름이 없을 때, 맨 처음에 어떤 사람이 책을 올려놓고 쓰는 물건을 어떻게 부를 것인가를 고민하다가, '책'과 '상'이라는 말을 이용하여 마침내 '책상'이라고 불렀을 것이다. 여기서 '이름'은 '이르다'에서 나왔고, '이르다'는 '표현하다'는 뜻이다. 그 사람은 그 물건을 '책상'이란 말로 일렀다. 책을 올려놓는 물건은 대상이고, 그 대상을 이른 것이 그 이름이며, 이르는 수단이 '책상'이란 말이다. 이 말은 손짓, 눈짓, 몸짓, 그림, 글자 등과 함께 상징이다. 말과 그 말을 기록한 문자는 가장 대표적인 상징이다. 이런 상징들이 이름의 수단이다.

대상, 이름, 상징의 이런 관계는 맑스가 말하는 상품세계의 가치, 교환가치, 사용가치의 관계와 많이 닮았다. 한 상품의 가치를 표현한 것이 교환가치이고, 표현하는 수단이 다른 상품의 사용가치이다. 나는 이 책을 쉽게 쓰고자 하였으므로 어려운 개념들을 사용하지 않으려 했으나, 대상 이름 상징 사이의 관계를 이해하는 데 큰 도움이 되므로 어쩔 수 없이 이것들을 언급하고 넘어간다. 아무튼 이름이란 말과 같은 상징을 수단으로 삼아서 대상을 표현하는 것이다.

이름은 대상을 표현하는가, 대상에 대한 생각을 표현하는가?

이 이름을 우리가 더 잘 이해하기 위해서는 '이름을 붙이다'의 뜻을 따져보아야 한다. 해남에 가면 '녹우당綠雨堂'이라는 집이 있다. 한 선인先人이 집 뒤 비자나무 숲에 바람이 불 때 나는 소리를 비 소리로 듣고 지은 것이라 전해진다. 그런데 푸른 비가 오는 집이라는 의미를 담은 '녹우당'은 그 집 자체를 이른(표현한) 것인가, 집에 머물렀던 옛 사람의 생각을 표현한 것인가? 그 집에도 비 갠 다음 밝은 달이 떠오를 것이므로 제월당霽月堂이라 해도 좋고, 그 집에서 충신과 효자가 살았을 것이므로 충효당忠孝堂이라 해도 좋다. 우리가 그 집을 녹우당이라는 이름밖에 붙일 수 없는 것이 아니기 때문에, 녹우당은 그 집 자체를 표현한 것이 아니다. 그리고 푸른 비가 진짜 있는 것이 아니라 생각해낸 것이므로 녹우당은 그 집에 대한 선인의 생각을 표현한 것이다. 만약 선인이 다른 생각을 가졌다면 다른 이름을 지었을 것이다. 이처럼 이름은 대상 자체가 아니라, 그 대상에 대한 생각을 표현한 것이다. 그러므로 이름은 사람이 생각하는 의미를 담을 수밖에 없다.

우리는 대상을 말과 같은 상징으로 이르므로, 이름이 그런 상징과 같다고 생각한다. 해남 그 집의 이름과 '녹우당'이라는 말(상징)이 같다고 여긴다. 그러나 이름과 말은 글자도 뜻도 다르다. 이름은 이른 것이고, '녹우당'이라는 말은 '푸른 비 내리는 집'이다. 그렇지만 작명인이

이 둘이 같다고 확정하고, 따라 부르는 사람들도 같다고 동의한 것이다. 따라서 우리들의 생각 속에서 이름과 그것을 표현하는 수단인 말의 의미가 같은 것이고, 이름이 의미를 지닌다면 그 이름의 수단인 말도 의미를 담는다. 사람들이 이름을 정할 때 대부분 이미 의미가 있는 말들을 빌려 쓴다. 녹우당은 녹綠(푸름), 우雨(비), 당堂(집)이라는 의미단어意味單語들의 조합이다. 이 과정을 거쳐서 이름을 표현하는 말도 자연스럽게 의미를 지닌다. 그리고 아무런 의미가 없던 말조차도 이름이 되고 나면 의미를 부여받는다. 언젠가 어떤 사람이 하늘을 나는 것을 보고 맨 처음 우연히 '새'라고 했을 것이다. '새'가 나는 것의 이름이 되자, '새'라는 말은 그 대상에 대한 인간의 의미를 담는 그릇이 되었다. 결국 말을 포함한 상징이 이름으로 사용되는 순간부터 그 상징도 의미를 담는다.

이름은 말과 같은 상징들로 표현되므로, 상징이 이름이 된다. 예컨대 '밥', '술', '노래', '춤' 등의 말, 태극기, 십자가, 절간의 종소리와 같은 상징들은 각자의 대상을 표현하는 이름이다. 그런데 말의 경우 명사만이 아니라 동사, 형용사 그 밖의 많은 단어들도 이름이 된다. 짚을 모아 묶으면 짚뭇이고 짚뭇을 차곡 차곡 쌓으면 짚베늘인 것처럼, 단어를 모으면 문장이고 문장을 모으면 이론과 사상의 풀이베늘(설명체계)이다. 그러므로 단어, 문장, 문단, 나아가 이론과 사상의 풀이베늘까지도 이름이 된다.

바른 이름이라도 참이름이 아니다

우리는 이름이 그 대상을 완벽하게 표현한 것이라고 생각하기 쉽다. 과연 그럴까? 예를 들면 '책상'은 그 대상이 그러그러한 속성을 지니고 있으니까 붙인 것이므로 바른 이름(可名)이다. 더군다나 많은 사람들이 따라 부르는 것을 보면 더욱 그렇다는 것을 알 수 있다. 이름들은 대부분 그럴싸하고 사람들이 바르다고 여긴다.

그렇더라도 이름은 대상 자체가 아니라 그에 대한 사람들의 생각을 표현한 것이므로 이름이 그 대상일 수는 없다. 이것은 아무리 좋은 사진기로 경치를 촬영하여도 사진기에 맺힌 영상이 그 경치와 무관하지는 않지만, 경치 그 자체가 아닌 것과 같다.

그렇다면 이름에 들어 있는, 그 대상에 대한 생각은 그 대상의 모든 속성들을 포괄하고 있는가? '책상'으로 표현되는 그 대상의 속성은 최초로 이름을 붙인 사람이 파악했고, 따라 부르는 사람들이 그에 동의했다. 그러나 그 대상의 속성은 다른 사람이 다른 시각에서 보면 얼마든지 달라진다. 우리가 '책상'이라고 부르는 그 물건 위에 어떤 사람이 밥을 올려놓고 먹을 수도, 그 물건을 부수어 불을 땔 수도 있다. 그래서 책상은 밥상이나 땔감으로도 부를 수 있다. 여기서 '책상'은, 밥상과 땔감으로 쓰일 수 있다는 점들을 무시하고 붙여진 이름임을 알 수 있다. 이처럼 이름은 그것을 짓고 부르는 사람들이 대상에 대해서 편집(編輯)한 일부 속성을 반영한 것이므로, 그 대상 자체의 모든 속성들을 완전하게 표현한 것은 아니다.

이름은 대상의 일부 속성에 대한 인간의 생각을 그려놓은 것에 불과하므로, 이 세상 어떤 이름으로도 그 진정한 대상을 완전하게 다 표현할 수 없다. '책상', '밥상', '땔감', 그 밖에 그 물건에 붙일 수 있는 수많은 이름들도 다 바른 이름(可名)일 수 있지만, 그 대상을 완벽하게 표현한 참이름(常名)일 수는 없다. 이런 맥락에서 노자는 이름이 바른 이름(可名)이라도 참이름(常名)은 아니라고 한다. 물론 엉터리 이름은 말할 필요조차도 없을 것이다.

한편 이름이 그 대상의 일부 속성을 반영한다는 것은, 그 대상이 자기 이름에 영향을 미친다는 것을 뜻한다. 예컨대 푸른 비자나무 숲에서 비 오는 소리가 들렸으니까 녹우당이라 불렀다. 한 대상의 일정한 속성이 사람들의 생각을 일으키게 하여, 이름을 만들어낸다. 그런가 하면 대상의 속성 변화가 이미 있는 이름의 의미를 바꾸기도 한다. 아무리 좋은 의미의 말로 사람의 이름을 지었더라도 그 사람이 못된 짓을 하면 그 이름의 의미가 나쁜 것으로 변한다. 대상이 일으킨 사람들의 생각이 이름의 의미에 지대한 영향을 미친다.

반대로 이름의 의미가 대상에 대한 사람들의 생각을 지배하는 것도 분명하다. 예를 들어보자. 우리는 여러 용도로 쓸 수 있는 부드러운 종이를 화장실에서 사용하니까, 그것을 '화장지'라고 부른다. 그 이름 때문에 그 대상을 화장실에서 사용하는 밑닦기로만 규정하게 되고, 입닦기(냅킨)로 써서는 안 된다는 생각을 하게 된다. 이름은 한 대상의 속성들을 편집해서 인식하게 만들고, 우리의 생각과 행위까지도 틀에 박아 넣는다. 어떤 사람을 '짠돌이'라고 부르는 것은 그 사람이 그러한 면이 있기 때문이지만, 그렇게 부르기 시작하면 그 사람이 '짠돌이'로 처신하지 않을 때조차도 사람들은 그를 그렇게 이해하고, 그가 그러리라고 기대하며, 그런 사람으로 대우한다. 더 나아가 이름은 대상의 다른 속성은 파악할 수 없게 만드는 독재자이기도 하다. 이름은 처음에는 한 대상을 표현하기 위한 수단으로 인간이 만든 것이지만, 그것이 인간의 생각을 규정한다. 인간은 이름을 만들어놓고는, 스스로 그 이름의 지배支配를 받는다. 미국정신의학회에서 발간하는 『정신장애 진단 및 통계 편람(Diagnostic and Statistical Manual of Mental Disorder)』이란 두꺼운 책에는 온갖 정신 장애의 증상을 분류하고 그 이름들을 붙여놓았다. 이와 관련된 분야에 종사하는 사람들은 이 책에서 정한 증상의 분류와 이름을 숭배하고 따르지 않을 수 없다. 그런데 이 책이 판본을 거듭할수록 정신 장애의 종류와 이름은 더욱더 많아지고 있다. 새로운 증상과 이름 붙이기는 새로운 발견임에는 틀림이 없지만, 이름이 계속 늘어나면 인류 전체가 정신질환자가 되는 비극을 면하기가 어려울 것이다. 정신 장애가 있어서 이름을 붙였다고 말하겠지만, 이름을 붙이니까 정신 장애가 만들어지는 것은 아닌지 모르겠다.

함정에 빠진 노자

이제 왜 바른 길(可道)이 참길(常道)이 아닌지를 다시 살펴보기로 하자. 사람들은 흔히 말로 자기의 길들을 그럴싸하게 설명한다. 그 설명이 그럴싸하면 그 길이 곧 바른 길이다. 그런데 참길은 인간의 생각과 말과는 무관하게 돌아가는 자연의 질서이다. 이것이 무엇인가를 맑은 정신으로 생각하면 짐작할 수는 있지만, 무엇이라고 이름을 붙여서 설명하면 그 설명한 내용도 참길과 상이한 것이다. 이것은 '책상'이 그 대상 물체가 아니고, 경치 사진이 경치 그 자체가 아닌 것과 같다. 우리가 눈으로 보는 대상에 바른 이름을 붙이더라도, 그 이름이 대상의 참이름이 아닌데, 허물며 인간의 눈 귀 코 입 살로는 감지하기 어려운 것을 어떻게 이름으로 완전하게 표현할 수 있겠는가? 그러므로 말로 표현된 바른 길들이 참길이 아님은 자명하다. 물론 바르지 못한 길이 참길이 아님은 말할 필요조차 없다.

여기서 우리는 노자가 스스로 함정에 빠졌다는 것을 쉽게 알 수 있다. 노자는 인간의 말과 생각 밖에 있는 자연의 길을 '참길(常道)'이라고 부르고 있기 때문이다. '참길'도 이름인 한, 그 대상을 완전하게 표현한 것이 아니다. 더군다나 '참길'로 표현하려는 그 대상은 인간의 말과 생각 밖에 있는데, 이름을 얻는 순간 그 대상이 인간의 말과 생각에 의해서 왜곡되어 인식되어 버린다. 노자는 이런 한계를 모르지는 않았던 것 같다. 어쩌면 이것을 밝히기 위해서 이 1장을 썼다고 볼 수 있다. 그럼에도 불구하고 '참길'과 '참이름'이라는 이름을 사용하는 것은 그렇지 않고서는, '참길'과 '참이름'으로 표현하고자 하는 그 대상을 다른 사람에게 가르쳐줄 수 없었기 때문일 것이다. 그러므로 '참길'과 '참이름'은 달을 보라고 가리키는 손가락일 뿐, 달 자체는 아닐 것이다.

이름이 없으면 싫음도 없어

노자는 이름안가짐이 천지의 근본이라(無名天地之始)고 말한다. 그러나 어떤 것에 대한 이름을 지어서 갖느냐 갖지 않느냐는 사람의 일인데, 어찌 이름안가짐(無名)이 하늘과 땅의 근본이 되겠는가? 이 문장은 비유比喩가 아니라면 성립될 수 없다. 만약 인간이 만물에 대한 생각이 없으면 어떤 이름도 지어 갖지 않을 것이고, 반대로 만물에 대한 아무런 이름도 지어 갖지 않으면, 아무런 생각도 없을 것이다. 그런데 하늘과 땅은 본래 아무런 생각도 하지 않고, 어떤 것에 대한 이름도 지어서 갖지 않는다. 이것이 천지의 근본 속성이다. 그러므로 사람들이 이름을 지어 갖지 않는 것이 마치 천지의 근본과 같다.

한편 인간이 한 대상에 대해서 어떤 생각을 하면 그 생각에 따라 곧바로 이름을 붙이고, 이름을 붙이면 그 이름에 따라서 생각을 정리할 것이다. 그러므로 이름은 그 대상에 의미를 부여한다. 우리가 봄에 피는 어떤 풀 꽃에 '할미꽃'이란 이름을 붙이면 그 대상은 꼬부랑 할머니를 닮은 꽃이란 의미를 부여받는다. 무의미한 대상이 할미꽃이란 의미를 지닌 물체로 새로 태어난 것처럼 보인다. 그 대상을 '어미꽃'으로 고쳐 부르면 어미와 닮은 꽃으로 그것이 다시 태어나는 것과 같다. 그러나 이것은 결코 처음 태어나는 것도 다시 태어나는 것도 아니다. 인간이 그 물체에 대해서 이름을 붙이지 않을 때에도 이미 그 물체는 있었기 때문이다. 만물에 대한 이름이 생긴 뒤로 새롭게 태어난 것은 만물 자체가 아니라 만물에 대한 인간의 의미이다. 이것을 비유하여 이름을 지어서 갖는 것이 만물의 어미라고 할 것이다(有名萬物之母).

그런데 우리가 이름을 갖는 것이 대상에 의미를 부여하는 데에서 그치지 않는다. 사람들은 이름을 짓거나 받아들여 가짐으로써 싶음도 덩달아 가지게 된다. 이름은 싶음(欲)도 솟구치게 하기 때문이다. 인간이 이름에 따라 그 대상에 부여한 의미는 그 대상과 다른 것들에 대한 판단의 기준이 된다. 이 판단 기준에 따라 사람들은 만물을 아름다운 것과 추한 것, 귀한 것과 천한 것 따위로 구분한다. 예컨대 인간이 딱딱하고 반짝거리는 돌에 귀한 보석 구슬을 뜻하는 '옥玉'이란 이름을 붙이지 않았다면, 사람들은 돼지나 소처럼 그 옥을 보고서도 그저 딱딱하고 반짝거리는 물체로만 여겼을 것이다. 사람들이 다른 돌과 구별하여 옥이라 부르기 시작하자, 옥은 귀한 것이 되고 다른 돌은 천한 것이 되었다. 이제 사람들은 옥인가 아닌가를 따지고, 옥을 탐내고 옥이 아닌 돌을 기피하게 된다. 이 옥을 갖고 싶음(欲)은 원래 인간이 지니고 있었던 것이 아니다. 갓난아기에게 젖 먹기의 바램은 있지만, 옥을 갖고자 하는 싶음은 없다. 여기서 이름과 그 의미가 싶음을 만들어낸다는 것을 알 수 있다. 특히 길에 대한 이름들과 의미들은 길을 포함한 천지와 만물에 대한 판단 기준을 제공하고 수많은 싶음을 만들어낸다. 결국 이름이 싶음을 조작하는 강력한 힘을 갖는다고 할 수 있다.

그렇다면 모든 이름은 싶음을 만들어내고, 모든 싶음은 이름에서만 생기는 것일까? 모든 이름이 싶음을 만들어내는가부터 살펴보자. 우리가 밤하늘에 둥글게 빛나는 것을 달이라 불렀다 해서 그 이름이 곧바로 어떤 강한 싫음을 만들어내지는 않을 것이다. 그러나 학력고사를 보게 하여 그 결과를 숫자나 수 우 미 양 가로, 그리고 달리기의 빠른 순서를 금 은 동 메달로 이름을 붙여주면 어떤 것을 취하고 어떤 것을 버리려는 강한 싫음이 생겨난다. 따라서 모든 이름이 싫음을 만들어낸다고 볼 수는 없다. 그리고 어떤 이름은 더 강한 싫음을, 어떤 이름은 더 약한 싫음을 만들어낼 것이다. 노자는 강한 싫음을 만들어내는 이름을 경계한 것이다. 특히 통치 기법 및 이념과 관련된 길(道)의 이름들을 문젯거리로 여겼다. 이런 이름들은 통치자를 포함한 많은 사람들의 마음에서 강한 싫음을 무럭무럭 피어오르게 한다.

한편 모든 싫음이 이름에서 생기는 것만은 아니다. 예컨대 약물의 중독은 일종의 생물학적인 조작으로 생긴 것이라고 볼 수 있다. 따라서 노자가 말하는 싫음은 주로 이름에 의해서 생기는 것이지만, 이름을 따라서만 생기는 것은 아니다. 아무튼 이 싫음이 인위적으로 조작된 것임에는 틀림이 없다. 이 싫음은 바램(慾望, desire)이지만, 원초적인 욕망인 맨바램과는 다르다. 맨바램이 순수한 생물학적인 욕망에 가깝다면, 싫음은 이름이라는 상징 따위에 의해서 조작된 사회학적인 바램에 가깝다. 그리고 싫음(欲)은 바램(慾望)에서 맨바램을 뺀 것이라고 할 수 있다.

싫음을 버림으로써 묘함을 보고

거울은 말할 줄도, 생각할 줄도 모른다. 그래서 거울은 대상에 이름을 붙이지 않고, 판단하지 않으며, 어떤 싫음도 가지지 않는다. 거울은 만물을 그냥 비칠 뿐이다. 만약 우리가 싫음을 꾸준히 버리고 만물을 본다면, 우리의 마음은 거울이 되어, 대상을 그저 비칠 뿐이다. 이럴 때는 대상에 대한 의미도, 판단도, 대응 전략도 갖지 않는다. 대상이 간단하게 이해되지도 파악되지도, 정리되지도 않는다. 이 경우 사람들은 대상을 잘 알 수 없는 것 같지만, 신기하고 아름답게 느끼며, 말로 표현할 수 없는 황홀함으로 받아들인다. 우리는 이런 상태를 묘妙하다고 할 것이다. 말과 생각을 제거하고 바라보는 이 모습은 불교에서 말하는 빔(空)으로 받아들인 광경일 것이다. 이런 광경은 우리가 싫음을 꾸준하게 갖는 것이 아니라 가졌다 버렸다 하는 상태에서는 결코 볼 수 없을 것이다. 그래서 노자는 우리가 "늘 싫음을 안 갖고서는(常無欲以)" 만물의 오묘함을 본다고 말한 것이다.

노자는 또 이 싫음을 늘 가지고서는 만물의 '徼요'를 본다고 한다. 이 徼는 무엇일까? 『논어論語』(양화장陽貨章)에는 "惡徼以為知者 惡不孫以為勇者 惡訐以為直者"이라는 문장이 있다. 해석하면 "徼요를 지혜로 여기는 사람을 미워하며, 불손을 용감함으로 여기는 사람을 미워하고, 비방을 곧음으로 여기는 사람을 미워한다"이다. 이 『논어』의 문장에서 徼요는 부정적이다. 이것은 정치판의 모사꾼들이 하는 것처럼, 다른 사람들의 태도나 성향을 자신의 이해와 싫음에 따라 집요하게 사찰하여 간명하게 판단한 것쯤으로 보인다. 이를 근거로 보면 여기서 徼요는 자신의 싫음(欲)에 따라 대상을 명료하게 이해한 상황일 것이다. 우리가 배추벌레에 대해서 아무런 의도를 두지 않고 있을 때는 그것이 그저 신기롭게 보일 수 있다. 그러나 배추를 팔아서 돈을 벌어야 한다는 싫음을 꾸준히 가지고 그것을 보면, 배추벌레는 농약으로 제거해 버릴 대상으로 간명하게 이해된다. 물론 싫음을 가졌다 버렸다 하면 대상이 잘 정리되지 않을 것이다.

묘함과 요함을 비교해보자. 묘함은 우리가 이름과 싫음을 가지지 않고 본 대상의 모습이고, 요함은 이름과 싶음을 가지고 본 모습이다. 우리가 같은 대상을 보았지만, 두 모습은 다르다. 묘함은 대상이 다가와서 나의 인식의 거울에 비친 대로 본 것이고, 요함은 이름과 싶음으로 대상을 편집해서 본 것이다. 묘함은 대상이 애매하게 보이는 것이고, 요함은 분명하게 정리되어 보이는 것이다. 묘함은 어디에도 매이지 않으므로 변화가 무궁하고, 요함은 싶음의 틀에 갇혀 있으므로 변화가 제한되어 있다. 묘함의 범위는 광활한 반면, 요함의 범위는 협소하다. 묘함이 두 눈으로 그냥 세상을 두루 보는 것이라면, 요함은 대롱(管)을 댄 한쪽 눈으로 세상을 좁게 보는 것이다.

따라서 우리가 이름에서 생겨나는 싶음을 갖고 있지 않다(無欲)면 우리는 사물을 있는 그대로 바라보면서 경이로움을 체험할 수 있다. 그러나 이름에 따라 생겨난 싶음에 따라서 보면, 그것들을 좋은 것과 나쁜 것 등으로 분명하게 구별하여 정리할 수 있다. 이런 상태에서는 어떤 신비로움도 체험할 수 없을 것이다. "그러므로 늘 싶음(欲)을 안 갖고서는 그 오묘함을 보고, 늘 싶음을 가지고서는 그 명료함을 본다(故常無欲以觀其妙 常有欲以觀其徼)."

사공의 뱃노래처럼 가물거리네

이제까지 이름가짐(有名)을 싶음가짐(有欲)과, 이름안가짐(無名)을 싶음안가짐(無欲)과 연관시켜서 살펴보았다. 그리고 이름가짐과 안가짐을 분리시켜 살펴보았다. 이렇게 보면, 분리된 둘이 각각 별개의 것으로 보인다. 그런데 노자는 이 이름가짐과 이름안가짐(無名)이 같이 출현한 것으로서 달리 불리어진 이름일 뿐이라고 말한다. 애초에 어떤 대상에 대한 이름을 가지지 않았을 때는 그 대상의 이름이 없다는 생각 자체도 하지 않을 것이다. 이러한 이름안가짐(無名)은 '순수한 이름안가짐(純粹 無名)'이라고 할 수 있을 것이다. 그런데 한 대상에 대해서 이름을 만드는 순간, 이름가짐이란 생각과 이름을 따라서 곧바로 이름안가짐(無名)이란 생각과 이름이 생겨난다. 우리가 태초에 하나의 봄꽃에 '제비꽃'이란 이름을 붙이는 순간, 그것이 이름을 가졌다는 생각과 '이름가짐'이란 이름(말)을 떠올리고, 동시에 그 대상이 '제비꽃'이란 이름을 갖지 않을 때와 아직 이름을 갖지 않는 꽃도 생각하면서 '이름안가짐(無名)'이란 이름(말)도 만들어낸다. 이렇게 이름가짐과 이름안가짐(無名)은 같이 출현한다. 이것은 좋음과 나쁨이 같이 생기는 것과 같다. 예를 들어보자. 우리가 회식을 할 때 사람이 많아서 두 식탁으로 나누어 앉기도 한다. 그럴 때면 나는 같은 식탁에 앉은 사람들에게 '좋은 사람끼리 한잔하자'고 제안하면서 '저쪽 사람들이 나쁘다는 말을 한 적이 전혀 없다'고 못을 박는다. 그러면 사람들이 웃는다. 저쪽 사람들은 이미 나쁜 사람이 되었기 때문이다. 좋음과 나쁨이 같이 생긴다. 좋음이 없으면 나쁨이 무슨 의미가 있고, 나쁨이 없으면 좋음이 무슨 의미가 있겠는가? '이름가짐'이란 이름도 '이름안가짐(無名)'이란 이름이 없으면 의미가 없고, 그 반대도 마찬가지다. 이름가짐과 안가짐이란 이름과 생각은 동시에 생겨나서 대립관계에 놓인다.

이렇게 '이름가짐'과 대립되어 있는 '이름안가짐(無名)'이란, 그런 말과 생각조차도 없던 인간의 의식 밖에 있는 순수한 이름안가짐(無名)과는 다르다. 대립된 이름안가짐(無名)은 인간이 의식한 것이다. 이것을 인간의 인식에 '오염'된 것으로서 '오염된 이름안가짐(無名)(김기덕 교수의 가르침)'이라 부르면 어떨까?

이처럼 원초의 '이름안가짐(無名)'에서 '이름가짐'이 생겨나고, 그 순간 오염된 '이름안가짐(無名)'도 출현하여 두 이름과 생각이 대립한다.

따라서 이름안가짐(無名)과 이름가짐, 이 두 가지는 같이 생겨나서 다른 이름을 가지고 있다(此兩者同出而異名). 이 두 가지가 분명하게 구별되는 것 같지만, 이름에 따라서 생겨난 인간의 생각에 지나지 않기 때문에, 실제로는 구별되는 것도 구별되지 않는 것도 아니다. 구별도, 구별이 없음도 다 환상이다. 이름안가짐(無名)과 이름가짐도 인간의 머릿속에서 펼쳐지는 환상일 뿐이다.

그런데 이름안가짐(無名)과 이름가짐의 대립을 초월한 순수한 이름안가짐(無名)도 과연 순수한 것인가? 이것도 역시 오염된 이름안가짐(無名)과 대립을 통해서 만들어낸 것이 아닌가? 혹은 반대로 순수한 이름안가짐(無名)이 오염된 이름안가짐(無名)을 만들어내지 않는가? 원초의 순수한 이름안가짐(無名)도 오염된 이름안가짐(無名)과 대립되는 것을 인간의 사고 속에서는 제거하기가 참으로 어렵다. 뿐만 아니라 아무리 '순수한'이라는 형용사로 제한을 하였다 하더라도 우리의 생각 속에서는 그 순수한 이름안가짐(無名)도 이름가짐과 대립되는 것을 피하기가 쉽지 않다.

이처럼 이름안가짐(無名)과 이름가짐, 순수한 이름안가짐(無名)과 오염된 이름안가짐(無名)이 무엇인가는 짐작은 가지마는, 말과 생각으로 확실하게 정리할 수는 없다. 그 실체가 결코 없는 것은 아니지만 표현해내기도, 분명하게 알아차리기도 어렵다. 그렇다고 전혀 알 수 없는 것도 아니다. '사공의 뱃노래'가 '삼학도 파도 깊이 스며드는데,' 어찌 그것이 없겠는가? 정녕 있지만, 가물거릴 뿐이다. 사공의 뱃노래는 들릴 듯 말 듯하고, 이름안가짐(無名)과 이름가짐은 알 듯 말 듯하다. 이 두 가지는 분리시켜 표현할 수도 없고, 쉽게 인지할 수도 없다. 그래서 이 두 가지를 뭉뚱그려 가물거린다(同謂之玄)고 말한다. 이것들이 가물거리면서도 또 가물거린다(玄之又玄).

이 두 가지는 그저 가물거리고 가물거리는 데서만 끝나지 않는다. 사람들은 자기가 가진 이름에 따라, 혹은 이름을 가지지 않았다는 생각에 따라서 수많은 생각과 싶음, 사건들을 만들어내거나 소멸시킨다. 어떤 사람이 그럴듯한 종교를 만들면서, 그가 믿는 대상을 '참한님'이라고 부르고 그것을 정교한 이론으로 표현했다고 하자. 이러한 이름과 이론을 근거로 보면 이 세상 다른 종교들은 참 종교가 아니고, 기껏해야 사이비(似而非, 비슷하지만 진짜가 아닌 것)다. 자기 종교에서는 참한님을 가지지만, 다른 종교에서는 참한님을 가지지 않는다. 이처럼 인간이 특히 자기 이론과 이념을 갖게 되면, 그와는 다른 것들을 이론과 이념이 아닌 것으로 몰아세운다. 이론과 이념이 아닌 것은 그것을 갖지 않는 것과 같다. 그러나 다른 이론과 이념의 입장에서 보면 내 것이 가짜이고 무언가를 갖지 않는 것이다. 그래서 옛 시인은 이렇게 말했을 것이다.

> 말하기 좋다 하고 남의 말을 말 것이네
> 남의 말 내 하면 남도 내 말 하는 것이니
> 말로써 말이 많으니 말을 말까 하노라

이러한 대립적 사고를 따라서 내 믿음의 좋음과 네 믿음의 물쯤(전라도 표준말, 나쁨), 내가 믿는 님의 아름다움과 네가 믿는 님의 추함 등을 만들어내는 수많은 구별 기준이 생겨나고, 그 기준에 따라 여러 가지 싶음이 일어나고, 여기서 파생된 새로운 이름들과 싶음들이 사람들의 마음 하늘에서 뒤섞여 구름 꽃을 피운다. 말로써 말이 많아지고, 이름으로써 이름이 많아지며, 싶음으로써 싶음이 많아진다. 그런가 하면 수많은 이름과 싶음이 다른 이름과 싶음에 따라 이슬처럼 사라졌다가 다시 일어나고 다시 사라진다. 유행 지난 장롱 속의 양복이 다시 유행의 선봉으로 태어나기도 한다. 그래서 이름안가짐(無名)과 이름가짐(有名), 이 두 가지는 여러 묘한 것(신기한 것)들이 드나드는 문(衆妙之門)과 같다.

    그러나 이 두 가지의 가물거림과 신기함을 아무나 볼 수는 없다. 이름과 싫음으로부터 벗어나야만 이해할 수 있다. 꿈에서 깨어나야만 꿈에 본 것이 헛것임을 알 수 있다. 자기 이름과 싫음에 집착하는 사람은 이름안가짐(無名)과 이름가짐이 다른 것이며, 명확하게 분리되어 있다고 생각한다. 이런 사람들에게 이 두 가지는 결코 가물거리지 않는다. 또렷하게 구별된다. 가진 것은 가진 것이고, 갖지 않는(없는) 것은 갖지 않은(없는) 것이다. 신기할 리가 없다. 빠꿈살이(소꿉놀이)를 하며 싸우는 아이들의 모습이 어른들에게는 묘한 것으로 보일 수도 있다. 그러나 그 아이들에게는 심각한 것이며, 묘하지도 가물거리지도 않는다.

2장
예쁜 것이 예쁘다고
알고 있지만

천하의 모든 이가 자기에게 예쁜 것이
참으로 예쁘다고 알고 있지만,
달리 보면 이것이 미울 뿐이다.
좋은 것이 좋다고 알고 있지만,
달리 보면 이것이 좋지 않을 뿐이니,
가짐(有), 안가짐(無)이 서로를 낳고,
어려움과 쉬움이 서로를 이루며,
긺과 짧음이 서로를 형성하고,
높음과 낮음이 서로를 지으며,
음音과 성聲이 서로를 만들고,
앞과 뒤가 서로를 정해준다.
그러므로 성인은, 함 안 갖는(無爲) 일을 하고
말하지 않는 가르침을 베푼다.
만물이 이루어져도 참견하지 않으며,
만물을 낳아주고도 소유하지 않고,
보살펴주고도 의지하지 않으며,

공이 이루어져도 머물지 않고,
머물지 않을 뿐이니 떠나지도 않는다.

天下皆知美之爲美 斯惡已 皆知善之爲善 斯不善已
故有無相生 難易相成 長短相較 高下相傾 音聲相和 前後相隨
是以聖人處無爲之事 行不言之敎
萬物作焉而不辭 生而不有 爲而不恃
功成而弗居 夫唯弗居是以不去

────────────── 문법과 용어 풀이 ──────────────

- 美之爲美에서 之는 주어를 강조하는 조사, 爲는 이다(is)이다. 앞의 美는 개인이나 집단이 느끼는 아름다움이고, 뒤의 美는 보편적인 아름다움이다.
- 故有無相生에서 故는 그러므로이다.
- 音聲相和에서 聲은 먼저 울리는 소리, 音은 뒤따라 나오는 소리이다(『道德經註』, 文淵閣四庫全書電子版).
- 是以聖人에서 是以는 그러므로이다.
- 是以聖人의 앞은 일반 진리를, 그 뒤는 성인의 실천을 기술한다. 이것이 『도덕경』에 20여 회 나온다.
- 處無爲之事에서 無爲는 有爲와 대비되며, 이름과 싫음에 따른 함을 갖지 않음이다. 之는 조사이다. 직역하면 함을 갖지 않음의 일을 처리하다가 된다.
- 萬物作焉而不辭에서 萬物이 주어, 作이 자동사, 焉은 조사, 而는 연사(접속사), 而 다음 문장의 주어는 성인이다.
- 弗은 不과 같다.
- 夫唯弗居에서 夫는 문장 전체를 수식하는 부사로서 무릇(generally), 唯는 오직이다.

─────

天천 하늘, 下하 아래, 皆개 모두, 知지 알다, 美미 아름다운 것, 之지 조사, 爲위 이다(is), 斯사 이것, 惡오 미운 것, 已이 뿐이다, 善선 좋은 것, 不불 아니, 故고 그러므로, 有유 가짐, 無무 갖지 않음, 相상 서로, 生생 낳다, 難난 어려움, 易이 쉬움, 成성 이루다, 長장 긺, 短단 짧음, 較교 견주다, 高고 높

35

음, 下하 낮음, 傾경 기울다, 音음, 聲성 소리, 和화 어울리다, 前전 앞, 後후 뒤, 隨수 따르다, 是以시이 그러므로, 聖人성인, 處처 처리하다, 無무 갖지 않다, 爲위 함, 之지 의, 事사 일, 行행 행하다, 言언 말하다, 敎교 가르치다, 萬物만물, 作작 이루어지다, 焉언 조사, 而이 연사(접속사), 辭사 간섭하다, 生생 낳게 해주다, 爲위 위해주다, 恃시 의지하다, 功공, 弗불 아니, 居거 머물다, 夫부 무릇, 唯유 오직, 去거 떠나다

미인이 되는 길

나는 자반 김을 무척 좋아한다. 파래가 섞인 자반 김을 물 탄 조선간장이나 소금으로 간을 하고 참기름을 살짝 쳐서 주물러 먹으면 맛있다. 나는 이것을 '인류 최고의 맛'이라고 불렀고, 한국 사람은 물론 세계 어느 나라 사람도 좋아할 것이라고 믿었다. 실제로 내가 존경하는 미국인 캔다 교수도 이 김을 좋아한다. 몇 해 전에 나는 캔다 교수가 주관한 문화 다양성 존중과 사회복지 실천에 관한, 미국 캔자스 대학 학술모임에서 통역의 도움을 받아 한국말로 발표한 적이 있다. 모임이 끝난 다음, 여러 나라에서 온 사람들이 캔다 교수 댁에서 저녁 식사를 하는 자리에 참석했다. 그 자리에 내가 선물로 가지고 온 자반 김이 맛있게 요리되어 올라 왔다. 나는 남미에서 온 여성에게 권했다. 그런데 그 여성은 바다 냄새가 너무 진해서 싫다는 것이다. 나의 절대 미감味感에 대한 신뢰가 무너지는 순간이었다. 나만이 아니라 많은 사람들이 자기들에게 좋은 맛이 진정한 맛이라고 알곤 한다. '잘난' 사람일수록 더욱 그렇다.

이와 같이 천하의 사람들이 모두 자기에게 예쁜 것이 진정한 예쁨이라고 알고 있다(天下皆知美之爲美). 왜 그럴까? 이름을 붙이기 때문이다. 나는 지하철 안에서 이런 광고문을 보았다. "5살이나 많은 여

자한테 내 남자를 뺏겼다. 걔가 성형한 거기, ○○○성형외과, ○○○ plastic surgery". 그 아래 '수술전Before', '수술후After', 그리고 사진 2개가 있다. 병원의 주소지는 강남이다. 이 광고에서는 "수술 후의 사진에 박힌 '강남 스타일'의 여자가 미인이다", 혹은 "미인은 수술 후의 사진을 닮은 '강남 스타일'의 여자다"라는 전제를 깔고 있다. 앞문장에서는 사진에 박힌 여자가 대상이고 미인이 이름이며, 뒷문장에서는 미인이 대상이고 사진을 닮은 여자가 이름이다. 이런 이름 붙이기를 주도한 사람들과 자기도 모르게 그 이름들을 따라 부르는 사람들은 그런 여자가 미인이고, 미인은 그런 여자라고 당연하게 여기고, 자기가 예쁘다고 느끼는, 그런 여자의 예쁨이 진짜 예쁨이라고 알게 된다. 자기가 알고 있는 아름다움을 보편적인 아름다움으로 여긴다.

이렇게 예쁨의 기준이 정해지면, 그 기준에서 벗어난 것은 미운 것이 된다. 수술 후가 예쁨의 기준이 되면 수술 전은 미움의 이름이 된다. 그들은 이런 미추 개념에 동의하지 않는 사람들은 예쁨을 모르는 사람이라고 여긴다. '강남 스타일'의 미인이 숲을 지나면 숫고라니가 놀라서 도망갈 것이다(『장자』, 제물론齊物論). '강남 스타일'의 사람들은 숫고라니가 예쁨을 모른다고 생각한다.

오히려 나는 강남의 그런 사람들이 예쁨을 모른다고 생각한다. 나에게는 자연스럽고 생기生氣와 개성이 넘치는 수술 전의 여인이, 인공적이고 생기와 개성을 잃은 수술 후의 여인보다 훨씬 예쁘다. 나에게 예쁜 것은 '강남 스타일'의 사람들이 보기에는 미운 것이지만, 그들에게 예쁜 것은 내가 보기에는 미운 것이다. 이처럼 모든 예쁨은 미운 것이고, 모든 미움은 예쁜 것이다. 하늘 아래 모든 사람들이 스스로 예쁘게 느끼는 것이 진짜 예쁜 것으로 알고 있지만, 이것들은 미운 것이기도 하다(天下皆知美之爲美 斯惡已). 예쁨과 미움이란 이름을 따라서 우리의 생각 속에서 함께 만들어진다. 이 두 가지가 같이 생겨서 이름이 다를(此兩者同出而異名) 뿐이다. 그래서 나는 주변 사람들에게 다음과 같이 이야기한다. 돈 들여서 몸을 고치지 말고, 돈 들이지 않고서 생각을 바꾸라고.

   천하의 모든 사람들은 자기에게 좋은 것이 진짜 좋은 것이라고 알고 있지만, 그것은 좋지 않은 것일 뿐이다(皆知善之爲善 斯不善已). 좋음과 좋잖음, 두 가지도 같이 생겨서 이름만 다를 뿐이다. 사람들의 머릿속에서 좋은 것이 물짠 것을 만들고, 물짠 것이 좋은 것을 만든다. 정의와 불의, 악의 축과 선의 축, 천사와 악마, 그 밖의 모든 분별이 다 이와 같이 만들어진다.

   그러므로 가짐(有)과 안가짐(無)도 서로를 낳고(故有無相生), 어려움과 쉬움이 서로를 이루며, 깊과 짧음이 서로를 견주어 성립시키고, 높음과 낮음이 서로를 기울기로 가려주며, 앞에 나는 소리인 음과 뒤따르는 소리인 성이 서로를 조응시켜 만들어주고, 앞과 뒤는 서로를 따르는지 여부로 정해준다. 예컨대 가짐과 안가짐이 한 쌍의 이름이며, 우리의 생각 속에서 같이 만들어진다. 우리가 집을 가지려면 등기를 통하여 국가로부터 소유권을 인정받아야 한다. 등기란 그 집이 내 집이라는 이름을 붙이는 것이다. 이에 따라 나를 포함한 모든 사람이 그 집이 내 집이라고 생각하게 된다. 그런 생각 때문에 나는 내 집을 마음대로 처분할 수 있는 권리를 현실적으로 가지게 된다. 그런데 내가 그 집을 가진다는 것은 다른 사람이 그 집을 가지지 않는다는 것을 동시에 이르는 말이다. 반대로 내가 그 집을 갖지 않다는 것은 누가 가지고 있다는 것을 의미한다. 이렇게 가짐과 안가짐도 이름을 따라 우리의 생각 속에서 서로를 만들어내고 있다. 깊과 짧음도 한 쌍의 이름이며, 우리의 생각 속에서 서로를 성립시켜 준다. 다른 예를 들어보자. 여기 연필 한

자루가 고립되어 있다고 하자. 이것이 짧은 것인가, 긴 것인가? 말할 수 없다. 다른 것과 비교를 통해서만 길고 짧음을 이를 수 있다. 지우개와 비교하면 길고, 공책과 비교하면 짧다. 그리고 그것을 길다고 이르면, 지우개를 짧다고 일러야 하고, 그것을 짧다고 이르면, 공책을 길다고 일러야 한다. 길고 짧음은 우리의 생각 속에서 일어나는 장난일 뿐이다. 연필 그 자체는 짧은 것도 아니고 긴 것도 아니다. 쉬움과 어려움, 높음과 낮음 따위도 다 이와 같이 우리의 생각 속에서 만들어진다.

지렁이에게 잘 마른 이부자리

예쁨과 미움이 이름일 뿐이다. 자연의 세계에서는 이런 것들이 없다. 이름이 없으니 분별이 없고, 분별이 없으니, 그 대상들이 단순한 사물일 뿐이다. 이런 곳에서는 그것들이 과연 예쁜가, 미운가? 예쁘다고도 해도 그만이고 밉다고 해도 그만이다. 우리가 예쁨과 미움이란 이름을 갖지 않은 상태에 머물면, 모든 것들이 예쁘지도 밉지도 않을 것이고, 예뻐지려 하거나 미워지지 않으려고 하지도 않을 것이다. 가짐과 안가짐, 어려움과 쉬움, 길과 짧음, 높음과 낮음 따위도 다 이름일 뿐이며, 이런 이름들이 모두 사라지면 모든 분별과 싶음이 사라진다. 말과 생각을 떠나고, 시간과 공간의 개념에서도 벗어난 (出世間) 세계가 이런 것이리라.

이와 같이 이름과 싶음을 버린 지도자를 노자는 성인이라고 하고, 그가 하는 행위를 함안가짐(無爲)이라 한다. 함안가짐(無爲)이란 이름과 싶음에 따른 함을 가지지 않는다는 뜻이다. 이것의 반대는 함가짐(有爲)이다. 함가짐(有爲)은 이름과 싶음에 따른 함을 가진다는 뜻이다. 그러므로 성인은 함을 갖지 않은 일을 처리한다(是以聖人處無爲之事).

이 '함안가짐(無爲)'이 노자 사유에서 매우 중요한 개념이므로 조금 더 쉽게 풀어보기로 하자. 좀 전에 이야기한 캔자스 대학의 학술모임에서 내가 발표한 내용에는 다음과 같은 우화가 들어 있었다.

"저는 지렁이를 매우 사랑하였습니다. 그래서 지렁이를 모셔다가, '저녁에는 잠자리를 보아드리고 아침에는 안부를 살핀다(昏定晨省)'는 유교의 전통에 따라 돌보기로 하였습니다. 사랑하는 지렁이를, 저녁에 잘 마른 요에 편안하게 눕힌 다음, 잘 마른 이불을 덮어주었습니다. 그리고 잘 자라고 말했습니다. 제가 마른 요와 이불을 좋아하므로 지렁이도 당연하게 그것들을 좋아하리라고 믿었습니다. 그런데 아침에 일어나서 지렁이의 안부를 살피려 하니 지렁이는 이미 죽어 있었습니다. 저는 슬펐습니다. 그래서 지렁이를 위해서 다음과 같은 멋진 장례식을 치렀습니다.

〈조공례 진도 상여 소리〉
(정혜정 다락방, http://blog.daum.net/jjkki9/6755890)

늙어 늙이 말년 주야(노년 밤낮에) 다시 젊기 어려워라
하늘이 높다 해도 초경(초저녁)에 이슬 오고
북경이 멀다 해도 사신행차가 왕래를 하네.

등장等狀(집단청원) 가세, 등장을 가세.
하나님 전에 등장을 가세.
늙은 사람은 죽지를 말고
젊은 사람은 늙지 마자 등장 가세.

소리도 좋고 상여도 아름답지요? 지금은 사라져가는 한국의 전통적 장례식의 장면들입니다. 저는 이런 멋진 장례식을 통하여 마음의 위로를 받았습니다. 그러나 고통스럽게 죽어간 지렁이가 살아나지는 않았습니다."

내가 지렁이에게 한 것은 나의 이름과 싶음에 따른 베풂이다. 이렇게 하는 것은 함안가짐(無爲)이 아니라 함가짐(有爲)이다. 내가 시궁창을 싫어할지라도 거기 그대로 두는 것이 함안가짐(無爲)이다. 이것이 지렁이에 대한 진정한 베풂이다.

요즈음 부모들은 자식을 사랑하는 마음으로 자식의 본성은 생각하지 않고 억지로 공부를 시킨다. 때로는 훌륭한 음악가로 만들겠다고 피아노로 타자를 치게 한다. 이런 것들은 이미 부모의 이름과 싶음에 따른 것이므로, 그 방식이 강압적이든 자발적 학습동기를 키워주는 것이든, 모두 함가짐(有爲)이다. 그렇다면 함안가짐(無爲)이란 아무것도 하지 않는 것인가? 우는 아이에게 자연스럽게 젖을 물리는 것은 순리를 따르는 것이다. 여기에는 아무런 이름과 싶음이 개입하지 않는다. 이것은 함안가짐(無爲)에 속한다. 오히려 젖을 물리지 않는 것이 함가짐(有爲)이다.

빌려주고도 받지 않으려 하니

흔히 자신의 뚜렷한 주관과 목표를 가지고 일을 처리하는 지도자는 지시하는 말을 많이 할 수밖에 없다. 주관이란 이름에서 나오고, 목표란 싶음에서 만들어지므로, 말 많은 가르침이란 이름과 싶음을 따르는 함가짐(有爲)의 가르침이다. 함가짐으로 가르치려는 부모는 잔소리가 많다. 그러나 함을 갖지 않은 성인은 말하지 않는 가르침을 베푼다(行不言之敎). 어떤 사람은 자기가 원하는 나무를 만들려고 철사로 줄기와 가지를 묶어서 뒤튼다. 그러나 나무의 바램을 자기 바램으로 삼는 성인은 제멋대로 자라도록 돕는다. 이렇게 묶어 뒤틀지 않고 제멋대로 자라도록 '냅두는' 것이 말하지 않는 가르침과 같다.

성인은 만물을 이루어주는 것이 아니라, 만물이 스스로 이루게 한다. 만물이 스스로 이루어 나가도록 말없이 지켜보면서, 도울 때는 자신의 이름과 싶음을 버리고 만물이 스스로 그러함(自然)에 따라 돕는다. 그리고 만물이 스스로 이루어져 나가도 참견하지 않는다(萬物作焉而不辭). 성인은 만물을 낳게 해주지만, 그것을 소유하지 않는다(生而不有). 낳게 해준다는 것은 만들어준다는 것이 아니다. 남녀가 사랑하여 아이를 낳게 해주면, 남녀가 아이를 만든 것인가?

그리고 만물을 보살펴주지만, 그것에 의지하지 않는다(爲而不恃). 의지하지 않는다는 말 속에는 보살펴준 만물에게 어떤 것도 기대하지 않는다는 것이 전제되어 있다. 이것은 돈을 빌려주고 받을 것을 기대하지 않는 것에 비유할 수 있다. 나도 젊었을 때 보증을 서서 돈 물어주고는 많이 괴로워한 적이 있었다. 이것은 빌려주고 받을 것을 기대했기 때문이다. 돈을 빌려주고 받을 것을 기대하는 것과 기대하지 않는 것의 차이는 무엇일까? 아래 표를 보자.

〈표 1〉 돈 빌려주고 받음과 못 받음의 사례 비교

빌려준 돈	받을 생각	못 받음	받음	합계	차액
1억	함	-1억	0	-1억	2억
1억	안함	0	+1억	+1억	

받을 것을 기대할 때는, 못 받으면 손해고, 다 받아야 본전이다. 받을 것 기대하지 않을 때는, 못 받아도 본전이고, 받으면 빌려준 만큼 이익이다. 두 경우의 기분 차액은 빌려준 돈의 두 배이다. 성인이 만물을 보살펴주고도 기대하지 않는 것은 누구보다도 성인에게 좋다. 물론 성인은 좋고 나쁨의 생각조차도 마음에 두지 않을 것이다.

그러므로 성인은 공을 이루려는 것이 아니지만, 공이 저절로 이루어져도, 공을 보상받는 자리에 머물지 않는다(功成而弗居). 무릇, 조금도 머물지 않을 뿐이므로 떠나지도 않는다(夫唯弗居 是以不去). 만나야 헤어질 수 있고, 가져야 버릴 수 있고, 살아야 죽을 수 있다. 만나지 않았는데 어떻게 헤어지고, 가진 것이 없는데 무엇을 버리며, 산 적이 없는데 어떻게 죽을 것인가? 높은 자리에 전혀 머문 적도 없고, 심지어 머물 생각조차도 한 적이 조금도 없는데, 그런 자리를 어떻게 물러날 수 있겠는가?

3장
현자라고
떠받들지 않는 것이

현자라고 조금도 떠받들지 않는 것이,
백성을 경쟁하지 않게 하는 길이고,
얻기 어려운 재물을 중시하지 않는 것이,
백성을 도둑 되지 않게 하는 길이며,
탐낼 만한 물건을 드러내지 않는 것이,
백성을 심란心亂하지 않게 하는 길이다.
그러므로 성인의 정치에서는
그 마음은 비워주고 그 배는 채워주며,
그 뜻은 여리게 하고 그 뼈는 세게 한다.
항상 이름(名) 따위를 모르게 하고,
항상 싫음(欲)을 안 갖게 하며,
모든 식자識者가 일 벌이지 않게 한다.
함안가짐(無爲)을 실천하므로
다스려지지 않는 것이 하나도 없다.

不尙賢使民不爭 不貴難得之貨使民不爲盜 不見可欲使民心不亂
是以聖人之治 虛其心 實其腹 弱其志 强其骨
常使民無知無欲 使夫智者不敢爲也 爲無爲則無不治

------- 문법과 용어 풀이 -------

- 不尙賢使民不爭에서 不尙賢이 주어, 使는 하게 하다(let)이다. 직역하면 '현자를 숭상하지 않는 것이 백성으로 하여금 경쟁하지 않게 한다'가 된다.
- 不見可欲에서 見현은 '드러내 보이다'이다.
- 無知無欲에서 知는 동명사, 知의 생략된 객어客語(목적어)는 名이다.
- 智者는 이름과 싫음을 조작하는 전문가이다.
- 爲無爲는 이름과 싫음에 따라 함을 가지지 않음(無爲)을 실천하다이다.

不불 아니, 尙상 숭상하다, 賢현 현명한 자, 使사 하게 하다(let), 民민 백성, 爭쟁 다투다, 貴귀 귀히 여기다, 難난 어렵다, 得득 얻다, 之지 의, 貨화 재화, 爲위 되다, 盜도 도둑, 見현 드러내 보이다, 可가 할 수 있다(can), 欲욕 욕심나다, 心심 마음, 亂난 어지럽다, 是以시이 그러므로, 聖人성인, 治치 정치, 虛허 비우다, 其기 그, 實실 채우다, 腹복 배, 弱약 약하게 하다, 志지 뜻, 强강 강하게 하다, 骨골 뼈, 常상 항상, 無무 갖지 않다, 知지 알다, 夫부 모든, 智지 지혜롭다, 者자 놈, 敢감 감히, 爲위 하다, 也야 조사, 則즉 면, 治치 다스려지다

공부 잘한다고 행복한가?

각 학교의 졸업식장에 가면 성적 최우수자에게 상을 준다. 이것은 공부를 잘하는 사람들을 떠받드는 것이다. 공부를 잘하는 사람은 학습결과가 좋은 사람이다. 학습결과는 시험으로 평가評價(가치를 매김), 곧 측정測定된다. 측정이란 학습결과에 수치로 된 이름을 붙여주는 것이다. 그런데 어떤 상태를 수치로 표현하면 그 상태가 매우 단순해진다.

예컨대 여기 다섯 명의 사람이 있다고 하자. 그 중에 어떤 사람은 여자이고 어떤 사람은 남자이며, 어떤 사람은 성질이 급하고 어떤 사람은 느슨하며, 어떤 사람은 얼굴이 까맣고 어떤 사람은 하얗다. 그 밖에도 매우 여러 차원에서 다 다르다고 하자. 그런데 이 사람들을 숫자 5로 표현하는 순간 각각 다른 사람들이 모두 수자 1로 단순하게 처리되어 동일한 것으로 표현된다. 이처럼 여러 학생이 80점을 받았을 때도, 그 내용은 이루 말할 수 없을 정도로 다름에도 불구하고, 80점은 모두 같다고 처리된다. 수치는 다양한 특성들을 무시하고 단순화시킨 것이다. 이것은 의사전달의 혼선을 줄여주지만, 많은 이야기를 잘라서 내버린다. 이렇게 많은 것을 잘라 버린 모습을 추상抽象이라 한다. 그것은 다 갖추어진 모습인 구체具體가 아니다. 그러므로 학습결과의 이름인 점수는 많은 속성들을 무시해버린 것이므로 참이름일 수 없다. 과격하게 말하자면 허구虛構이다. 그런데도 그 점수가 가장 높은 사람을 성적 우수자로 이름을 붙이고, 표창하면서 숭상한다. 그 순간 상을 받지 못하는 사람들에게는 성적이 좋지 않은 사람, 열등자란 이름이 저절로 따라 붙는다. 심지어 우수자는 착하고, 열등자는 악하다고 여기게 된다. 이런 이름 붙이기를 통해서 학생들은 승자勝者가 되기도 하고 패자敗者가 되기도 하며, 이익을 보기도 하고, 손해를 보기도 한다. 이 때문에 학생들의 마음은 강렬한 싫음과 치열한 경쟁의식으로 빈틈없이 채워진다.

    이렇게 한국의 온 나라 곳곳에서 경쟁을 시키는 이유는 무엇일까? 경쟁력을 키우기 위해서라고 한다. 그렇다면 경쟁으로 과연 경쟁력이 커지는 것일까? 우리나라에서는 영어 교육을 중시한다. 초등학교에서부터 대학까지 영어를 가르치고, 영어 시험은 입시와 취직시험에서 빠지지 않는다. 그런데 왜 한국 사람들은 그렇게 많은 돈과 시간을 쓰고도 영어를 못할까? 그것은 영어를 가르치는 것이 아니라 영어 시험 보는 기술을 가르치기 때문이다. 나도 중학교와 고등학교에서 거의 매일 영어를 배웠던 같다. 영어 공부의 목적은 점수 올리기였다. 이런 허접한 영어 공부를 하지 않고 학교에서만 일주일에 한 문장이라도 읽고 쓰고 들어서 눈, 귀, 입, 손, 머리로 외우는 공부를 하였더라면 어떠 하였을까? 방학을 빼고도 일 년이면 40문장을 외웠을 것이고 6년이면 240문장을 외웠을 것이다. 그러면 영어로 의사소통을 하는 데 지금처럼 힘들어하지는 않았을 것이다. 영어 시험과 경쟁이 남보다 시험을 잘 보는 경쟁력은 키워주었는지는 모르겠으나, 결코 영어의 실력을 향상시키지는 못한다. 우리나라의 교육부가 이것을 모를 리가 없다. 그럼에도 불구하고 영어 교육을 시키는 것이 아니라 영어 시험 교육을 고집하는 이유는 무엇일까? 영어가 널리 퍼지면 모국어가 위협받기 때문일 것이다. 우리나라 교육부의 간부들은 진정한 애국자다.

이렇게 시험과 경쟁이 허망한 것인데도, 우리 한국 사회의 거의 모든 영역에서는 이러한 평가와 경쟁을 개혁의 특효약으로 찬양한다. 학생도 선생도, 상사도 부하도 평가와 경쟁의 노예가 되어, 한시도 마음을 비우기 어렵다. 이런 경쟁 사회에서는 이긴 사람이라도 행복하기 어렵다. 주변을 둘러보라. 일 이등을 다툰 아이가 성적 문제로 꽃다운 삶을 버린 경우가 적지 않다. 이런 아이들은, 점수 경쟁을 만든 대한민국이 죽인 것이다. 자살이 아니라 사회적 살인이다.

현명한 사람을 숭상한다는 것도 어떤 것이 현명함이라는 이름을 붙이는 것으로부터 시작하여, 현명함의 조건을 갖춘 사람을 우대하고, 그렇지 못한 사람을 박대하는 방식으로 이루어진다. 따라서 왕이 현명한 자랍시고 숭상하면, 백성은 진정으로 현명해지기보다는 현명함의 높은 점수를 받으려고 경쟁을 일삼을 것이므로, 마음놓고 편하게 살아가기가 어려워진다. 학생들이 자는 것을 포기하며 점수를 올리려 하는 것처럼, 백성은 때로는 배를 곯아가며, 때로는 죽음을 무릅쓰고, 현자의 칭호를 쟁취하려 들 것이다. 백성의 마음이 경쟁의식으로 가득 채워지는 만큼, 그들의 몸은 약해질 것이다. 그러므로 현명함, 혹은 그런 사람을 숭상하지 않는 것이, 백성을 경쟁시키지 않게 하고(不尙賢使民不爭) 행복하게 살아가게 하는 길이다.

얻기 어려운 재화를 귀하게 여기는 것도 이름 붙이기를 통해서 이루어진다. 얻기 어려운 재화를 칭송하는 이름을 붙이면서 귀하게 여기면, 사람들은 그 탐나는 재화를 얻으려고 도둑질을 하게 될 것이다. 얻기 어려운 재화를 귀하게 여기지 않는 것이 백성으로 하여금 도둑이 되지 않게 하는 길이다(不貴難得之貨使民不爲盜). 마찬가지로 욕심이 날 만한 물건을 드러내서 돋보이게 하지 않는 것이 백성의 마음을 어지럽지 않게 하는 길이다. 명품과 유행을 만들지 않는 것이 백성의 마음을 평안하게 해주는 길이다.

마음은 비워주고 배는 튼실하게

요즈음 사회복지란 말이 유행한다. 사회복지에서 사회란 국가를, 복지는 행복이라고 보아도 무방하다. 국가가 국민을 행복하게 해주는 것이 사회복지다. 그런데 행복하려면 살아 있어야 한다. 죽으면 행복도 쓰잘 데가 없다. 그래서 사회복지는 사회가 모든 백성을 안 죽게 해주는 것에서부터 출발한다. 국가가 모든 백성이 억울하게 죽지는 않게 해주는 것을 사회보장이라 한다. 사회보장은 사회(국가)가 모든 국민의 생명을 사람이 할 수 있는 범위 안에서 보장해주는 것이다. 그것은 국민들이 원하는 모든 것을 주는 것이 아니라, 삶에 꼭 필요한 현금이나 현물을 최소한으로 주는 것이다. 소득이 없어진 늙은이에게는 연금을 주고, 아픈 사람을 무료로 치료해주고 보살펴주며, 일 나가는 모든 엄마의 아이들을 아주 저렴하게 맡아주는 것 따위가 사회보장의 사례들이다(박승희, 『한국사회보장론-스웨덴을 거울 삼아』, 서장).

이런 사회보장이 잘 갖추어진 나라가 북유럽의 스웨덴이다. 이 나라의 도시에서는 전체 주택의 절반 정도가 공공임대주택이다. 이 공공임대주택은 아주 작은 아파트에서 큰 아파트까지, 임대료가 싼 것에서 비싼 것까지 골고루 있다. 임대료는 같은 조건의 아파트를 자기가 구매해서 원금과 이자를 갚아 가는 것보다 싸고, 세입자가 임대료만 내면 평생토록 사는 데 아무런 방해를 받지 않는다. 중산층이라도 공공임대아파트에서 사는 것을 마다하지 않는다. 그런데 공공임대주택에 사는 사람은 그 집에서 나오지 않는 한, 자기 집을 소유할 수가 없다. 그리고 한 집을 소유한 사람은 다른 집을 소유할 수가 없고, 공공임대주택에도 들어가 살 수가 없다. 심지어 자기가 소유한 아파트라도 직접 살지 않으면 불이익을 받을 수 있다. 일 가구 일 주택 소유의 원칙이 아니라 일 가구 일 주택 주거의 원칙이 철저하게 지켜지고 있다. 이런 나라에서 많은 사람들이 자기 집을 갖는 것을 크게 바라지 않고, 여러 채를 가질 수도 없기 때문에 집값이 오르지 않는다. 집이 없다고 설움을 당하지도, 집이 있다고 이익을 보지도 않는데, 어떤 바보가 내 집을 마련하려고 인생을 바치겠는가? 스웨덴과 같은 나라에서는 집이란 그저 눈비를 적당하게 막아주어서 자고 먹고 쉬게 해주는 공간일 뿐이지, 우리나라처럼 돈을 벌어주는 재산도, 부의 상징도 아니다. 이런 나라에서는 집이 결코 얻기 어려운 재화(難得之貨)가 아니다(박승희, 『한국사회보장론-스웨덴을 거울 삼아』, 7장).

우리나라에서는 지금도 국가가 빚을 내서라도 집을 여러 채를 사라고 국민들을 부추긴다. 집값을 내리려 드는 것이 아니라 올리려 든다. 이런 못된 짓을 수십 년간 해왔다. 이러니 집은 단순히 자고 먹고 쉬는 곳이 아니라, 귀한 재산이자 부의 상징이다. 집을 가진 사람들은 집값이 떨어지거나 더 오르지 않은 것을 안타까워하고, 집이 없는 사람들은 높은 전세와 월세 걱정에 마음이 편할 날이 없다. 젊은이는 집이 없어서 결혼을 포기하고, 중년들은 결혼할 자식들에게 셋집이라도 마련해주려고 애간장을 태운다. 사람은 마음이 집 걱정으로 가득 차 있어서, 잠을 편히 자기 어렵다. 그러나 스웨덴 사람들의 마음에는 집 걱정이 없어서, 잠을 편하게 잔다. 집에 대한 욕심과 걱정을 버리게 하고, 편히 살 수 있게 해주는 것이 바람직한 주택 정책이 아닐까?

 성인의 정치는 이름과 싫음을 만들지 않아서 백성의 마음을 비워주고 배를 튼실하게 해주며, 뜻을 약하게 하고 뼈를 강하게 해준다. 여기서 튼실한 배는 행복의 상징이다. 배 나온 것이 요즈음에는 비만이지만, 굶어 죽은 사람들이 많던 옛날에는 큰 복이었다. 백성의 배가 고플수록 달마 석상의 배는 커져갔을 것이다. 백성은 밥을 하늘로 삼았다(百姓以食爲天). 아무튼 튼실한 배와 강한 뼈는 건강과 장수, 행복을 뜻한다. 성인은 백성이 명예와 부를 차지하려고 몸부림치게 하기보다는 편한 마음으로 의식주를 챙기게 해준다. 헛된 욕망을 만들어내는 이름을 항상 백성이 알지 못하게 하고, 싫음을 갖지 않게 한다(常使民無知無欲). 그리고 지식인이 감히 이름을 만들어서 백성의 마음을 흔들어대는 일을 꾸미지 못하게 한다. 이름과 싫음에 따라 일을 하지 않음을 실천하면(爲無爲), 백성이 저마다 헛된 바램을 버리고 행복한 삶을 꾸려갈 것이므로, 다스려지지 않음이 없을 것이다.

4장
길은 비어 있어서

길(道)은 비어 있어서 누구나 사용하고,
늘 다 안 차는 연못이어서,
마치 만물의 종주宗主와 같다.
만물의 날카로움을 무디게 하고,
만물의 헝클어짐을 풀어버리며,
만물의 빛들을 누그러뜨리고,
만물의 먼지도 고르게 한다.
베풂이 너무나 분명하므로,
늘 형체라도 있는 듯한데,
누구의 아들인지는 나도 모른다.
아마도 상제上帝보다 앞서서 생겼겠지.

道沖而用之 或不盈淵兮 似萬物之宗
挫其銳 解其紛 和其光 同其塵
湛兮 似或存 吾不知誰之子 象帝之先

문법과 용어 풀이

- 道沖而用之에서 道는 참길(常道), 之는 道를 받는 대명사이다.
- 或不盈淵兮을 或不盈과 淵兮으로 떼면, 앞뒤 논리 연결이 자연스럽지 못하고, 붙이면 盈 다음에 之가 없어서 조금 아쉽다. 兮는 조사, 或은 항상이다.
- 挫其銳 解其紛 和其光 同其塵의 주어는 道, 其는 萬物을 받는 관사다. 和는 튀지 않고 주변과 어울리게 하다는 뜻이다.
- 湛兮에서 湛은 분명하게 드러나다(透出)는 뜻이다.
- 似或存에서 或은 항상, 存의 주어는 오감으로 인식할 수 있는 형체 등이다.
- 象帝之先의 象은 유사類似하다는 뜻이다. 직역하면 상제의 앞섬과 유사하다이다.

道도 길, **沖**충 비다, **而**이 연사, **用**용 쓰다, **之**지 그것, **或**혹 항상, **不**불 아니, **盈**영 차다, **淵**연 연못, **兮**혜 조사, **似**사 와 같다, **萬物**만물, **之**지 의, **宗**종 마루(꼭대기), **挫**좌 꺾다, **其**기 그, **銳**예 날카로움, **解**해 풀다, **紛**분 어지러움, **和**화 부드럽게 하다, **光**광 빛, **同**동 같게 하다, **塵**진 먼지, **湛**담 분명하다, **存**존 있다, **吾**오 나, **知**지 알다, **誰**수 누구, **子**자 아들, **象**상 와 같다, **帝**제 상제, **先**선 앞

먼지는 농 밑에도 고루 쌓이네

길(道)은 어떠한 이름도 싫음도 가지고 있지 않은 채 비어 있어서, 누구나 사용할 수 있다. 이런 길은 어떤 짐승과 어떤 사람이 지나는 것을 막지도 않고 그러라고 바라지도 않는다. 지나가든 말든 그냥 비워 두고 있을 뿐이다. 그래서 가고자 하고 갈 만한 것이면 다 그 길을 지날 수 있다. 휴전선의 땅 길은 철조망으로 막혀 있지만, 그 하늘 길은 텅 비어 있어서, 구름과 바람을 따라 기러기도 사람의 눈길도 자유롭게 오간다. 나는 어느 가을날 북한산 비봉에 올라(登碑峯) 칠곡七谷 형과 술을 마셨다.

> 한강과 임진강은 서해로 흘러들고
> 비봉과 송악산을 기러기 오갈 적에
> 강화 앞바다엔 붉은 물결 만경이라
> 저녁 빛이 스민 잔을 거둘 수 없네.
> 漢水臨津西海逢 碑峯松岳往來鴻
> 紅浮萬頃江華浦 夕陽侵盃興未終

이렇게 텅 빈 길은 어쩌면 항상 채워지지 않은 연못과도 같다. 아래 머물면서 언제나 다 차지 않고 넘치지도 않는 연못은, 이 골 저 골, 흐리고 맑은, 크고 작은 물을 아무런 생각과 느낌도 없이 그저 받아들이고 받아들이는 바다와 같다. 이런 길은 마치 만물을 포용하는 종주宗主와 같다.

날카로운 칼도 시간이 지나면 무뎌지고, 늦가을 헝클어진 쑥대밭도 봄이 되면 가지런한 새싹으로 바뀐다. 자동차를 닦아서 아무리 광을 내더라도 시간이 지나면 그 빛이 누그러지고, 오래도록 쓰지 않은 방에는 먼지가 장롱 밑에까지도 찾아가 골고루 쌓인다. 이와 같이 길은 만물의 날카로움을 무디게 하고, 만물의 헝클어짐을 풀어버린다(挫其銳 解其紛). 만물의 빛을 누그러뜨리고, 만물의 먼지를 고르게 한다(和其光 同其塵). 누구를 현자라고 숭상하여 빛나게 하지도 않고, 누구를 차별하여 쓰레기나 먼지로 취급하지도 않는다. 만물이 서로 대립하여 날카로워지고, 헝클어지며, 어떤 것은 '광발'이 나고, 어떤 것은 천덕꾸러기가 되는 것은 모두 이름과 싫음을 가진 인간이 벌인 장난 탓이다. 그러나 길은 어떤 싫음도 가지지 않은 채, 만물이 스스로 그렇게 하도록 놀이판을 지켜주며 바라볼 뿐이다.

그 길은 어머님의 사랑처럼 볼 수 없어도 마치 보이는 것과 같다.

몇 해 전 설에 차례를 마치고 앉아 있는 나에게 깊은 치매에 드신 어머니께서 '뜯어졌으니 매서 주라'시며 검은 비닐 봉투를 내미셨다. 그 안에는 나의 오래된 박사학위 논문의 표지와 책장들이 뒤섞여 있었다. 서울로 와서 제본을 맡기려고 꺼내보니, 196쪽은 뒤집혀서 10쪽에, 50쪽은 100쪽에 밥풀로 붙여놓으셨다. 이런 것들이 수도 없이 많았다. 넘기시다 떨어지면 붙이시고 다시 넘기시기를 얼마나 많이 하셨던 것일까? 책장은 닳고 닳아서 모두 어머님의 가슴처럼 부드러웠다. 어머니 사랑은 너무나 또렷하여, 눈 귀 코 입 살로 확인할 수 있는 형체라도 있는 것 같았다. 그러나 실제로는 그 형체가 없어서, 나는 직접 볼 수도, 들을 수도, 냄새 맡을 수도, 맛볼 수도, 만질 수도 없다. 길도 보고 만질 수 있는 물질적 실체는 없지만, 만물을 스스로 변해가게 하는 그 작용이 너무나 분명하여, 마치 물질적 실체라도 있는 것도 같다.

노자는 이 길(道)이 누구의 아들인지 모른다고 한다. 누가 그 길을 낳았을까? 알 수가 없단다. 노자라고 그 길의 아비를 상상하여 이름을 붙일 줄 모르지 않았을 것이다. 그러나 붙이고 나면 길을 오해하게 만드므로 망설이고 있다. 그 길이 옥황상제보다 먼저 있었던 것처럼 보인다. 물론 이것도 그렇다고 단정할 수는 없다.

길은 천한 것과도 어울리는가?

이 4장에 대한 논의는 이미 충분히 이루어졌다고 생각한다. 다만 "만물의 빛을 누그러뜨리고(和其光), 만물의 먼지를 고르게 하네(同其塵)"라는 구절이 논란의 소지가 있으므로, 꼼꼼하게 따져보고자 한다. 편하게 읽고자 하면 굳이 이것을 읽지 않고 넘어가도 좋을 것이다.

'和光同塵화광동진'이라고 쓴 서예 작품을 자주 보곤 한다. 이것을 흔히 "빛을 부드럽게 하고 세속과 같이 된다"는 정도로 해석한다. 이것은 부자나 권세가가 '광발'을 내지 않고 겸손하게 천한 것들과 스스럼없이 어울리는 모습을 묘사한다고 볼 수 있다. 억지로 눈물을 쥐어짜서 표를 구걸하는 정치인이나 온갖 거드름을 피우는 부자들이 많은 이 세상에서, 이 말은 매우 감동적으로 들리기까지 한다. 그렇다면 和光同塵의 출처로 보이는 "和其光 同其塵"을 "그 빛을 부드럽게 하고 그 세속과 같아진다"로 해석할 수 있을까?

이것을 따져보려면 "挫其銳 解其紛 和其光 同其塵"을 함께 살펴보는 것이 좋을 것이다. 이 네 문장의 모든 주어와 관사 '其'의 의미는 통일되어 있다고 볼 수 있다. 그렇지 않다면 뜻이 헝클어져서 결코 좋은 문장들이라고 볼 수 없기 때문이다. 전후 맥락으로 보건대 주어는 모두 길(道)임이 자명하다. 그(其)는 길(道) 자신이거나, 만물이거나, 자신을 포함한 만물 모두일 수 있다.

그(其)를 길 자신으로 보면, 이 문장들을 "길은 자기의 날카로움을 무디게 하고, 자기의 헝클어짐을 풀며, 자기의 빛을 누그러뜨리고, 자기의 먼지를 다른 것들과 같게 한다"로 해석할 수 있다. 이런 해석이 얼핏 보면 그럴듯해 보인다. 그런데 노자의 길은 어떤 이름과 싶음도 없이 텅 비어 있는 것과 같다. 그 길은 처음부터 날카롭지 않고, 헝클어져 있지 않으며, 빛나지 않고, 먼지가 끼어 있지도 않다. 더 정확하게 표현하면 날카로움, 헝클어짐, 빛남, 먼지 낌의 여부와 전혀 상관이 없다. 그런 길이 어떻게 자기의 날카로움을 무디게 하고, 자기의 헝클어짐을 풀며, 자기의 빛을 누그러뜨리고, 자기의 먼지를 다른 것들과 같게 할 수 있는가? 만약 그렇다고 한다면, 없는 돈을 도둑맞은 것과 같다.

그(其)를 만물로 보면 어떨까? 이 문장들은 "길은 만물의 날카로움을 무디게 하고, 만물의 헝클어짐을 풀며, 만물의 빛을 누그러뜨리고, 만물의 먼지를 같게 한다"로 해석할 수 있다. 길이 만물의 날카로움을 무디게 하고, 만물의 헝클어짐을 푼다는 것은 자신의 이름과 싶음에 따라 그렇게 하는 것이 아니라, 만물이 스스로 그렇게 하도록 개입하지 않음으로써, 결과적으로 만물의 날카로움을 무디게 하고 헝클어짐을 푼다는 의미일 것이다. 만물의 빛을 누그러뜨리고, 만물의 먼지를 같게 한다는 것은 어떤 것이든 특별히 빛나게 꾸며서 주목을 받게 하지도, 어떤 것이든 더럽게 보이게 해서 차별을 받게 하지도 않는다는 뜻일 것이다. 여기서 우리는 그(其)를 만물로 보면 문제가 없다는 것을 알 수 있다.

마지막으로 그(其)가 길 자신을 포함한 만물을 가리키는 것으로 보면, 이 문장들은, "길은 자기를 포함한 만물의 날카로움을 무디게 하고, 자기를 포함한 만물의 헝클어짐을 풀며, 자기를 포함한 만물의 빛을 누그리고, 자기를 포함한 만물의 먼지를 같게 한다"로 해석될 것이다. 이런 해석에는, 예컨대 길이 스스로 자기 날카로움을 꺾는다는 의미가 포함되어 있다. 이것의 문제는 이미 밝혔다. 따라서 이런 해석은 절반만 옳다.

이제 "和其光 同其塵"만을 떼어내서 살펴보자. "그 빛을 부드럽게 하고 세속과 같아진다(和光同塵)"는 말에 맞춰서, 우리는 "和其光 同其塵"을 "길은 자신의 빛을 부드럽게 하고, 만물의 먼지와 같아진다"로 해석할 수 있다. 그러면, "和其光"의 그(其)는 길 자신이고, "同其塵"의 그(其)는 만물이 된다. 짧은 글 안에서 반복되는 그(其)가 가리키는 것이 달라져서 문장이 혼란스럽다. 한편, 길이 자신의 빛을 부드럽게 한다는 해석은, 길은 이미 지적한 것처럼 자기는 원래부터 빛나지 않는데 자기 빛을 부드럽게 한다는 논리적인 모순을 내포하고 있다. 길이 만물의 먼지와 같아진다는 해석도 적지 않은 논리적인 문제를 안고 있다. 길이 만물의 먼지와 같아진다는 것은 길 자신은 고귀한데, 겸손하게 먼지들과 같이 어울린다는 말이다. 이것이 말이 되려면, 길 자신은 고귀하고 만물은 천하다는 분별 의식을 일으키는 이름에 길 스스로가 집착되어 있어야만 한다. 이런 길은 결코 노자가 말하는 길이 아니다. 노자의 길은 어떤 이름도 가지고 있지 않고, 텅 비어 있다. 그 길은 귀천에 대한 개념조차 없으므로, 결코 천한 것과 일부러 어울릴 가능성조차도 없다. "和其光 同其塵"을 "길은 만물의 빛을 부드럽게 하고, 만물의 먼지를 고르게 한다"로 해석함이 좋을 듯하다.

5장

하늘과 땅은
어질지 않아

하늘과 땅은 어질지 않아서,
만물을 풀과 개로 여긴다.
성인도 이를 따라 어질지 않아서,
백성을 풀과 개로 여긴다.
하늘과 땅의 텅 빈 사이가
풀무나 피리와 같은 것일까?
비어 있어도 졸아들지 않고,
움직이면 무언가 더욱 많이 나온다.
말을 많이 하면 자주 궁해지나니,
텅 빈 가운데를 고수함만 못하다.

天地不仁 以萬物爲芻狗 聖人不仁 以百姓爲芻狗
天地之間 其猶橐籥乎 虛而不屈 動而愈出
多言數窮 不如守中

> **문법과 용어 풀이**

- 以萬物爲芻狗에서 以㉠爲㉡은 ㉠을 ㉡으로 여기다이다. 芻狗는 제사에서 한 번 쓰고 버리는, 풀로 만든 개라고(『御定道德經註』, 文淵閣四庫全書電子版) 한다. 그러나 '풀과 개'로 보는(『老子道德經』 上篇, 文淵閣四庫全書電子版) 것도 좋을 것 같다.
- 虛而不屈에서 屈은 다 닳아 없어지다이다.
- 多言數窮에서 言은 간섭하는 말이다. 數의 음은 삭, 뜻은 자주이다.

天地천지, **不**불 아니, **仁**인 어질다, **以**이 로서, **萬物**만물, **爲**위 삼다, **芻**추 풀, **狗**구 개, **聖人**성인, **百姓**백성, **之**지 의, **間**간 사이, **其**기 그것, **猶**유 와 같다, **槖**탁 풀무, **籥**약 피리, **乎**호 의문사, **虛**허 비다, **而**이 연사, **屈**굴 닳아 없어지다, **動**동 움직이다, **愈**유 더욱, **出**출 나오다, **多**다 많이, **言**언 말하다, **數**삭 자주, **窮**궁 궁색해지다, **如**여 와 같다, **守**수 지키다, **中**중 가운데

하늘과 땅 사이가 비어 있어도

언젠가 한 성직자가 자기 종교를 믿지 않았기 때문에 동남아의 사람들이 쓰나미에 크게 당했다고 말했다. 그렇다면 왜 쓰나미가 그 종교를 믿는 사람까지 쓸고 갔을까? 하늘과 땅이 그 종교를 믿는 사람에게는 어질고, 믿지 않는 사람에게는 모질다는 것은 그가 바라거나 생각하고 있는 것에 지나지 않는다. 하늘과 땅은 아무 말도, 이름도, 의미도 모른다. 하늘이라는 말도 하늘이 만들지 않았고, 땅이라는 이름도 땅이 부르지 않았다. 당연히 하늘과 땅은 '어짊(仁)'과 '모짊'을 모른다. 그것은 사람이 만들어낸 말과 이름이며 사람만이 그 의미를 안다. 하늘이 어질다면 사람이 그렇게 생각한 것이고, 땅이 모질다면 사람이 그렇게 지어낸 것이다. 하늘과 땅 자체는 누구에게도 어질지도 않고, 모질지도 않다. 그것은 어질지 않을 뿐만 아니라, 어질지 않은 것도 아

니고, 모질지 않을 뿐만 아니라 모질지 않은 것도 아니다.

하늘과 땅이 소를 위해서 풀을 자라게 하는 것은 아니지만, 소들이 풀을 뜯어 먹으며, 사람을 위해서 개를 낳게 한 것은 아니지만, 사람들이 개를 잡아먹는다(『老子道德經』, 文淵閣四庫全書電子版). 하늘과 땅은 풀을 뜯어 먹는 소의 편도 아니고, 개를 잡아먹는 사람의 편도 아니다. 풀이나 개를 좋아하지도 않지만, 미워하지도 않는다. 풀을 미워한다면 어찌 봄에 새순을 돋게 하고, 개를 미워한다면 어찌 겨울을 견뎌내게 하겠는가? 하늘과 땅은 이런 풀과 개를 대하듯 만물을 대한다.

성인은 하늘과 땅을 본받아, 모든 이름(名)과 싶음(欲)을 버린 사람이다. 성인은 백성을 풀과 개처럼 여긴다. 예쁨과 미움과 같은 모든 분별의식을 버렸으므로, 예쁘다고 떡을 주고, 밉다고 구박을 주지 않는다. 백성이 스스로 살아가도록 그대로 두고 지켜보며 도울 뿐이다.

이런 성인의 마음은 하늘과 땅 사이와 같다. 하늘과 땅 사이는 대장간에서 바람을 일으키는 풀무와, 피리처럼 가운데가 비어 있다. 쌀독이 가득 찼다가도 쌀이 떨어질 때가 있지만, 하늘과 땅 사이는 항상 비어 있을지라도, 만물에게 이로운 것들이 바닥나지 않는다. 풀무가 움직여지면 바람이 나오고, 피리가 입 바람을 통과시키면 소리가 나오는 것처럼, 하늘과 땅 사이가 움직여질수록 선선한 바람과 단비와 같은 것들이 더욱 많이 만들어져 나온다.

끌고 가는 부모와 냅두는 부모

자기 생각과 싶음이 뚜렷해야 남을 자기가 원하는 곳으로 이끌 수가 있다. 남을 끌고 가려면 지시하고 간섭하는 말을 해야만 한다. 그런데 하늘과 땅은 아무런 생각도, 싶음도 없기 때문에, 남을 이끌지 않으며, 지시하고 간섭하는 말을 하지 않는다. 다만 하늘과 땅 사이의 빈 공간에서 개살구는 개살구대로 참살구는 참살구대로 자라는 것을 지켜볼 뿐이다. 성인은 이러한 하늘과 땅을 본받아 마음의 가운데를 텅 비워둔 사람이다. 그는 듣기를 좋아할 뿐, 지시하고 간섭하는 말을 삼간다. 말을 하더라도 추임새 정도를 넣을 뿐이다. 한때 한국의 국무회의에서는 대통령만 누가 적어준 대로 말을 하고 장관은 열심히 받아적는 척했다. 이런 대통령은 성인과는 거리가 멀다. 말하지 않은 장관들이 성인일지도 모르겠다. 겉으로만 보면 그런 것도 같다.

　옛날 어른은 어린애들에게 간섭하는 말을 많이 하지 않았다. 초등학교의 문턱에도 가본 적이 없었던 나의 증조할머니와 할머니도 손자들에게 지시하는 말을 하신 적이 없다. 겨울이면 문을 닫지 않고 다니는 우리들에게 증조할머니는 "달구(닭) 새끼가 맨발로 댕긴께(다니니까) 오뉴월인지 아냐?"와 같은 투정을 하셨고, 할머니는 방에서 따뜻한 대야 물로 손과 얼굴을 씻어주며 "양반 대접을 받으려면 아랫사람한테 잘하라"는 당부를 하셨지만, 공부하라는 말은 하지 않으셨다. 신식교육을 조금 받은 나의 부모도 자취하는 우리에게 우편환으로 돈을 보내시면 착실히 하라고만 하셨을 뿐, 어느 대학을 가라, 무엇을 전공하라는 말은 하지 않으셨다. 통신표를 보시고도 별 말을 하지 않으셨다. 내가 재수까지 해서 대학 입시에 떨어졌을 때에도, 실망하여 자살이라도 하지 않을까 걱정하시면서 살아서 집에 돌아오기만을 바라셨다. 대학 졸업식을 빼놓고는 입학식 졸업식이 언제 열리는지도 묻지 않으셨다. 그 대신 먹을 것을 주고, 학비를 대주며, 응원해주셨다. 옛날의 어른들은 앞에서 끌어주기보다는 뒤에서 밀어주었다.

　요즈음 부모들은 참견을 많이 하는 것 같다. 자식을 어떻게 키워야 한다는 자기 주관이 뚜렷하다. 많이 배워서 많이 안다. 자기의 이름과 싶음으로 자기의 마음을 가득 채운 참으로 똑똑한 사람들이다. 그래서 자식을 위한다는 신념으로 자기가 원하는 틀에 자식을 맞추어 넣으려 든다. 자식을 자기가 생각하는 명문대학의 좋은 학과에 입학시키려고 조기 교육을 시킨다. 심지어 영어 발음이 좋아지도록 어린아이의 혀 밑을 자르는 수술을 해주기도 한다. 시험 점수를 확인하고 닦달한다. 모든 것을 지시하고 간섭하는 말을 많이 한다.

  자식들이 이런 잔소리를 잘 따라주지 않으면, 몹시 괴로워한다. 그러나 잘 따라준다고 문제가 없는 것일까? 옳고 그름을 분명하게 알려주는 종교를 독실하게 믿는 명문대학 출신의 어느 부모는 자식의 손짓 발짓까지 간섭했다. 숙제도 해주고, 학원도 골라서 보내며, 대학입시 전략도 다 짜서, 자식을 명문대학에 보내는 데 성공했다. 남들에게 자랑도 많이 했다. 그런데 대학을 졸업한 자식은 스스로 자기 길을 찾지 못했다. 실업자가 되어서 돈을 낭비하자, 부모는 잔소리를 심하게 했다. 그러자 고분고분하기만 하던 자식이 부모를 원망하면서 대들었다.

  노자는 말을 많이 하면 자주 궁색한 처지에 빠진다(多言數窮)고 말한다. 옛날에 자기가 운전을 잘한다고 믿는 사내가 있었다. 아내에게 운전실습을 시켜주면서 모든 걸 자기식대로만 가르치려고 말을 많이 하다가 말다툼이 커져서 이혼까지 했다. 좋은 운전 강사는 꼭 필요한 것이 아니면 말하지 않는다. 좋은 지도자는 이름과 싫음을 버리고, 하늘과 땅 사이, 풀무와 피리의 가운데처럼, 자기 마음 가운데를 텅 비워둔 채, 간섭하는 말을 많이 하지 않는다. 간섭하는 말을 많이 하는 것은 텅 비운 마음의 가운데를 지키는 것만 못하다.

6장

골짜기의 신은
죽지 않는다

골짜기의 신은 죽지 않는데,
이것을 가물대는 암컷이라 부른다.
이 가물대는 암컷의 문을
하늘과 땅의 뿌리라 하는데,
면면하여 형체라도 있는 듯하고,
쓰기에는 조금도 어렵지 않다.

谷神不死 是謂玄牝
玄牝之門 是謂天地根 緜緜若存 用之不勤

--------- 문법과 용어 풀이 ---------

- 谷神은 계곡의 신으로서 길을 가리킨다.
- 玄牝도 가물거리는 암컷으로서 길(道)을 상징한다.
- 谷神과 玄牝은 길(道)을, 玄牝之門과 天地根은 길이 사용하는 도구를 가리킨다.
- 綿綿若存에서 綿綿은 끊임없이 이어지는 모습이다. 若은 '~과 같다'이다. 存은 형체 등이 있다는 뜻이다.

* 用之不勤의 之는 玄牝之門을 받는 대명사이다.

谷곡 계곡, 神신, 不불 아니, 死사 죽다, 是시 이것, 謂위 이르다, 玄현 가물거리는, 牝빈 암컷, 之지 의, 門문, 天地천지, 根근 뿌리, 綿綿면면 면면하다, 若약 와 같다, 存존 있다, 用용 쓰다, 之지 그것, 勤근 수고롭다

암컷이 생명의 뿌리

나는 몇 해 전 여름 사회복지대학원생들의 수학여행을 따라 세계자연유산으로 보호되고 있는 제주의 거문 오름을 거닌 적이 있다. 거문 오름은 작은 화산이다. 까마득한 옛날에 한쪽의 분화구 둑이 무너져 내려 너른 골짜기를 이루고 있다. 지금은 원시림처럼 온갖 초목이 우거졌지만, 예전에는 사람들이 살았다고 한다. 곳곳에 집터, 치성을 올리던 제단, 숯 가마터, 일본군 방공호가 남아 있다. 보슬비가 내리는 촉촉한 계곡 길을 안내인의 설명을 들으며 걷는데, 비안개에 갇힌 초목의 신비로운 향기와 새 소리가 골 안에 가득했다. 만약 날이 맑았다면, 그리 많은 향기와 새소리를 마실 수 없었을 것이다.

숲속 이끼 길에 짙은 풀 향기
뭇 새는 울고 해는 아직 남았는데
민초의 아픈 사연 서린 옛터엔
돌 틈마다 수국 꽃이 무심히 웃네.
山林苔徑草香深 衆鳥聲聲日未沈
苟苦民生遺蹟地 巖間水菊笑無心

나는 옹달샘 옆 제단을 지나면서 술이라도 한 잔 신령께 올리고 싶었다. 이렇게 골짜기는 능선과는 달리 드러나지 않으면서도 더 많은 물과 생명, 사연을 품는다. 사막에서는 이런 것을 볼 수 없을 것이다. 이 계곡에는 신神이 산다고 상상할 만하다. 이런 골짜기의 신(谷神)과 같은 것이 길(道)이다. 이것은 이름을 가지고 자기 견해를 앞세우기보다는 모든 것들을 무조건 껴안는다.

'골짜기 신'은 새끼를 낳아서 품어 길러주는 암컷과 같은데, 보려고 해도 볼 수도, 만지려고 해도 만질 수 없으나, 없는 것은 아니므로, '가물거리는 암컷'이라 부른다. 이 암컷은 수컷과 달리 공격하기보다는 포용하고, 자기 주장을 남에게 강요하기보다는 남의 의견을 들어주며, 전쟁보다는 평화를 추구한다. 한때 포클랜드 전쟁을 승리로 이끌고, 노동조합을 가차없이 탄압했던 전 영국 수상 대처는 '철의 여인'이라 추앙되지만, 가물거리는 암컷이 보살피는 골짜기에서는 철모르는 수컷에 불과할 것이다.

이런 노자의 철학은 모계사회가 널리 퍼져 있던 고대 중국 사회를 배경으로 삼고 있는 것으로 보인다. 나는 수년 전에 스웨덴의 아름다운 사회보장제도를 견학하고 나서, 사회보장제도가 전혀 없는 사회를 보려고, 중국 윈난성雲南省 고산지대에서 모계母系제도를 이루어 살고 있는 모소족麾梭族을 찾아간 적이 있다. 그런데 안타깝게도 수천 년 동안 이어져온 가족제도가 자본주의 거친 물결에 휩쓸려가고 있었다. 고풍스런 마을에는 젊은 사람들은 다 외지로 나가버리고, 대가족이 살던 커다란 집들을 홀로 남은 할머니들이 지키고 있었다. 이 점에서는 지금 우리의 농촌도 다를 것이 없다. 이 할머니들은 각 집안의 능력 있는 딸로서 가장의 자리를 대물림받았다. 원래 모소족의 처녀들은 십팔 세 정도가 되면 자기 '꽃방'을 받고, 집 지붕 위에는 깃발을 꽂아둔다. 밤이면 깃발을 보고 찾아온 남자와 사랑을 나눈다. 남자는 새벽이 되면 자기 집으로 돌아가서 낮에는 주로 초원에서 자기가 태어난 집의 소와 말을 키운다. 아이는 딸이든 아들이든 태어난 집에서 한평생을 살아간다. 그래서 모소족 사회에서는 삼촌은 있어도 아버지는 없다. 여자들은 시집살이를 할 리가 없다. 정조를 지킬 필요도 없다. 이런 모소족의 결혼제도를 주혼走婚이라 한다. 나는 모소족을 방문했을 때의 정취를 이렇게 읊었다.

> 나그네 옷 보슬비에 젖어드는 황혼,
> 초원의 소와 말은 돌아갈 줄 모르고
> 낭랑한 목동 노래 메아리치는데
> 누굴 위해 펄럭이나, 저 집 깃발은.
> 黃昏細雨濕襦衣 牛馬草原尙未歸
> 朗朗牧歌山反響 屋頭旗幅爲誰飛

먼 옛날에는 이런 모계제도가 한국과 중국에 널리 퍼져 있었다고 한다. 엄마에서 딸로 가통이 이어지는 이런 모계가족에서 사는 사람들은 외부의 간섭만 없다면 행복하게 잘 살아갔을 것이다. 그러나 영웅들이 나타나 나라를 세우고 전쟁을 하면서 이런 암컷 중심의 모계제가 점점 줄어들고 수컷 중심의 가부장제가 늘어났을 것이다. 평화주의자인 노자는 아마도 이런 모계사회를 좋아했을 것이다.

노자는 길을 뜻하는 이 '가물대는 암컷'이, 아이를 낳듯 만물을 낳을 때에 꼭 필요한 것을 '가물대는 암컷의 문(玄牝之門)'이라 부른다. 마치 계곡의 입구를 닮은, 이것의 문에서 천하의 만물들이 태어난다. 그래서 이 문을 하늘과 땅의 뿌리라고 부른다(是謂天地根). 이 문은 강하지도 않고 딱 부러지게 드러나지 않기 때문에 곧 없어질 것 같지만 결코 사라지지 않는다. 눈 귀 코 혀 살로는 확인할 수 있는 형체가 없지만, 면면히 이어지면서 마치 형체라도 있는 것 같다(緜緜若存). 만물이 다 암컷의 문을 어떤 어려움도 없이 사용한다(用之不勤).

7장
하늘은 영원하고

하늘은 영원하고 땅은 유구하다.
하늘 땅이 영구할 수 있는 까닭은
스스로 보살피지 않음으로써
오래 살 수가 있기 때문이다.
그래서 성인은 몸을 뒤로 물리니
몸이 저절로 앞에 서 있고,
밖으로 몸을 빼니 몸이 절로 보존된다.
내 것을 갖지 않기 때문이 아니겠나?
그래서 내 것을 이룰 수가 있다.

天長地久 天地所以能長且久者 以其不自生故能長生
是以聖人 後其身而身先 外其身而身存
非以其無私耶 故能成其私

------ 문법과 용어 풀이 ------

- 天地所以能長且久者에서 '所以~者'는 '~하는 까닭'이고 天地는 能長且久의 주어이다.
- 以其不自生故能長生에서 以는 '~하기 때문이다(because)'이다(하영휘 교수의 가르침). "以~故(是以)~"의 문형이 『도덕경』에서 여덟 번 나온다.
- 不自生에서 自生은 스스로 보살피다는 뜻이다.
- 外其身而身存에서 存은 보존保存되다는 뜻이다.
- 非以其無私耶에서 以는 하기 때문이다(because), 耶는 의문사이다.

天천 하늘, 長장 영원하다, 地지 땅, 久구 오래되다, 所以소이 까닭, 能능 할 수 있다(can), 且차 그리고, 者자 것, 以이 때문이다(because), 其기 그, 不불 아니, 自자 스스로, 生생 보살피다, 故고 그러므로, 是以시이 그러므로, 聖人성인, 後후 뒤에 두다, 身신 몸, 而이 연사, 先선 앞에 서다, 外외 밖에 두다, 存존 보존되다, 非비 아니다, 無무 갖지 않다, 私사 사사로운 것, 耶야 의문사, 成성 이루다

그냥 살아야 오래 산다

"하늘은 영원하고 땅은 유구하다." 이 말은 쉽게 이해가 된다. 그러나 "하늘과 땅이 영원하고 유구할 수 있는 까닭은 스스로 보살피지 않음으로써 오래 살 수 있기 때문이다"는 말은 그런 것도 같고 그렇지 않는 것도 같다. 아리송하다. 그래서 "하늘과 땅이 영원하고 유구할 수 있는 까닭은 스스로 보살피지 않기 때문이다. 그러므로 오래 살 수 있다"라고 번역한 사람도 있다. 이 경우 같은 말을 앞뒤로 반복하고 있는 셈이다. 나무를 깎아서 만든 목간木簡에 글씨를 썼던 시대에는 글자를 쓰기도 운반하기도 저장하기도 어려웠다. ㅎㅎ ㅋㅋ 웃음소리까지 써서 보내는 지금과는 달리 글자를 절약할 수밖에 없었다. 같은 말을 반

복할 리가 없다.

　아무튼 이 문장 전체 해설은 잠시 접어두고 먼저 "스스로 보살피지 않는다"는 의미부터 살펴보자. 하늘과 땅은 자기와 남이라는 생각조차도 지니지 않는다. 그러니 자기를 위해서 살지 않지만, 남을 위해서도 살지 않는다. 자기를 보살피지 않고, 남을 보살피지도 않는다. 이름과 싫음을 전혀 가지고 있지 않아서 자기 주관이나 의도가 없는데, 어떻게 자기를 보살피고 남을 보살피겠는가? 물이 네모난 그릇에 들어가게 되면 네모 모양을 이루고, 둥근 그릇에 들어가게 되면 둥근 모양을 이룬다. 하늘의 공기 압력이 바뀌면 태풍이 일고, 땅속의 마그마 압력이 커지면 지진이 생긴다. 물이 자기가 스스로 자기 모양을 만들지 않은 것처럼, 하늘과 땅이 스스로 바람과 지진을 일으키지 않는다. 내가 땅에서 춤을 추면서 땅을 다지면 땅이 그만큼 낮아지고, 방구를 꾸어서 공기에 가스가 늘면 하늘이 그만큼 흐려진다. 내가 하늘과 땅을 향해 기도를 하면, 그 기도로 내 몸과 행동이 바뀐 만큼 하늘과 땅도 미미하게나마 변할 것이다. 그러나 하늘과 땅이 자기 의지를 가지고 나의 기도에 반응한 것은 아니다. 가만히 있다는 생각조차 없이 가만히 있었을 뿐인데, 내가 그렇게 하니까 그만큼 달라진 것이다. 노자는 이처럼 하늘과 땅이 스스로 자기와 만물을 보살피지 않기 때문에 오래 살 수 있다고 이야기한다. 이 말을 달리 표현하면 '하늘과 땅이 자기의 의지로 자기와 만물을 만들어가려 하면 오래 살 수 없다'가 된다. 그러나 이렇게 될지는 아무도 딱 부러지게 말할 수 없다. 하늘과 땅은 자기 의지를 가져본 적이 없고, 앞으로도 가질 생각조차 전혀 하지 않기 때문이다. 따라서 하늘이 스스로 보살피지 않기 때문에 오래 살 수 있다는 노자의 말도 경험으로는 확인할 수 없다. 그런데 하늘과 땅이 스스로 보살피지 않는다는 것과 오래 살았다는 것은 분명하다.

하늘과 땅과는 달리 큰 뜻을 가졌다는 영웅이라는 인간들이 자기 의지대로 세상을 조작하려 들다가 꼬꾸라지는 일이 너무 빈번하게 일어난다. 자칭 '진시황秦始皇'의 진秦은 나라 이름, 시始는 최초, 황皇은 단순한 왕王이 아니라 왕 위의 왕을 뜻한다. 이 사람은 처음으로 중국 천하를 통일하고, 자기 멋대로 통치했다. 자기에게 잘하면 상을 주고, 못하면 죽였다. 아방궁을 짓고 불로장생不老長生의 약을 구해 먹으면서, 죽어서도 호화를 누리겠노라고 지하궁전을 짓고 그 사방에 수많은 군사와 말 모양을 만들어 묻었다. 그러나 49세에 죽었고, 4년 후에는 영원할 것 같은 그의 나라도 망했다. 무심한 하늘과 땅이 장구하고 진시황과 같이 의지가 강한 사람들이 일찍 죽기 때문에, 노자는 지도자가 하늘과 땅처럼 자기 의지를 버리고 자기와 세상을 보살핀다는 생각조차도 하지 않는 것이 오히려 자신을 오래 유지하는 길이라고 말하는 듯하다.

이제 "하늘과 땅이 영원하고 유구할 수 있는 까닭은 스스로 보살피지 않음으로써 오래 살 수 있기 때문이다"라는 전체 문장의 뜻을 살펴보자. 이 문장의 뼈대만 추려보면 '하늘과 땅이 오래 산 까닭은 오래 살 수 있기 때문이다'가 된다. 액면 그대로 보면 하나마나한 소리다. 그런데 '오징어는 울릉도 오징어다'는 말이 있다. 이 말도 뼈대만 남기면 오징어는 오징어다가 되어 액면 그대로는 말이 되지 않는다. 그러나 우리는 이 말을 진짜로 맛있는 오징어는 울릉도 오징어라는 뜻으로 아무런 부담 없이 듣는다. 하늘과 땅에 대한 노자의 말도 이와 같다. 이것은 '진짜로 하늘과 땅이 영원하고 유구한 까닭은 스스로 보살피지 않음으로써 오래 살 수 있기 때문이다'이다. 이에 따르면, 울릉도 오징어가 아니면 진짜로 맛있는 오징어가 아닌 것처럼, 하늘과 땅이 스스로 자기를 보살펴서 오래 살 수 있게 된 것은 하늘과 땅이 진정으로 유구한 것이 아니다. 예컨대 하늘과 땅이 그럴 리야 없겠지만 자기가 오래 살겠다는 강한 의지를 가지고 노력해서 오래 살 수 있게 되었다 하더라도 그것은 진정으로 오래 산 것과는 아무 상관이 없다. 〈표 2〉에서 보는 것처럼 하늘과 땅이 영원하고 유구한 것은, 다른 방식으로 오래 사는 것이 아니라, 스스로 보살피지 않음으로써 오래 살기 때문이다. 결국 그냥 살아야만 오래 산다는 의미이다.

〈표 2〉 하늘과 땅이 장구한 진정한 원인

오래 삶의 유형	장구함 여부
스스로 보살피지 않아서 오래 삶	장구함
자기를 일부러 보살펴서 오래 삶	장구하지 않음
기타 이유로 오래 삶	장구하지 않음

몸을 뒤에 두니 오히려 앞에 있고

사회보장이란 국가(사회)가 모든 국민의 최저 생계를 보장해주는 것이다. 사회보장이 잘 된 대표적인 나라가 스웨덴이다. 이 나라의 사회보장제도를 대강만이라도 살펴보자. 아이가 태어나면 엄마나 아빠가 직장을 1년 반 정도 쉬면서 아이를 키우라고 그동안 육아급여로 월급의 80%를 주고, 그 애가 18살이 될 때까지 20만 원 정도의 아동수당을 부모의 통장에 넣어준다. 맞벌이 부부는 어린이 집에 아이들을 부담 없이 맡길 수 있다. 학비는 대학원까지 무료이다. 실직자에겐 2년까지 월급의 64%를 지급하며, 취업준비교육을 시켜주고 취업을 적극적으로 알선해준다. 아프면 의료비로 연 45만 원 정도까지만 부담하고, 소득의 80%를 병가급여로 지급한다. 간병비는 따로 내지 않는다. 장애인에게는 월 130만 원 이상의 소득을 보장해주고, 모든 수발을 거의 무료로 해준다. 노인에게는 월 130만 원 이상의 연금을 주고, 필요하면 수발을 들어준다. 저렴한 임대주택을 공급하고 대학생이나 노인들에게는 주거비를 보조해주기도 한다. 사지가 멀쩡한 사람이면서 소득이 없는 사람만이 공공부조(국민기초생활보장)의 대상이 된다(박승희,『한국사회보장론-스웨덴을 거울 삼아』). 이런 국가를 "국민의 집"이라 부른다.

여기에 필요한 돈이 어디서 나오는가? 결국 국민의 세금에서 나온다. 그래서 사회보장이란 계와 같다. 계가 되려면 계원이 계주를 믿을 수 있어야 한다. 계주가 불량하면 누가 곗돈을 내겠는가? 만약 대통령이 세금을 거두어서 필요치 않은 토목공사나 하면서 뒷돈을 챙긴다면 누가 사회보장에 필요한 돈을 기꺼이 내겠는가? 스웨덴의 국민들은 위정자들을 존경하고 신뢰한다. 그 대표적인 정치인이 타게 에를란데르Tege Erlander이다. 오늘날 스웨덴 사회보장제도의 기틀을 마련한 그는 1901년에 태어났다. 대학에 다닐 때부터 진보적인 정치 성향을 보였다. 45세(1946년)에 사민당의 총재로서 총리가 처음 되었을 때, 보수 정당과 재계에서는 모든 사유재산을 국유화시킬 것이라고 우려했다. 그러나 그는 재계의 협조가 없이는 경제성장이 불가능하다고 보고, 재계의 주요 인사들을 목요일마다 불러서 대화를 나누었다. 대화가 진행될수록 신뢰가 쌓였고, 이 대화모임에는 노조의 대표들도 참여했다. 이것이 상생의 정치(이해대변의 체제, corporatism)를 다지는 발판이 되었다. 여기서 사회보장제도의 필요한 합의를 이끌어냈다. 자본가는 세금을 많이 낸 대신, 노조는 임금 상승을 요구하지 않는 데 동의했다. 총리의 별장은 기업가대표, 노조대표, 정치인이 수시로 모여서 대화를 나누는 광장이 되었다. 이런 상생의 정치를 통해서 경제는 성장하고, 사회보장은 확대되면서 국민들의 삶은 안정되어 갔다. 국민들은 이런 지도자와 그가 속한 사민당을 계속 지지했고, 그는 11번의 선거에서 승리해 23년간 총리직을 맡았다. 67세(1968년)에 그가 이끄는 사민당은 단독 과반의석을 얻어서 또 총리가 되었으나, 자기는 늙었기 때문에 1년 이내에 젊은 총리에게 총리직을 넘기겠다고 선언한 후, 국민들의 만류를 뿌리치고 68세(1969년)에 정계를 은퇴했다. 그가 총리 공관을 비우고 나오려 하자, 들어가 살 집이 없었다. 국민들은 그의 청렴한 삶을 확인했고, 사민당 당원들은 궁리 끝에 사민당 청년연수원 한 편에 자그마한 집을 지어주었다. 연수를 받는 청년 당원들은 그가 그곳에 머물고 있다는 사실만으로도 마음을 가다듬을 수 있었을 것이다. 84세(1985년)에 세상을 떠난 후에는, 그 집은 나라의 큰 보물이 되었다(최연혁, 『우리가 만나야 할 미래』, 쌤앤파커스, 39쪽). 타게 에를란데르는 자기를 낮추었으므로 자기가 높아졌고, 남의 말을 들어주었으므로 자기 뜻이 관철되었으며, 자기가 물러났기 때문에 오히려 추앙을 받았고, 자기의 집을 갖지 않았기 때문에 자기 집이 생겼다.

  천지의 모습을 본받은 성인은, 몸을 뒤로 물리어 두고, 말없이 다른 사람들을 지켜보고 수용할 뿐이어서, 다른 사람들이 그를 앞에 세운다. 그는 이해 대립의 현장에서 자기 몸을 빼내어 밖에다 두고, 그저 어머니처럼 절대적으로 수용할 뿐, 자기 소견을 가지지 않으니, 사람들이 그를 중심으로 끌어들여 존중하게 된다. 그 이유는 사사로움이 없기 때문이 아니겠는가? 그러므로 사사로운 자기 것들을 이룬다.

8장

최선의 지도자는

최선의 지도자(上善)는 물을 닮았다.
물은 만물을 잘 도우며,
누구와도 결코 다투지 않고,
뭇 사람이 싫어하는 자리에 머무니,
물은 진정으로 길(道)에 가깝다.
그는 머물 때에 자리 잡길 잘하고,
마음은 못처럼 수용하길 잘하며,
남들에게 어질게 대하기를 잘하고,
말할 때에 신뢰감을 주길 잘하며,
정사를 무리 없이 다스리길 잘하고,
일을 원활하게 처리하길 잘하며,
움직이기 좋은 때를 선택하길 잘한다.
무릇 다투지 않을 뿐이니
그 어떤 허물도 짓지 않는다.

上善若水
水善利萬物而不爭 處衆人之所惡 故幾於道
居善地 心善淵 與善仁 言善信 正善治 事善能 動善時
夫唯不爭 故無尤

---------- 문법과 용어 풀이 ----------

- 上善은 최고로 일을 잘하는 사람, 최선의 지도자이다.
- 處衆人之所惡에서 所는 동사의 앞에 놓여 동명사를 만든다.
- 故幾於道에서 幾는 가깝다이다.
- 居善地에서 動善時까지는 모두 동일한 문장 형식이다. 모두 시적인 표현들이므로 여러 가지 멋진 해석이 가능하다.
- 居善地에서 善은 잘하다, 地는 자리 잡고 삶(住居)이다. 직역하면 거처할 때 자리 잡기를 잘하다가 될 것이다.
- 與善仁에서 與는 남과 어울리다이다.
- 正善治에서 正은 관리하다(治理)이다.
- 事善能에서 能은 능력 발휘이다.
- 動善時에서 時는 시기를 선택함이다.

上상 최고, **善**선 잘함, **若**약 와 같다, **水**수 물, **善**선 잘, **利**리 이롭게 하다, **萬物**만물, **而**이 연사, **不**부 아니, **爭**쟁 다투다, **處**처 처하다, **衆**중 뭇, **人**인 사람, **之**지 의, **所**소 바, **惡**오 싫어하다, **故**고 그러므로, **幾**기 가깝다, **於**어 에, **道**도 길, **居**거 머물다, **善**선 잘하다, **地**지 자리 잡기, **心**심 마음, **淵**연 연못, **與**여 어울리다, **仁**인 어짊, **言**언 말하다, **信**신 미덥게 하기, **正**정 정사를 펴다, **治**치 다스림, **事**사 일하다, **能**능 능력 발휘, **動**동 움직이다, **時**시 시기선택, **夫**부 무릇, **唯**유 오직, **無**무 갖지 않다, **尤**우 허물

남에게 베풀며 낮은 곳에 머무네

아이들이 꽃 같다고 할 때, 그 꽃은 아름답다는 의미만을 지닌다. 이

말에서는 피었다가 며칠 안에 시들어버리는 것과 같은 꽃의 다른 속성들은 다 무시된다. 최선의 지도자가 물과 같다면, 물의 어떤 면과 같다는 것인가? 물과 모든 면에서 같다(上善若水)면, 그런 지도자는 물처럼 가끔 산사태를 일으켜서 사람들의 집을 매몰시키기도 할 것이다. 노자는 최선의 지도자는 물이 만물을 이롭게 하면서도 누구와도 다투지 않는다는 점을 닮았다고 말한다. 물은 만물의 생명을 유지시켜준다. 우리 인간도 물이 없으면 죽는다. 마당의 채소도 물이 없으면 시들어 죽는다. 그렇지만 물은 고결하고 높은 자리를 두고 남과 다투지 않는다. 항상, 많은 사람들이 싫어하는, 가장 낮은 곳으로 흘러가서 머문다. 그럴 때도 자기의 이름과 싶음을 버리고 땅의 형편에 따라 모양을 짓는다. 이런 점에서 물은 길(道)과 비슷하다.

이와 같은 물을 닮은 최선의 지도자는, 머물 때는 물처럼 낮은 땅을 골라 안정된 곳에 자리를 잘 잡는다. 마음을 쓸 때는 고요한 연못이 만물의 형상을 그림자로 받아들이는 것처럼 다른 사람을 잘 이해한다. 불교에서는 달이 천 개의 강에 비친다(月印千江)고 한다. 여기서 달은 부처이고 강은 뭇 생명의 마음일 것이다. 기독교에서는 이 달을 예수로 보아도 아무런 문제가 없을 듯하다. 그러나 달은 땅에는 비치지 않는다. 물에만 비친다. 최선의 지도자는, 연못이나 강의 물, 잔 안의 술물이 달과 해, 하늘과 구름, 바람에 흔들리는 나무 가지와 날아가는 새를 비치는 것처럼, 자기의 이름과 싶음을 버리고 남의 마음을 자기 마음에 비추기를 잘한다. 남과 어울릴 때는 물이 자기의 의지를 버리고 땅의 형세를 따라 자기 모양을 짓듯이 남의 뜻을 따라 자신의 처신을 정하므로 남에게 어질게 대하기를 잘한다. 최선의 지도자가 말을 할 때는 물처럼 남을 이롭게 하려는 마음가짐을 잃지 않으므로 신뢰감을 잘 준다. 정사를 펼 때는 물처럼 자기 방식을 고집하지 않고 각자의 소망을 존중하므로 다스리기를 잘한다. 그런 지도자는, 물이 짐승에게는 자기를 마시게 하고 나무에게는 뿌리로 빨아들게 하는 것처럼, 각자의 처지와 특성을 배려해주므로, 모든 일을 원활하게 잘 처리한다. 물은 자기 의지를 버리고 물길의 상황에 따라 흘러간다. 막히면 쉬었다가 물길이 열리면 다시 흐른다. 이런 물처럼, 최선의 지도자는 남들의 형편에 따라 머물다가 남들의 사정에 따라 움직이므로, 움직이기에 적합한 시기 선택을 잘한다. 그는 단비와 같다. 장마에 또 비가 내리면 식물에게 좋은 것만은 아니다. 비가 드문 봄에 새싹이 자라려고 할 때 내리는 비가 단비이다. 이와 같은 비를 맹자는 때맞추어 내리는 비(時雨)라 했다(『맹자孟子』, 진심장구상盡心章句上). 최고의 교육 방식도, 최선의 도움의 방식도 단비와 같아야 한다. 도박하는 사람에게는 큰돈이라도 아무런 도움이 되지 않는다. 그러나 굶은 사람에게는 밥 한 그릇 값이라도 생명을 살리는 보배다.

 물처럼 자기의 이름과 싶음을 버린 사람은 최고로 일을 잘하는 사람이면서도 남과 조금도 다투지 않는다. 따라서 누구에게도 흠 잡힐 리가 없다.

9장
움켜쥐고 채우는 것은

움켜쥐고 채우는 것은 그만둠만 못하고,
단련시켜 예리한 것은 오래 보존 못하며,
집 안 가득 금과 옥은 지켜내지 못하고,
부귀하여 교만해지면 스스로 흠을 짓나니,
공 이뤄지면 몸 떠남이 하늘의 길이다.

持而盈之 不如其已 揣而梲之 不可長保
金玉滿堂 莫之能守 富貴而驕 自遺其咎
功遂身退 天之道

──────────── 문법과 용어 풀이 ────────────

- 持而盈之에서 之는 불특정한 대상을 가리키는 그것(it)으로서 持와 盈의 객어이다.
- 不如其已에서 ㉠不如㉡은 '㉠이 ㉡보다 못하다'이다. 其는 어세를 살리기 위한 조사이다.
- 梲은 銳의 오자이다. 다른 판본들에는 銳로 되어 있다.
- 莫之能守는 원래 莫能守之인데, 莫이라는 부정사 때문에 之(it)가 앞으로 나

- 간 것으로 보인다.
- 功遂身退에서 遂와 退는 자동사이다. 직역하면 공이 이루어지면 몸이 물러난다가 된다.

持지 쥐다, 而이 연사, 盈영 채우다, 之지 그것, 不불 아니, 如여 과 같다, 其기 조사, 已이 그만두다, 揣췌 단련하다, 梲탈 예리하게 하다, 可가 할 수 있다(can), 長장 오래, 保보 보존하다, 金금, 玉옥, 滿만 가득하다, 堂당 집, 莫막 아니, 能능 할 수 있다(can), 守수 지키다, 富부, 貴귀, 驕교 교만하다, 自자 스스로, 遺유 남기다, 咎구 허물, 功공, 遂수 이루어지다, 身신 몸, 退퇴 물러나다, 天천 하늘, 之지 의, 道도 길

허름한 집에도 도둑이 들까?

나의 벗, 키에르 킴(김기열)은 괴산의 시골 마을에서 산다. 해박한 지식을 술자리에서 구수하게 털어놓기를 잘 하므로 우리는 '모문연(모든 문제 연구소)소장님'이라 부른다. '소장님'이 이런 이야기를 했다. 50마리의 닭 무리 중에 5마리의 수탉을 넣어주면 그 중에 대장 닭이 생긴다. 그 대장은 다른 수탉들이 암탉과 사랑을 나눌까 감시하다가, 암탉에게 접근하는 놈들을 쪼아대려고 달려가기에 열을 올린다. 그 사이에 또 다른 놈이 뒤쪽에서 재빨리 정을 나눈다는 것이다. 권력을 움켜쥐고 자기 바램을 가득 채우려고만 하는 그 수탉은 정녕 자기 바램은 실현하지 못하고, 마음과 몸만 고달프다. 실속을 채우지 못하는 헛똑똑이다. 차라리 권력을 놓아버리고 다른 수탉과 같이 즐기는 것만 못할 것이다. 흔히 돈과 명예, 권력과 같은 것들을 가진 사람들은 그것들을 움켜쥐고 자기 손 안에 가득 채우려고만 한다. 그런 사람들은 그것을 놓아버리는 것을 죽음이라고 생각한다. 그러나 움켜쥐고 가득 채운다

고 가득 채울 수 있는 것이 아니다. 집착할 때는 다른 일을 할 수가 없어서 많은 것을 잃을 수밖에 없기 때문이다. 더군다나 영원히 채울 수 있는 것도 아니다. 모든 정신과 힘을 오래도록 집중시킬수록 일찍 죽는다. 결국은 놓아버릴 수밖에 없는 것이 자연의 이치이다. 그래서 놓아주고 필요할 때 사용하는 것이 현명하다.

어떤 것을 단련시켜서 예리하게 만들면 오래 보존할 수가 없다. 단단하고 예리하기만 한 칼은 파손되기가 쉽다. 이것은 어떤 이론과 욕심 등으로 무장하여 강하고 날카로운 심리 상태를 비유한 것일 수도 있다. 이렇게 강하고 날카로우면 남에게 두려움과 상처를 주므로, 본인이 오히려 고립되거나 상처를 받을 수밖에 없다.

잘 아는 사람이 산 밑에 새로 집을 짓고서 집들이를 했다. 그 집에는 울타리가 있으나 얼마든지 넘나들 수 있고, 나무로 된 대문이 있으나 아무나 열 수가 있다. 집을 비울 때는 자물쇠를 채우지만, 툭 치면 부서질 것 같다. 경비가 있고 단단한 철문이 있는 아파트에서 사는 사람들이 그것을 보고는 '세이프티(안전)'를 걱정한다. 그러나 몇 년이 지난 지금까지 도둑이 들지 않았다고 한다. 도둑은 경비가 허술한 집에는 들어오지 않는다. 그런 집에는 훔칠 만한 물건이 없다는 것을 잘 알기 때문이다. 그에게 허술한 울타리와 엉성한 대문과 자물쇠는 법을 지키려는 사람들에게 삼가 주라는 당부를 위한 것이다. 어차피 큰 도둑은 무엇으로도 막을 수가 없다. 집 안에 귀한 물건을 감추고 아무리 감시 사진기(cctv)를 설치하더라도 도둑은 피해서 들어오고, 고층건물이라도 가스관을 타고 침입하고, 철문이라도 부수고 들어온다. 한 사람의 도둑을 열 사람이 지킬 수 없다. 많은 경비를 두어도 경비가 도둑이 될 수도 있다. 장기 독재자가 부하의 손에 죽는 경우가 많지 않은가? 집 안에 금과 옥이 가득하면 지킬 수 없다. 울타리가 높을수록 오히려 도둑이 많다. 최고의 안전은 비우는 것이다. 허술함이 최선의 방어이다.

부귀하면 교만해지기 쉽다. 망한 대한제국의 황손인 이석은 생계를 꾸리기 위해 광대로서 밤무대에 섰다. 돈 좀 벌었다는 사람들이 현금을 주면서 거드름을 피우는 것에 속이 상해 가수 직업을 버렸다. 그러나 모든 사람이 황손은 아니다. 대부분의 사람들은 몸으로는 돈을 주거나 줄 '사람'에게 고개를 숙이고, 마음으로는 '돈' 앞에 고개를 숙인다. 돈을 주는 사람들은 마음으로도 자기에게 고개를 숙인다고 믿으며, 자신이 위대하다고 착각한다. 부귀하면 교만해지기 쉽고, 교만해지면 스스로 자기 허물을 남긴다.

따라서 진정으로 지혜로운 사람은 자기 공功이 아무리 크다고 하더라도, 부귀를 보장하는 자리 따위에 연연하지 않고 스스로 물러난다. 그는 자기가 공을 세운 것이 아니라, 공이 저절로 섰다고 여기므로, 몸을 물리겠다는 생각조차 하지 않는다. 몸이 자기도 모르게 떠나게 된다. 요즈음 온갖 좋은 일을 자기가 다 했다고 떠들어대는 한국의 정치인과는 너무나 다르다. 몸을 일부러 물리는 것도 완전한 함안가짐(無爲)이 아니다. 저절로 공이 이루어지면 저절로 몸이 물러나는 것이 하늘의 길이다.

10장

혼과 백을 삶에 싣고

혼魂과 백魄을 삶에 싣고 함께 껴안아
떨어지지 않도록 할 수 있는가?
기의 순수와 몸 유연을 이루어서
어린아이처럼 될 수 있는가?
현묘한 거울을 깨끗하게 닦아서
허물을 지니지 않을 수 있는가?
백성을 사랑하고 나라를 다스릴 때
앎을 아니 가짐을 할 수 있는가?
하늘의 큰 문이 열리고 닫힐 때에,
패배자가 생기지 않게 할 수 있는가?
자신의 밝음이 사방에 미칠 때에
함을 아니 가짐(無爲)을 할 수 있는가?
이러 하여 만물을 살려주고 살펴준다.
살려주고도 소유하지 않고,
살펴주고도 기대지 않으며,
길러주고도 부려먹지 않으므로,

이것을 '가물대는 덕(玄德)'이라 한다.

載營魄抱一 能無離乎 專氣致柔 能嬰兒乎 滌除玄覽 能無疵乎
愛民治國 能無知乎 天門開闔 能無雌乎 明白四達 能無爲乎
生之畜之
生而不有 爲而不恃 長而不宰 是謂玄德

---------- 문법과 용어 풀이 ----------

- 載營魄抱一에서 營은 魂이다. 魂은 정신의 기운(神氣), 魄은 몸의 감정(體情)이다(『道德經註』, 文淵閣四庫全書電子版). 抱一은 껴안아 하나로 하다일 것이다.
- 能無離乎 직역하면 분리를 갖지 않을 수 있는가이다.
- 專氣致柔에서 氣는 힘(energy)의 순환인 기운氣運이다. 직역하면 기를 전일하게 하여 부드러움을 이루다가 된다.
- 能嬰兒乎에서 嬰兒는 어린아이가 되다는 자동사이다.
- 滌除玄覽에서 玄覽은 현묘한 거울, 사람의 마음을 가리킨다.
- 能無雌乎에서 雌는 패배자이다. 雌는 길을 상징하는 암컷(牝)과는 다르다. 雌雄은 원래 조류의 암수, 牝牡는 모든 동물의 암수이다.
- 生之畜之의 之는 불특정 대명사이다.

載재 싣다, 營영 혼, 魄백, 抱一포일 껴안아 하나로 하다, 能능 할 수 있다 (can), 無무 갖지 않다, 離이 분리하다, 乎호 의문사, 專전 만을 지니다, 氣기 기운, 致치 이루다, 柔유 부드러움, 嬰兒영아 영아가 되다, 滌除척제 깨끗이 닦다, 玄현 현묘한, 覽람 거울, 疵자 허물, 愛애 사랑하다, 民민 백성, 治치 다스리다, 國국 나라, 知지 지식, 天천 하늘, 門문, 開개 열다, 闔합 닫다, 雌자 패배자, 明白명백 밝음, 四達사달 사방에 퍼지다, 爲위 하다, 生생 살아가게 해주다, 之지 그것, 畜휵 보살펴주다, 而이 연사, 有유 가지다, 爲위 위해주다, 恃시 기대다, 長장 길러주다, 宰재 주재하다, 是시 이, 謂위 이르다, 德덕

배는 내려왔는데도 꿈은 그 자리

　조상의 묘에서 제사를 지낼 때, 사람들은 먼저 하늘로는 향을 올려 조상의 혼魂을, 땅에는 술을 부어서 조상의 백魄을 불러 모신다. 동양에서는 사람이 죽으면, 정신은 혼이 되어 하늘에 떠 있고, 몸은 백이 되어 땅 속에 머문다고 생각하는 것 같다. 혼은 정신의 기운(神氣)이고 백은 몸의 감정(體情)이다(『道德經註』, 文淵閣四庫全書電子版). 이 말에 따르면 혼은 정신이면서도 물리적인 기운(energy)이고, 백은 물리적인 육체이면서도 정신의 영역에 속하는 감정이다. 혼은 정신에 더 가깝고, 백은 육체에 가까운 것 같다. 그러므로 무리가 따르지만, 혼은 정신이고 백은 육체라고 해두고서, "영營(혼, 魂)과 백을 생명의 수레에 싣고서 한꺼번에 껴안아 분리시키지 않을 수 있는가(載營魄抱一 能無離乎)?"의 뜻을 살펴보기로 하자. 여기서 영營은 혼을 뜻한다(『道德經註』, 文淵閣四庫全書電子版).

　상식적으로 정신과 육체는 하나이다. 정신이 없으면 육체가 없고, 육체가 없으면 정신이 없다. 그런데 이 두 가지를 하나로 껴안아 분리시키지 않아야 한다는 말이 도대체 무슨 뜻인가?

　요즈음 어떤 사람은 컴퓨터 게임에 빠져서 밥을 굶고 밤을 새운다. 이런 사람은 정신(혼)을 게임에 팔았기 때문에 몸이 밥을 달라는지, 자고 싶은지를 모른다. 정신과 몸이 분리되어 있다. 혼이 나가서 백과 떨어져 있는 것과 같다. 우리는 화가 나면 물불을 가리지 않는다. 내 몸이 물에 빠지든 불에 타든 상관하지 않고 행동한다. 잠시 혼이 나갔다. 정신과 몸이 따로 논다. 이와는 달리 어떤 명상가는 자신의 생각을 집중시켜 머리끝에서 발끝까지 오가면서 몸의 변화를 살핀다. 이 사람의 정신은 자기 몸에 머문다. 이것이 정신과 몸, 혼과 백이 하나가 된 상태가 아닐까?

우리는 일상에서 정신과 몸을 하나로 만들기가 쉽지 않다. 한국의 자본주의 경제가 성장하고, 사람들이 도시로 몰려들면서 땅과 집값이 하루가 다르게 오르던 시절이 있었다. 정부가 어떤 지역에 개발 계획을 발표하면 땅값이 세 배 정도로 오르고, 삽질을 시작하면 세 배, 완공하면 또 세 배가 올랐다. 이 세 배는 모두 최소한이니 불과 몇 년 사이에 땅값이 적어도 27배로 뛰었다. 지금은 인구가 줄어들면서 이것이 신화가 되었으나, 정치인들과 관료를 비롯한 많은 사람들은 아직도 이것을 불변의 진리로 믿는다. 그 시절에는 돈을 빌릴 수 있는 능력이 곧 돈을 버는 능력이었다. 큰돈을 빌려줄 수 있는 권한을 가진 금융기관의 간부들은 뭇 사람의 상전이었다. 젊은 날 한 은행에서 이사 네 사람을 모시는 비서로 일을 했던 한 여성의 증언에 따르면, 이사들은 엄청난 연봉과 상여금, 뒷돈과 특혜를 받았다. 그들이 있는 곳에는 항상 운전수가 딸린 검은 차가 대기하고 있었고, '최고급' 점심과 저녁을 먹었으며, 낮에는 골프, 밤에는 술과 여자 접대를 받았다. 잘 나가는 삶에 취하여, 먹은 음식과 술에 어떤 인공 조미료가 들어 있는지, 동물에 속하는 인간이 몸을 움직이지 않으면 어떻게 되는지도 살필 겨를도 없었다. 모두가 퇴직을 하고 얼마 되지 않아 차례차례 병으로 세상을 떠났다. 정신은 넘치는 호강에 두었고, 몸은 가파른 저승길에 버렸다. 이들은 혼을 팔았지만 혼을 팔고 있는지조차 몰랐다. 혼을 팔면 몸을 보전하기 어렵다.

그런데 놀이에 취해 있으면서도 혼을 팔지 않은 경우도 있다. 조선시대 귀봉龜峯 송익필宋翼弼은 신분이 낮으면서도 글을 잘하여 율곡과 절친했다. 그는 어느 날 정신과 몸이 분리되어 있다고 느낄 정도로 풍류에 깊이 빠져 있었다. 그의 '저녁 강의 뱃놀이(南溪暮泛)'(『성소부부고惺所覆瓿藁』제26권, 고전번역원 전자방)란 시를 보자.

꽃에 홀려 해지는 줄 모르고서는
달이 뜰까 배 돌림을 더디 하다가
술에 취해 낚시까지 드리웠더니
배는 내려왔는데도 꿈은 그 자리.

迷花歸棹晚 待月下灘遲

醉裏猶垂釣 舟移夢不移

　귀봉龜峯은 남쪽에 있는 큰 시내의 하류에서 배를 타고, 노를 저어 상류로 많이 올라갔다가, 꽃에 반해서 돌아올 길이 늦어졌다. 날이 저물었지만 달뜨기를 기다리려고 일부러 더디게 내려오면서, 술에 취해 낚시까지 드리우고 노 젓기를 멈추었다. 그런데 배는 흘러 아래로 내려왔지만, 자기의 마음은 꿈처럼 아름다운 그곳에서 내려오지 않았다. 그러나 그의 마음은 한 순간도 자기 몸을 벗어난 적이 없다. 꽃에 반해 있을 때도, 달을 기다릴 때도, 자기 몸이 되돌아가야 한다는 것을 모르지 않으며, 낚시를 던지면서도 자기 몸이 취했다는 것을 감지하고 있다. 마음이 상류의 아름다운 경치에 머물러 있지만, 자기 몸은 지금 하류에 내려와 있다는 생각도 놓치지 않는다. 그는 꿈을 꾸면서도 그것이 꿈인 것을 알고 있다. 이 뱃놀이에서는 몸 따로 마음이 따로 노는 듯하지만, 실제로는 같이 움직이고 있다.

　노자는 성인의 조건 중의 하나가 혼과 백을 싣고 있는 우리의 생명이 이 두 가지를 하나로 껴안고서 분리시키지 않는 것이라고 말하고 있다. 이것은 이름과 싶음을 날려버린 마음의 빈자리를, 배를 튼실하게 하려는 소박한 바램으로 채우는 것이다.

　다음으로 노자는 성인이 되려면 몸의 기운(기의 순환)을 순수하게 하고 몸을 부드럽게 만들어서 어린아이처럼 될 수 있어야 한다고 말한다. 몸의 기운을 순수하게 한다는 것은 기의 순환을 가장 알맞은 상태로 유지하는 것이다. 우리가 서둘러 음식을 먹으면 체한다. 이것은 기의 순환이 순조롭지 못한 상태이다. 기의 순환이 이상적으로 이루어지면 몸이 어린아이처럼 부드럽다. 기의 순환을 순수하게 하려면, 움직이는 짐승(動物)의 일종인 인간은 적절한 운동을 해야 한다. 흔히 운동을 많이 하면 근육이 단단해진다고 생각한다. 그러나 반대다. 내가 존경하는 김군선 교수는 20대에서부터 70살이 되도록 10킬로의 달리기와 요가를 거의 매일 했다. 그분의 허벅지 근육을 만져보면 마치 어린아이의 살처럼 부드럽다.

마음을 깨끗하게 닦고 그윽하게 살펴서 흠이 없게 할 수 있는 것도 노자가 말하는 성인의 조건이다.

이제까지 노자가 이야기하는 성인의 조건 세 가지는 주로 개인 차원에서 몸과 마음을 닦는 일이었다. 다음은 한 나라의 정치를 어떻게 해야 할 것인가에 관한 것들이다. 성인이 되려면 백성을 사랑하고 나라를 다스리면서 자신과 백성의 싫음을 불러일으키는 이름(名)을 몰라야 한다. 그리고 하늘 문이 열리고 닫히는 것과 같은 시대의 변혁이 있을 때, 정치적 보복을 하거나, 정복한 나라의 백성을 노예로 삼는 짓을 하지 않을 수 있어야 한다. 대제국을 건설한 징기스칸은 저항하면 무자비하게 죽였지만, 저항하지 않으면 결코 죽이지 않았다. 정복한 지역의 사람들을 노예로 삼지 않았고, 능력이 있으면 차별 없이 등용했다. 다른 점에서는 몰라도 최소한 이 점에서는 징기스칸이 성인의 조건을 지녔다고 볼 수 있다. 마지막으로 노자는 천하를 다리는 성인의 자세를 지적한다. 성인이 되려면 자신의 밝은 지혜가 사방 천지에 두루 미치더라도, 이름과 싫음에 따라서는 어떤 것도 하지 않아야 한다.

성인은 자신의 혼과 백을 잘 통합하며(載營魄抱一 能無離乎), 몸은 건강하게(專氣致柔 能嬰兒乎), 정신은 맑게 하며(滌除玄覽 能無疵乎), 자기 나라의 백성을 이름을 벗어나서 다스리고(愛民治國 能無知乎), 모든 사람들을 차별하지 않고 대해서(天門開闔 能無雌乎), 자신의 밝은 지혜가 천하에 두루 미쳐도 이름과 싫음에 따라 일을 벌이지 않을 수 있어야 한다(明白四達 能無爲乎).

　이런 지도자는 백성을 살아갈 수 있게 해주고 보살펴준다(生之畜之). 그러나 살아갈 수 있게 해주면서 백성을 소유물로 취급하지 않고(生而不有), 백성들에게 베풀어주고도 보상을 받지 않으며(爲而不恃), 백성을 보살펴줄 뿐 부려먹지 않는다(長而不宰). 이런 사람을 가물거리는 덕인 德人이라 부른다(是謂玄德).

　노자가 말하는 덕德은 길이 만물을 이롭게 할 수 있는 능력이라고 억지로 표현할 수 있다. 길이 품고 있는 덕은 사람을 포함한 만물이 다 따라서 가질 수 있다. 사람과 만물이 길의 원리를 체득하여 만물에게 이로움을 베푸는 능력, 곧 덕은 그 사람과 만물이 길을 따르는 정도에 따라 달라질 것이다. 그런데 그 덕은 능력만이 아니라 그런 능력을 가진 사람(德人)을 가리키기도 한다.

11장

수레바퀴 하나에
서른 개의 살

수레바퀴 하나에 서른 개의 살들이
함께 가지런히 연결되어 있는데,
그 가운데 아무것도 갖지 않아야
바퀴로 그것을 쓸 수가 있다.
찰흙을 이겨서 그릇을 만드는데,
그 가운데 아무것도 갖지 않아야
그릇으로 그것을 쓸 수가 있다.
문을 내어서 방을 만드는데,
그 가운데 아무것도 갖지 않아야
방으로 그것을 쓸 수가 있다.
그래서 가짐으로 이익을 이루고,
아니 가짐으로는 쓰임을 이룬다.

三十輻共一轂 當其無 有車之用
埏埴以爲器 當其無 有器之用
鑿戶牖以爲室 當其無 有室之用

故有之以爲利 無之以爲用

문법과 용어 풀이

- 當其無에서 當은 응당應當을 뜻하는 부사, 其는 一轂(바퀴) 등을 받는 대명사로서 주어이고, 타동사인 無의 객어는 바퀴 한 가운데를 채우는 것 따위를 받는 之인데 생략되었다고 볼 수 있다.
- 鑿戶牖以爲室에서 戶牖는 문, 以는 연사 而와 같다. 직역하면 문을 뚫어서 방을 만들다가 된다.
- 有之以爲利 無之以爲用에서 之는 '그 어떤 것'을 가리킨다. 以는 연사(그럼으로써), 爲는 만들다이다. 직역하면 그것을 가짐으로써 이익을 이루고, 그것을 갖지 않음으로써 쓰임을 이룬다가 된다.

三十삼십, 輻복 바퀴살, 共공 다 같이 하다, 一일 하나, 轂곡 바퀴. 當당 마땅히, 其기 그것, 無무 갖지 않다, 有유 갖다, 車거 수레, 之지 의, 用용 쓰임새, 埏연식 진흙을 이기다, 以이 연사, 爲위 만들다, 器기 그릇, 鑿착 뚫다, 戶호유 창문, 爲위 만들다, 室실 방, 故고 그러므로, 之지 그것, 以이 그럼으로써(연사), 利리 이익

하늘과 땅 사이가 비어 있지만

자전거의 바퀴를 보면 여러 개의 바퀴살이 한 가운데로 모아져 있고, 쇠구슬과 바퀴 축을 끼울 수 있도록 그 가운데가 비어 있다. 이와 같이 옛날 중국의 수레의 바퀴도 30개의 바퀴살이 한 가운데로 연결되어 있었는데, 그 가운데가 아무것도 갖지 않은 빈 구멍으로 되어 있었다. 그래야만 그 구멍에 굴대를 넣어서 수레바퀴로 쓸 수가 있었다. 그 구멍이 채워져 있으면 바퀴로 쓸 수가 없다.

찰흙을 이겨서 그릇을 만드는데, 그 가운데가 아무것도 갖지 않고 비어 있어야만, 물과 음식 등을 담는 그릇으로 쓸 수가 있다. 만약 흙

으로 겉만 항아리 모양을 만들고 가운데를 비워두지 않으면, 의자로는 쓸 수 있을지 몰라도 물과 음식을 담는 그릇으로는 쓸 수가 없다.

우리가 방을 만들려면 출입문과 창문을 내야 한다. 문을 만들 곳과 방의 가운데가 아무것도 갖지 않은 빈 곳이어야만, 물건도 넣어서 보관하다가 내올 수가 있고, 사람들이 들어가 쉬다가 나올 수도 있다.

그런데 바퀴살과 바퀴통, 그릇의 테두리와 바닥, 방의 벽과 천장을 만들어 가지지 않으면, 하늘과 땅 사이의 빈 공간이 아무리 크더라도, 바퀴 구멍, 그릇 안과 방 안으로 쓸 수가 없다. 뭔가를 가지고 있기 때문에 일정한 빈 공간만을 잘라내서 쓸 수 있는 유익함이 생긴다. 우리는 뭔가를 가짐으로써 이로움을 이룬다. 반대로, 바퀴, 그릇, 방에 빈 공간이 없다면, 그것들을 쓸 수가 없다. 빈 공간, 곧 안 가짐이 있기 때문에, 그 유용함이 생긴다. 우리는 어떤 것도 안 가짐으로써 유용함을 이룬다.

우리는 흔히 가짐의 이로움에만 마음을 고정한다. 그러나 안가짐(無爲)의 유용함에도 마음을 돌리지 않으면 가짐의 이로움도 제대로 알기 어렵다. 아름다운 글씨는 점과 획이 좋은 것만이 아니라, 여백이 적절해야 하고, 좋은 건물은 벽과 지붕이 견고하고 아름다운 것만이 아니라 안과 밖의 빈 공간이 유용하고 멋스러워야 한다. 훌륭한 서예가는 여백도 구상하고, 뛰어난 건축가는 비움도 고민한다.

있으나마나 한 것들의 쓰임새

우리는 흔히 머리에 입력된 이름(名)과 싶음(欲)에 따라 중요하다고 생각되는 것에만 주목하고, 중요하지 않게 보이는 것은 무시하곤 한다. 나는 어려서 동네 어른들이 농악을 하는 것을 자주 보았다. 그때 어른들은 농악이 아니라 군기軍器를 친다고 했다. 여러 사람들이 상쇠의 박자를 따라서 일사분란하게 꽹과리와 징, 북장구, 소고를 치고 상모를 돌리면서, 줄 맞추어 행진하기도 하고 마당에서는 신기한 곡선을 그리기도 한다. 많은 사람들은 그 아름다운 율동에 시선을 모은다. 그런데 농악대에선 나무총을 들고 모자를 삐딱하게 쓴 포수가 한 명이 있다. 이 포수는 박자도 무시하고 줄도 맞추지 않고 제멋대로 움직인다. 여기 저기 돌아다니며 악귀를 몰아낸다면서 우스꽝스럽게 총 쏘는 시늉을 하고, 구경꾼들에게 시답잖은 농담을 걸고 손을 잡아당겨서 농악대의 춤판으로 합류시킨다. 어렸을 때는 이 포수가 엉터리라고만 생각했다. 그러나 이 포수가 있기 때문에 농악대의 실수가 있어도 감추어지고, 잘하는 연주가 더욱 빛이 나며, 농악대와 구경꾼이 하나가 되어 어울리기 쉽다는 것을 몰랐다. 옛날 사람들이 농악을 할 때는 잘함만이 아니라 못함에도 주목했다. 그들은 중요하지 않는 것의 중요함을 알고 있었다. 진정 거꾸로 생각하는 것의 유익함을 깨달은 분들이었다.

요즈음 시험공부를 하는 학생들과 그 부모들은 공부의 이로움만 알지, 노는 것의 유용성을 알지 못한다. 나는 학생들에게 주말이면 실컷 운동을 하고 놀아서 머리에 산소를 충분히 공급하라고 권하곤 한다. 그리고 당장 시험에 나오는 것만 공부하지 말고 틈틈이 마음을 고요하게 해주거나 세상사를 이해할 수 있게 해주는 공부도 하라고 이야기한다. 나의 학생이었던 신용선 군은 사회복지 관련 공단에 취업하려고 공부를 열심히 하면서도, 주말이면 나를 따라서 산행을 했고, 가끔 나와 같이 노자의 『도덕경』을 읽었다. 그는 산에 가지 않고 공부만 할 때보다 집중이 더 잘 된다고 했다. 그렇지만 졸업을 하고도 몇 차례 고배 苦杯를 마셨다. 그는 그런 것에 아랑곳하지 않고 주말 산행에 나왔고, 그 때마다 나는 떨어졌기 때문에 더 좋은 기회가 올 수도 있다고 말해주면서, 노자를 들먹이며 행복하게 사는 길이 무엇인가에 대한 이야기도 나누었다. 어찌 보면 이런 이야기는 하나마나 하고 들으나마나 한 것들이다. 얼마 전에 나는 그가 어느 사회복지공단의 신입 사원 시험에 합격했다는 소식을 접했다. 기쁜 마음으로 산행을 하면서 면접에서 어떻게 대답했냐고 물었더니, 노자의 '虛其心 實其腹(마음을 비우고 배를 채운다)'를 인용하면서 이것이 ○○○공단의 정신과 일치한다는 대답을 했다고 한다. 취직 시험 공부에 방해된다고 생각할 수 있는 운동이나 '노자의 놀자' 공부가 오히려 취직에 도움이 되었다고 그가 말했다. 모든 일을 거꾸로 생각할 필요도 있다. 중요하지 않는 것이 중요할 수도 있기 때문이다.

12장

다섯 가지 색깔은

다섯 가지 색깔(五色)은
사람 눈을 멀게 하고,
다섯 가지 소리(五音)는
사람 귀를 먹게 하며,
다섯 가지 맛깔(五味)은
사람 입을 궂게 하고,
말 달리는 사냥 놀이는
사람 마음 미치게 하며,
구해 갖기 어려운 재화는
사람 행실 요망케 하니,
성인은 배 위하지 눈 위하지 않는다.
그래서 저걸 버리고 이걸 취한다.

五色令人目盲 五音令人耳聾 五味令人口爽
馳騁畋獵令人心發狂 難得之貨令人行妨
是以聖人爲腹不爲目 故去彼取此

―――――― 문법과 용어 풀이 ――――――

- 五色令人目盲에서 令은 使처럼 영어의 let에 해당된다. 직역하면 오색은 사람의 눈을 멀게 만들다가 된다.
- 五味令人口爽에서 爽은 '입맛을 잃다'이다(『道德經註』, 文淵閣四庫全書電子版).
- 馳騁畋獵은 말을 타고 사냥을 하는 경기이다.
- 故去彼取此에서 彼는 영어의 that처럼 전자이고, 此는 this처럼 후자이다. 여기서 彼는 是以의 앞 문장의 내용을, 此는 聖人 다음의 내용을 가리킬 것이다.

―――

五오 다섯, 色색, 令영 하게 하다(let), 人인 사람, 目목 눈, 盲맹 눈멀다, 音음, 耳이 귀, 聾농 귀멀다, 味미 맛, 口구 입, 爽상 망가지다, 馳騁畋獵 치빙전렵 말 타고 사냥하는 경기, 心심 마음, 發狂 발광하다, 難난 하기에 어렵다, 得득 얻다, 之지 의, 貨화 재화, 行행 행위, 妨방 해가 되다, 是以 시이 그러므로, 聖人 성인, 爲위 위하다, 腹복 배, 不불 아니, 故고 그러므로, 去거 제거하다, 彼피 저것, 取취 취하다, 此차 이것

빗소리도 임의 소리

'반야심경般若心經'에서는 다섯 가지 쌓임(蘊)이 모두 헛것(五蘊皆空)이라고 말한다. 다섯 가지 쌓임은 색色(대상) 수受(받아들임) 상想(맺힘) 행行(반응) 식識(마음주긴主幹)이다. 왜 이것들을 쌓임이고, 헛것(空)이라고 하는가에 대한 설명을 잠시 뒤로 미루고, 이것들 각각이 무엇인가부터 살펴보기로 하자.

〈표 3〉 다섯 쌓임들의 관계

색色	수受	상想	행行	식識
대상	심소(마음의 부하)			심왕
	마음			

다섯 쌓임(蘊)은 우리 인간이 밖에 있는 대상들을 인지하는 순간의 단계들을 말한다. 〈표 3〉에서 보는 바와 같이 색은 색깔, 소리, 냄새, 맛, 촉질觸質, 뜻(의미)과 같이 인간이 인식할 수 있는 대상들을 가리킨다. 수受는 인간이 대상을 마음에 받아들이는 것이다. 색깔이나 형상은 눈(眼)을, 소리는 귀(耳)를, 냄새는 코(鼻)를, 맛은 혀(舌)를, 촉질은 살갖(身)을, 뜻은 생각(意)을 활용하여 받아들인다. 상想은 그 받아들인 것이 사람들의 마음에서 영상映像으로 맺히는 것이고, 행行은 그 맺힌 영상映像에 대한 순간 반응이며, 식識은 수受 상想 행行의 과정을 관리 조정하고 들어온 것들을 정리하여 저장하는 것이다. 색을 제외한 이 네가지, 수 상 행 식은 모두 사람들의 마음에서 이루어지는데, 식識이 수受 상想 행行을 주관하므로 식을 마음의 왕(心王)이라 하고, 수受 상想 행行을 마음의 부하(心所)라고 한다. 사람들은 마음의 왕인 식의 명령에 따라서 눈·귀·코·혀·살 등을 활용하여 색(대상)에 관한 정보를 받아들여 인상을 만들고 반응하며 정리하는 과정을 거친다. 이 과정을 김수연 명창의 흥타령을 들으면서 설명해보려 한다.

빗소리도 임의 소리 (음~) 바람소리도 임의 소리
아침에 까치가 울어대니 행여 임이 오시려나
삼경이면 오시려나 고운 마음으로
고운 임을 기다리건만 고운 임은 오지 않고
벼갯머리만 적시네
아이고 데고 어허 음~ 성화가 났네 에~

국화야 너는 어이 (음~) 삼월 동풍을 다 보내고
낙목한천落木寒天 찬바람에 어이 홀로 피었느냐

아마도 오상고절傲霜孤節은 너뿐인가 하노라

아이고 데고 어허 음~ 성화가 났네 에~

(http://www.youtube.com/watch?v=sC_O8fLduXo)

　빗소리와 바람소리가 나에게는 술 익는 소리로 들리기도 하는데, 이 여인에게는 왜 임의 발자국 소리로 들릴까? 이 여인의 식(심왕)에는 임이 강하게 들어 있어서, 그런 식의 명령을 받고 빗소리, 바람소리를 임 오시는 소리로 연상하여 받아들이고(受) 임의 모습을 떠올리며(想) 가슴을 조아리기(行) 때문일 것이다. 국화는, "나는 지조와 상관없이 때가 되어 그저 피었다"라는 설문 문항에 대하여 "매우 그렇다"고 대답할 것이다. 그러나 아마 "날 바닷가에 홀 남겨두고 기어이 가고야 말았"을지라도, 그 임을 꿋꿋하게 기다리는 여인은 자기의 식에 저장된 절개의 개념을 따라, 국화를 찬 서리 이겨내며 외롭게 지조를 지키는 모습으로 받아들여 동정하는 것이 아닐까?

　이렇게 식이 명령을 내릴 수 있는 것은 이미 보관하여 관리하고 있는 정보에 의존한다. 이 정보는 유전적으로 타고날 때부터 마음의 창고 안에 지니고 있는 것도 있고, 삶의 경험을 통해서 쌓인 것들도 있다. 이런 정보는 대부분 개념을 담은 이름의 형식으로 저장되고 이름은 대부분 말로 이루어진다. 식은 이 이름과 개념을 밑천으로 삼아서 수 상 행의 세 가지 쌓임을 조정한다. 이 식은 우리가 의식하고 있는 것만이 아니다. 식에는 말라식이라고 하는 자아의식도, 무의식이라고 하는 아뢰아식도 있다. 이 두 가지는 우리가 의식하지 않고 있는 것이지만, 우리들의 인식 과정에서 매우 중요한 작용을 한다. 우리는 어떤 사람을 "이유 없이" 미워하기도 한다. 마음의 바닥에 쌓여 있는 무의식이 작용하기 때문일 것이다. 우리는 다른 사람들의 말을 들을 때 문법을 생각하지 않는데도 말을 이해하는 것은 무의식의 영역에 깔려 있는 문법 정보가 자기도 모르게 솟아나서 작용하기 때문이다. 우리가 외국어를 듣는 게 어려운 것은 무의식에 이런 문법 정보 등이 깔려 있지 않기 때문일 것이다.

깨인 꿈도 꿈이로다

그렇다면 색 수 상 행 식, 이 다섯 가지를 왜 쌓임이라 하는 것인가? 우선 모든 인식의 대상(색)들은 한 순간에 생긴 것이 아니라, 수많은 세월 동안 여러 가지 인연因緣이 쌓여서 이루어진 것이다. 예컨대 올 가을 내 집 화단에 탐스러운 국화가 피었다. 지난 겨울 내가 북한산 탕춘대의 '장독대'에서 부산 산성막걸리를 흑산도 홍어와 함께 먹고 나서, 눈 덮인 창 밖 화단에 오줌을 누었고, 그 자리에 아내가 봄에 국화 가지를 꺾어 심었다. 막걸리, 홍어, 오줌, 눈, 아내, 국화 가지, 공기, 온도, 습도 등과 관련된 것들이 인연이고, 탐스런 국화는 과果이다. 국菊가지를 심었으니까 탐스런 국화가 피었으므로 국가지를 우리는 인因이라고 부르고, 나머지 것들은 탐스런 꽃을 피게 하는 조건들로서 연緣이라 부른다. 인은 주요한 영향을 미친 것, 곧 독립변인이고, 연은 인을 도와준 조건변인 혹은 맥락변인이다. 이런 식으로 인과 연을 사람들이 구별하지만 사물들의 관계로만 보면 두 가지가 모두 독립변인이다. 인연의 결과를 과果 혹은 기起라고 한다. 과果는 따라서 생긴 종속변인이다. 인연에 따라 과가 생겨나는 것을 인과법칙이나 연기법칙이라 부른다. 한편 이런 독립변인들인 인연들은 각각 또 다른 수많은 인연들의 결과이므로 역시 과이기도 하다. 막걸리도 누가 담았고 홍어도 누가 잡았으니까 내가 먹을 수 있었다. 이런 인연(독립변인)들과 과(종속변인)들의 고리가 헤일 수 없는 오랜 세월 동안 쌓여서 탐스런 국화라는 과가 생긴 것이다.

그런데 이 탐스런 국화라는 과는 다른 과를 만들어내는 인연도 된다. 홍타령의 다른 가사를 보자.

창밖에 국화를 심고 국화 밑에 술을 빚어 놓았더니
술 익자 국화 피자 벗임 오자 달이 돋네.
아이야 거문고 청 처라 밤새도록 놀아 보자.
(http://www.youtube.com/watch?v=sC_O8fLduXo)

여기서 술 익자 국화 피자 벗임 오자 달이 돋는 순서가 조금이라도 바뀌면 좋은 술자리가 되지 않는다. 아무튼 탐스런 국화가 이제는 좋은 술자리를 만드는 인연이 된다. 이렇게 모든 대상들은 인연이 쌓여서 이루어진다. 색은 쌓임이다.

세상사는 인과因果의 한없는 고리로 연결되어 있기 때문에 끊임없이 변한다. 나는 강의 중에 숨을 쉬면서 이산화탄소를 강의실 안에 뱉는다. 학생들이 다시 마시고 뱉는다. 그 강의실의 공기는 운동장의 공기와, 운동장의 공기는 태평양의 공기와 연결되어 있다. 내가 어떤 숨을 쉬는가는 내년에 태평양에서 생기는 태풍에 영향을 미칠 수밖에 없다. 우리는 작든 크든 쉼 없이 이 세계에 영향을 미치고 영향을 받는다. 세계는 연결되어 있는 하나이고, 부분도 전체도 지속적으로 변한다. 변하지 않는 것은 없다.

언젠가 기말 시험을 마치고 시험지를 챙기고 있는데, 한 건장한 남학생이 다가와서 '드릴 말'이 있다고 했다. 나는 나의 식에 따라 으레 성적 관련 이야기이겠거니 하고 말해보라고 했다. "선생님, 지난주 마지막 수업을 마치고 학생들 손을 다 잡아주셨다면서요? 제가 지난주에 취직 면접 때문에 결석을 했는데, 저도 한번 잡아주십시오." 뜻밖의 요청에 돈이 드는 것도 아니니까 손을 잡아주고 안아주었다. 얼마 후 채점을 하다가 그 학생의 답안지 뒤에 적혀 있는 다음과 같은 사연을 읽게 되었다.

"선생님께서 수업시간 중에 '젊은 사람들이 사랑하는 사람과 헤어지고 괴로워하기도 하는데, 그리워하는 그 연인은 이 세상에 더 이상 없다. 어제 결별하고 떠났더라도 이미 변했기 때문이다. 그 사이에 머리카락이 0.001밀리라도 자랐을 것'이라고 말씀하셨습니다. 제가 그때 여자와 헤어지고 아무것도 할 수 없었는데, 선생님의 이 말씀을 듣고 마음의 평화를 찾고 열심히 공부할 수 있었습니다. 선생님, 감사합니다."

나는 채점도 마치기 전에 그에게 최고학점을 주었다. 아무튼 변하지 않은 것은 없다. 내가 어릴 적에 나의 증조할머니는 사람에 대한 실망으로 화가 난 손부孫婦인 나의 어머니에게 "사람은 열두 번 변한다"고 말씀하셨다.

그런데 색만이 쌓여서 변하는 것이 아니다. 우리의 몸과 마음이 수많은 인연의 결과이므로, 수 상 행 식도 색처럼 쌓여서 계속 변한다. 늘 변하는 색을 항상 변하는 수 상 행 식이 인식한 것을 헛것(空)이 아니라고 말할 수 있겠는가?

불교에는 이런 우화寓話가 있다. 어떤 사람이 하늘을 보니 경이로운 꽃이 피었다. 마침 그때 그 사람이 눈병을 앓았는데, 눈병이 낫고 나서는 다시 그 꽃을 볼 수 없었다. 이것을 헛꽃, 공화空華라고 한다. 변하는 것은 눈만이 아니다. 색도 변하고, 수 상 행 식도 다 변한다.『장자』
에서는 이런 공함을 꿈으로 표현한다.

> 옛날에 장주가 나비가 되는 꿈을 꾸었다. 너울너울 나는 나비는
> 제 멋에 겨워서, 자기가 장주임을 알지 못했다. 문득 깨어보니,
> 여유롭게 노니는 장주였다. 그러나 자기 꿈에 나비가 된 것인지,
> 나비 꿈에 장주가 된 것인지는 알지 못했다.(장자,『제물론』)

눈은 마음의 하수인

푸름(청靑) 흼(백白) 붉음(적赤) 검음(흑黑) 노랑(황黃)의 다섯 색은 누군가가 아름다운 색깔들이라고 추켜세워 붙인 이름이다. 사람들은 이 이름을 식에 저장한 다음, 이 이름을 따라서 이 다섯 가지 색만을 올바른 색이라고 생각한다. 밤색이나 회색은 이 다섯 가지 색에 들어가지 않기 때문에 바른 색이 아니라고 생각하면서 관심을 두지도 않는다. 다섯 가지 색만을 보려는 사람에게는 밤색과 회색은 잘 보이지 않는다. 따라서 오색이 다른 색은 보지 못하도록 사람들의 눈을 멀게 한다. 실제로는 오색이 마음의 왕을 움직여서 눈으로 하여금 다른 색은 보지 못하게 한 것이다.

그런가 하면 우리가 오색의 이름만을 생각하면서 색깔들을 보면 서로 다른 색깔들이 오색 중의 하나로만 보이게 된다. 한겨울 눈 속의 동백나무 잎사귀의 색, 이른 봄 감나무 잎의 색, 여름 바다의 색, 가을 하늘의 색이 다 다르지만, 다 같은 청색이라고 생각한다. 이처럼 오색은 이 세상의 많은 색깔들을 간편하게 다섯 가지로 분류해서 볼 수 있게 해주는 기준이 된다. 그러나 같은 색깔로 여기는 것들의 섬세한 차이

들을 볼 수 없게 만든다. 이런 점에서도 오색은 사람들의 눈을 멀게 만든다. 결국 오색이 사람들의 눈을 멀게 한 것은 오색이 눈에 병이 들게 했기 때문이 아니라 마음을 독점했기 때문이다.

궁宮 상商 각角 치徵 우羽라는 다섯 음도 사람의 귀를 먹게 한다. 사람들의 마음이 아름다운 소리라고 불리는 오음에 쏠려 있으면 다른 소리를 들을 수가 없다. 이것은 요즈음 빠른 박자의 음악만을 좋은 음악으로 알고 있는 젊은이들이 시조창을 들을 수 없는 것과 같다. 그리고 이 세상에는 수많은 소리들이 있다. 이런 수많은 소리들을 궁상각치우 혹은 도레미파솔라시도의 소리 이름으로는 도저히 다 그려낼 수 없다. 그런데 사람들이 이런 소리 이름들만을 마음 궁궐의 창고에 보관해두고 그것들만을 꺼내어서 생각의 머리로 삼으면서, 모든 소리들을 다섯 가지나 일곱 가지로만 단순하게 편집해서 듣게 된다. 예를 들어 아침에 배가 고파시 우는 새의 '솔라솔'은, 저녁에 임 그리워 우는 새의 '솔라솔'과는 뭐가 달라도 다를 것이지만, 음계만을 생각하는 사람들에게 그저 '솔라솔'로만 들릴 것이다. 그래서 오음은 다양한 소리들을 구별하여 들을 수 없도록 사람의 귀를 먹게 한다. 실제로 오음은 사람들의 마음 왕의 환심을 사서 그 왕의 귀를 독차지하고, 마음의 주인인 사람들의 귀로 하여금 다른 소리를 들을 수 없게 만든다. 마찬가지로 심(산酸) 씀(고苦) 닮(감甘) 매움(신辛) 짬(함鹹)이라는 다섯 맛도 사람의 입을 망가지게 한다. 다섯 맛도 사람들의 마음을 장악하여, 혀로 하여금 다른 맛을 느끼지 못하게 만든다.

사람들은 오색, 오음, 오미와 같은 개념(기준 개념)들과 그것을 부르는 이름을 끊임없이 만든다. 주로 언론인들이나 학자들이 많이 하는 짓이다. 사람들이 이런 이름들을 마음의 왕인 식에 저장하여 알고 있으면, 사물이나 사람을 간편하게 분류할 수 있다. 예를 들면 '진보'나

'보수'의 이름에 매인 사람들은 모든 세상 사람들의 개개인의 성향을 보수와 진보로 쉽게 판단내릴 수 있다. 이런 사람들은 진보나 보수와 무관한 사람들까지도 진보나 보수의 바구니 속에 억지로 집어넣어 버리고는, 자기와 다른 바구니에 넣은 사람은 미워하고, 같은 바구니에 넣은 사람은 좋아하는 잘못을 저지르기도 한다. 이와 같이 개념과 이름은 판단을 쉽게 할 수 있게 해주지만, 억지 판단을 유도하기도 한다.

유산이 많으면 싸우기 쉽다

말을 타고 내달리면서 사냥하는 경기는 사람의 마음을 어지럽게 한다. 이것은 오늘날 축구 경기가 사람들을 흥분시키는 것과 같다. 그러나 숲속에 사는 원시 부족 사람들이 먹고 살기 위해서 사냥을 할 때는 발광하지 않을 것이다. 흔히 독재자는 자기를 향한 국민들의 불만을 딴 곳으로 돌리기 위해서 이런 경기(스포츠)를 활용하고, 장사꾼들은 이것을 상품 광고의 기회로 삼는다. 현대 사회에서 많은 경기는 어느 누군가가 사람들을 흥분시킬 목적으로 경기규칙, 승자와 패자와 같은 이름을 지어내서 만든 것이다. 이 이름과 개념들이 사람들의 마음 왕인 식을 독차지하여서 사람들의 마음을 흔들어 놓는다.

얻기 어려운 재화는 사람의 행실을 망가뜨린다. 자본주의 사회에서는 특히 돈이 그렇다. 그 이전 사회에서는 사람들이 자기 의식주 등에 필요한 것들을 대부분 스스로 만들어 사용했다. 내가 어렸을 때만 해도 고향 영암 영산강 주변에는 자본주의가 발전하지 않았었다. 내 할머니는 나의 연실을 직접 목화에서 물레로 자아서 만들어 주셨고, 어머니는 직접 베를 짜서 옷을 지어 주시기도 하셨다. 이렇게 자기 집에서 쓰기 위해서 스스로 만든 물건은 상품이 아니다. 상품은 다른 사람의 물건과 바꾸기 위해서 만든 것이다. 내가 먹으려고 기른 배추는 상품이 아니지만, 다른 사람의 쌀과 바꾸려고 기르는 배추는 상품이다. 처음에는 모든 상품이 물물교환으로 이루어진다. 그러다가 교환을 편리하게 하기 위하여 돈을 만들어 사용하면, 상품은 돈과 바꾸기 위해서 만든 물건이 된다. 돈은 물건 값(가치)을 재기 위해서 만들어놓은 숫자 이름에 불과하다. 그렇지만 모든 물건들이 돈과 교환되는 순간, 누구나 돈만 가지면 언제든지 모든 물건을 구입할 수 있다. 돈은 썩지도 않으니 부(富)를 저장하는 수단이 된다. 냉장고가 없던 시절에는 고기가 남아도 보관할 수가 없었다. 이럴 때는 남는 고기로 인심을 쓰는 것이 좋았으므로, 비만이 드물 수밖에 없었다. 냉장고가 생긴 뒤로, 사람들은 남는 고기를 저장해두고 먹었고, 많은 사람들의 배가 나왔다. 돈이 사용되지 않을 때는 재산을 쌓아두기가 어려웠다. 쌀을 아무리 창고에 넣어두더라도 해가 바뀌면 변질되었다. 그러나 돈이 생긴 뒤로는 남는 쌀은 팔아서 돈으로 바꾸어두면 원하는 것을 무엇이든지 살 수가 있게 되었다. 사람들의 싶음(欲)은 무한정으로 커졌다. 냉장고는 몸의 비만을 늘렸고, 돈은 마음의 비만을 키웠다. 돈만을 추구하는 사람은 돈이 되지 않는 것은 보지 않는다. 돈에 마음과 눈이 팔리면, 사랑도 우애도 보이지 않는다. 부모들이 돈을 많이 남겨놓으면, 대부분의 집안에서 싸움이 벌어진다. 돈이 전혀 없으면 불행하지만, 돈이 많다고 반드시 행복한 것은 아니다. 왜냐하면 돈은 사람의 마음을 어지럽히고, 사람들의 행위를 망쳐놓기 때문이다.

금강산도 식후경

노자가 성인은 배를 위하지 눈을 위하지 않는다고 한다. 눈을 위한다는 것은 눈을 즐겁게 하는 것이고, 배를 위한다는 것은 배를 튼실하게 한다(實腹)는 것이다. 눈은 마음의 하수인으로서 색깔과 형상을 받아들이는 도구일 뿐이다. 안경이 즐거움을 느끼지 않는 것처럼 눈도 즐거움을 느끼지 않는다. 눈의 즐거움이란 눈을 활용하여 느끼는 마음의 즐거움이다. 그런데 이 느낌은 마음의 왕이 주관하고, 마음의 왕은 그 왕의 총애를 받는 실세들이 움직이며, 그 실세 중에는 다섯 색이라는 이름과 의미가 있다. 눈의 즐거움은 다섯 색과 같은 이름을 통해서 조작될 수 있다. 반면에 배의 튼실함은 색 수 상 행 식이라는 오온의 작용으로 무언가를 느끼는 것과는 거리가 있다. 배가 튼실하다고 느끼더라도 튼실하지 않을 수 있고, 튼실하지 않다고 느끼더라도 튼실할 수 있다.

눈의 즐거움보다는 배의 튼실함이 훨씬 중요하다. 예컨대 사람이 눈의 즐거움을 누리지 못한다 하더라도 배를 튼실하게 할 수 있으면 살지만, 배를 튼실하게 할 수 없는 사람은 눈의 즐거움을 누릴 수 있다 하더라도 살 수가 없다. 나는 봄만 되면 아내와 마당을 놓고 땅뺏기를 한다. 아내는 꽃밭을, 나는 채소밭을 늘리려 한다. 꽃밭은 눈을 위하고, 채소밭은 배를 위한다. 음식을 사서 먹을 수 있으니까 이런 싸움을 하지, 먹을 것이 귀하면 꽃밭은 말을 꺼낼 수조차 없을 것이다. 꽃밭보다는 채소밭이 우선이다. 눈의 즐거움보다는 배의 튼실함이 우선이다. 금강산도 식후경食後景이라 하지 않던가?

눈이 상징하는 오락보다는 배가 상징하는 몸의 건강이 우선이다. 오락을 위해서 몸이 존재해야지, 몸을 위해서 오락이 존재할 수는 없다. 그러므로 성인이라면 귀한 쌀로 술을 빚어 사람들을 즐겁게 해주기보다는 먼저 밥을 지어서 배를 부르게 할 것이다. 그렇다면 오락이 전혀 필요하지 않다는 말인가? 때로는 이것이 사람들의 마음을 정화해주어서 몸을 더욱 건강하게 가꿀 수 있도록 도와준다. 노자는 오락 자체를 문제 삼는 것 같지는 않다. 이름과 싶음에 따른 오락에 마음을 홀려서 자기 몸을 살피지 못하게 되는, 다시 말해서 사람이 오락을 지배하는 것이 아니라 오락이 사람을 지배하는 상태를 경계하는 것 같다. 노자는 술 자체를 문제 삼기보다는 술에 빠져서 몸을 망치는 것을 경계할 것이다.

 성인은 눈만이 아니라, 귀도, 혀도, 입도, 마음도, 행위도 위하지 않고, 배를 위할 것이다. 다섯 색, 다섯 음, 다섯 맛, 사냥놀이, 돈으로 사람들을 오락에 빠지게 하기보다는 건강한 삶을 누리게 한다. 그러므로 성인은 다섯 색, 다섯 음, 다섯 맛, 사냥놀이, 돈 따위를 멀리하고, 배를 튼실하게 하는 일을 가까이 한다.

13장
총애寵愛와 모욕侮辱이

총애와 모욕이 두렴(두려움)거리 같고,
큰 걱정 귀히 함이 내 몸 귀히 함과 같다.
총애와 모욕이 두렴거리 같다고
어찌하여 그렇게 말하는 것인가?
총애는 머지않아 냉대가 되므로
총애를 얻음도 두렴거리 같고,
총애를 잃음도 두렴거리 같으므로,
총애와 모욕이 두렴거리 같다 한다.
큰 걱정 귀히 함이 내 몸 귀히 함과 같다,
어찌하여 그렇게 말하는 것인가?
내가 걱정일랑 가지는 까닭은
내가 이 몸을 가졌기 때문이다.
만약 이 내 몸을 안 가졌다면
어떤 걱정인들 지닐 것인가?
따라서 몸을 천하로 삼을 듯이,
귀히 해야, 천하도 맡을 수가 있고,

천하로 삼을 듯이, 몸을 아껴야,
천하도 위탁받아 안을 수가 있다.

寵辱若驚 貴大患若身
何謂寵辱若驚 寵爲下 得之若驚 失之若驚 是謂寵辱若驚
何謂貴大患若身 吾所以有大患者爲吾有身 及吾無身 吾有何患
故貴以身爲天下 若可寄天下 愛以身爲天下 若可託天下

문법과 용어 풀이

- 寵辱若驚에서 驚은 두려운 것(恐懼)이다.
- 貴大患若身의 身앞에 貴가 생략되어 있다.
- 吾所以有大患者爲吾有身에서는 爲의 앞부분이 주어, 爲는 이다(is), 吾有身은 보어이다. ㉠所以㉡者는 '㉠이 ㉡한 까닭'이다.
- 及吾無身에서 及은 若(if)와 같다.
- 貴以身爲天下, 以㉠爲㉡은 ㉠을 ㉡으로 삼다이다. 직역하면 '귀히 여겨, 몸을 천하로 삼다'가 된다.
- 若可寄天下에서 若은 이에 따라(乃)이다. 寄는 책임을 맡다.
- 可託天下에서 託도 책임을 위임받다.

寵총 총애, 辱욕 모욕, 若약 과 같다, 驚경 두려운 것, 貴귀 귀히 여기다, 大患대환 큰 걱정, 身신 몸, 何하 어째서, 謂위 이르다, 爲위 되다, 下하 아래, 得득 얻다, 之지 그것, 失실 잃다, 是시 이것, 謂위 이르다, 吾오 나, 所以소이 까닭, 有유 가지다, 者자 것, 爲위 이다(is), 及급 이면(if,) 無무 갖지 않다, 何하 어떤, 患환 걱정, 故고 그러므로, 以이 으로, 爲위 삼다, 天下천하, 若약 이에 따라, 可가 할 수 있다(can), 寄기 일을 맡다, 愛애 아끼다, 託탁 일을 위임받다

몸이 귀하니 우환도 귀하다

총애寵愛와 모욕侮辱이 두려움 거리와 같고, 큰 걱정거리를 귀하게

여기는 것은 자기 몸을 귀히 여기는 것과 같다.

사람들은 총애는 좋은 것이고, 모욕은 두려움 거리라고 생각한다. 그러나 총애도 두려움 거리이다. 왜 그런가? 이것이 첫 번째 질문이다. 사람들은 윗사람으로부터 총애를 받으면 그것은 경사이고, 모욕을 당하면 그것이 큰 걱정거리라고 생각한다. 그러나 걱정거리를 귀하게 여기는 것은 자기 몸을 귀하게 여기는 것과 같다. 왜 그런가? 이것이 두 번째 질문이다.

첫째, 어째서 총애와 모욕이 두려움 거리와 같다고 하는가?

이 말에 답하기에 앞서 총애와 모욕이 무엇인가부터 이야기해보자. 조선시대 관리들은 이 총애와 모욕을 줄여서 총욕寵辱이라고 불렀다. 이 총욕과 흔히 연관시켜 썼던 말이 용사用舍(써줌과 버림)이다. 이것은 "써주면 행하고 버리면 잠긴다(고요히 머문다)(用之則行 舍之則藏)"는 『논어論語』술이장述而章의 구절에서 나온 것이다. 이 구절에 대해 주자朱子는 나를 써주고 버리는 것은 내가 할 수 있는 바가 아니니(用舍 無與於己), 써줌과 버림을 당하는 데로 행함과 잠김(行藏)만을 편안하게 받아들인다(行藏 安於所遇)(『논어집주論語集註』)는 주석을 달았다. 이것은 써줌과 버림을 자기의 밖에서 일어나고 나와는 무관한 것으로 수受 상想 행行 식識하고, 행함과 잠김은 자기가 할 수 있는 것으로 수 상 행 식한다는 뜻이다. 이렇게 생각하면 써줌과 버림이라는 타인의 대우는 하찮은 것으로 받아들일 수 있을 것이다. 그러나 써줌은 총애이고 버려짐은 모욕이라고 받아들인다면, 그것들도 중요한 나의 일이 될 것이며, 쓰임은 추구하고 버려짐은 피하려고 몸부림칠 것이다. 따라서 총애와 모욕은 써줌과 버림과 같은 남의 대우 그 자체만이 아니라, 그런 대우에 대한 자기 생각이기도 하다. 남의 우대를 총애로 받아들이지 않으면 총애가 아닐 수 있고, 남의 냉대라도 모욕으로 받아들이지 않으면 모욕이 아닐 수 있다.

총애는 오래 가지 못하고 냉대로 쉽게 바뀐다. 윗사람의 대접이 쉽게 변하기 때문이다. 총애의 영광은 자기만이 바라는 것이 아니다. 수많은 사람들이 갈망하므로, 총애를 입으면, 시기와 모함을 당하기 쉽다. 총애를 얻기는 어려워도 잃기는 쉽다. 이 세상에 어떤 총애도 영원할 수는 없다. 한편 자기의 마음이 쉽게 변하기 때문에 총애가 냉대가 된다. 예를 들면 어떤 높은 자리를 오랫동안 유지하더라도 영전하지 않으면 모욕으로 여긴다. 심지어 총애를 나누어주는 권력자는, 하찮은 일에도 모욕을 당했다고 생각하기 쉽다. 항상 특별한 대우를 받아 왔던 사람들은 남이 무심코 던진 말에도 분노하기도 한다. '종년'은 욕을 먹어도 대수롭지 않게 생각하지만, '마님'은 욕을 먹으면 상처를 입었다고 생각한다. 그리고 산이 높으면 골이 깊은 것처럼, 총애를 많이 받을수록 모욕의 아픔이 깊다. 따라서 총애가 모욕이 되는 것은 시간문제다. 흔히 총애를 누리는 사람들은 현재의 권세가 영원할 것으로 여기지만, 총애가 모욕으로 바뀌는 것은 모든 사람이 죽는 것처럼 자연스러운 것이다. 그러므로 모욕만이 아니라 총애도 두려운 것이다. 진정으로 깨달은 사람은 총애를 받고서도 두려워하며 근심한다.

둘째, 왜 큰 우환을 귀히 여기는 것이 몸을 귀히 여기는 것과 같다고 하는가? 사람들은 총애를 얻고 모욕을 피하려다 몸을 망치기도 한다. 그런데 우리가 죽지 않았기 때문에 모욕의 우환을 가진다. 만약 몸이 없다면 우환도 없다. 우환도 우리 몸이 누리는 삶의 일부이다. 우리 몸이 소중하다는 것을 알면, 걱정거리마저도 삶의 일부로서 소중하다는 것을 알게 된다. 걱정거리는 그 자체로서는 결코 귀한 것이 못 된다. 그것은 몸이 아직 살아 있어서 가능한 삶의 일부로서만 귀할 뿐이다. 모욕이 몸보다 귀할 수는 없다. 우리가 몸을 귀하게 여기면, 모욕까지도 귀하게 여기게 된다. 그러나 우리가 몸을 귀하게 여기지 않는 다면 모욕을 절대적으로 천시하게 된다. 모욕을 귀하게 여긴다는 것은 이미 몸을 귀하게 여긴다는 것이다. 모욕을 귀히 여기면서 몸을 천시 하는 경우는 있을 수가 없다. 그러므로 큰 우환마저도 귀하게 여기는 것이 몸을 귀하게 여기는 것과 같다(貴大患若身).

이와는 달리 총애는 몸을 귀히 여기지 않고도 귀하게 여길 수 있다. 그런데 총애도 몸이 살아가는 과정의 일부이므로, 몸을 귀히 여기면 총애도 더욱 귀하게 여길 수 있다. 그렇더라도 총애는 몸의 종속물로서만 귀할 뿐이므로, 결코 몸보다는 귀하게 여길 수 없다. 몸을 귀히 여기는 사람은 어떤 경우에도 총애에 매이지 않으며, 몸을 귀히 여겨 총애까지 귀히 여기게 된다 할지라도, 몸을 위한 일이라면 총애는 기꺼이 버릴 수 있다.

사람이 마음을 몸에 두면 자연히 몸을 귀히 여기고, 총애와 모욕도 따라서 귀히 여기게 된다. 다만 이 총애와 모욕을 몸보다 중시할 수는 없다. 이런 사람은 총애와 모욕을 경기(game)로 이해할 수 있으므로 그것으로부터 벗어나서 놀 수도 있다. 그러나 사람이 마음을 총애와 모욕에 두면, 몸은 천시하면서, 총애는 절대적으로 귀하게, 모욕은 절대적으로 천하게 여기게 된다(〈표 4〉). 이런 사람은 스스로 총애와 모욕의 노예가 된다.

〈표 4〉 마음 둔 곳에 따른 몸·총욕에 대한 태도 차이

마음 둔 곳	몸	총애	모욕
총애, 모욕	천시	절대 중시	절대 천시
몸	귀히 여김	상대 중시	상대 중시

몸을 천하로 삼을 정도로 귀하게 여기고 아낄 때라야, 천하에 몸을 맡기고 천하의 일도 맡아할 수 있다. 남의 총애를 구하는 자는 총애를 귀히 여기지만, 자기 몸은 천시하기 쉽다. 이들의 혼은 자기 몸을 떠나서 총애에 머문다. 이런 사람이 '혼 나간 사람'일 것이다. 천하의 일부인 자기 몸을 망각한 사람이 어떻게 천하에 몸을 맡기고 천하의 일을 위임받아 처리할 수 있겠는가?

14장
보려 해도
보이지 않으니

그것을 보려 해도 보이지 않으니
'아득함(夷)'이라고만 이름 붙이고,
그것을 들으려 해도 들리지 않으니
'아련함(希)'이라고만 이름 붙이며,
그것을 잡으려 해도 잡히지 않으니
'은미함(微)'이라고만 이름 붙인다.
이 셋은 끝까지 따져볼 수 없으니,
뭉뚱그려 그냥 하나라고 부른다.
그 위도 밝지 않으며 그 아래도 어둡지 않고,
늘 어떤 이름으로도 불릴 수 없다.
물체 없는 상태無物로 되돌아가니,
이것을 모습 없는 모습이라고 일컫고,
물체 없는 형상이라 황홀恍惚이라 이른다.
그것을 맞아들여도 앞모습을 볼 수 없고,
따라가 보아도 뒷모습을 볼 수 없다.
옛 사람이 따랐던 길을 부여잡고서

형체 가진 지금 것들 다스려 나가면,
그 길의 근원을 알 수가 있다.
이것을 길의 벼리(道紀)라고 부른다.

視之不見名曰夷 聽之不聞名曰希 搏之不得名曰微
此三者不可致詰 故混而爲一
其上不皦 其下不昧 繩繩不可名
復歸於無物 是謂無狀之狀 無物之象 是謂惚恍
迎之不見其首 隨之不見其後
執古之道 以御今之有 能知古始 是謂道紀

---------- 문법과 용어 풀이 ----------

- 視之不見名曰夷를 직역하면 '그것을 보려고 해도 보이지 않으니 이름을 아득함이라고 한다'가 된다.
- 夷는 아득함, 希는 들릴 듯 말 듯함, 微는 잡힐 듯 말 듯함이다.
- 繩繩不可名에서 繩繩은 끊이지 않은 상태이다.
- 無狀之狀에서 狀은 모습이다.
- 無物之象 是謂惚恍에서 象은 형상, 物은 오감으로 경험하는 물체이다. 狀과 象의 차이는 모르겠다. 惚恍이란 표현하기 어려운 절묘한 상태이다. 직역하면 '물체를 가지지 않는 형상, 이것이 황홀하다고 일컬어진다'가 된다.
- 執古之道 以御今之有에서 以는 그럼으로써(연사)이다. 道가 無狀 無物이므로 有는 有狀 有物일 것이다. 古는 오래됨만이 아니라 숭고함을 포함한다.
- 是謂道紀에서 紀(벼리)는 그물 테두리와 중앙의 굵은 밧줄이다.

視 시 보다, **之** 지 그것, **不** 불 아니, **見** 견 보이다, **名** 명 이르다, **曰** 왈 라고 하다, **夷** 이 아득함, **聽** 청 듣다, **聞** 문 들리다, **希** 희 아련함, **搏** 박 잡다, **得** 득 잡히다, **微** 미 은미함, **此** 차 이, **三** 삼 셋, **者** 자 것, **可** 가 할 수 있다(can), **致** 치 끝까지, **詰** 힐 따지다, **故** 고 그러므로, **混** 혼 합치다, **而** 이 연사, **爲** 위 부르다(謂), **一** 일 하나, **其** 기 그, **上** 상 위, **皦** 교 밝다, **下** 하 아래, **昧** 매 어둡다, **繩繩** 승승 계속, **復** 복 다시, **歸** 귀 돌아가다, **於** 어 에, **無** 무 갖지 않다, **物** 물 물질, **是**

시 이, 謂위 이르다, 狀상 모습, 之지 의, 象상 형상, 惚恍홀황, 迎영 맞이하다, 見견 보다, 首수 머리, 隨수 뒤따르다, 後후 뒤, 執집 잡다, 古고 옛, 道도 길, 以이 그것으로서, 御어 다스리다, 今금 지금, 有유 가짐, 能능 할 수 있다 (can), 知지 알다, 古始고시 근원, 紀기 벼리

아지랑이 보고서 봄을 느끼네

12장의 뜻을 풀면서 사람이 대상을 인식하는 단계인 다섯 가지 쌓임, 곧 오온五蘊에 대해서 설명했다. 이를 더 자세하게 설명해보자. 사람들은 형태와 색깔을 눈으로 보면서 수 상 행 식의 과정을 거친다. 이런 짜임을 눈누리(眼界, 눈의 세계)라고 한다. 소리는 귀로 들으면서 수 상 행 식하는데 이를 귀누리(耳界)라 한다. 이 외에도 코누리(鼻界) 혀누리(舌界) 살누리(身界), 생각누리가 있다.

〈표 5〉 인식의 여섯 누리

구분	색色		도구	수受	상想	행行	식識
눈누리	물질	형색	눈	봄	형색상	판단	의식 말라식 아뢰아식
귀누리		소리	귀	들음	소리상		
코누리		냄새	코	맡음	냄새상		
혀누리		맛	혀	맛봄	맛상		
살누리		촉질	살	만짐	만짐상		
생각누리	비물질	뜻	생각	이해	뜻상		

위 〈표 5〉에서 보는 바와 같이 길은 형색 소리 냄새 맛 촉질과 같은 물질이 아니다. 생각으로만 알 수 있는 것이다. 길(道)은 형색이 없으므로 보려 해도 보이지 않는다. 이런 성질의 길에 이름을 달면 '아

득함(夷)'이다. 길은 소리가 없으므로, 들으려 해도 들리지 않는다. 이런 성질의 길에 이름을 달면 '아련함(希)'이다. 길은 잡을 데(觸質)가 없어서 잡으려 해도 잡히지 않는다. 이런 성질의 길에 이름을 달면 '은미함(微)'이다. 노자는 이 세 가지만 말했지만 길은 그 냄새를 맡으려 해도 맡아지지 않는다. 이런 성질의 길에 이름을 달면 '은은함'이라 하지 않을까? 그리고 길은 아무 맛이 없어서 맛보려 해도 맛보이지 않는다. 이런 성질의 길에 이름을 달면 '심심함'이라 하지 않을까? 아무튼 아득함(夷), 아련함(希), 은미함(微), 이 세 가지는 다 같이 길을 가리키는 이름들이다. 이것은 붉은 꽃이 백 일간 피는 나무를 '목백일홍', 벼논에 김을 세 번 맬 때마다 세 번 꽃을 피워서 벼가 익게 해주는 것처럼 보이는 나무를 '쌀밥나무', 줄기에 간지럼을 먹이면 잔가지가 간지럼을 타는 나무를 '간지럼나무'라고 부르지만, 이 세 가지가 다 같이 배롱나무를 가리키는 것과 같다. '아득함(夷)', '아련함(希)', '은미함(微)'은 길의 이름이다. 이 세 가지는 나누어서 하나하나 끝까지 따져서 살펴볼 수는 없는 것들이므로, 뭉뚱그려서 그냥 '하나'라고만 부른다. 그러나 세 가지 중에 어떤 것도, 그리고 '하나'도 온전한 이름일 수 없다.

그 길의 위는 밝지 않고, 길의 아래도 어둡지 않다. 길은 물질의 모습이라곤 전혀 없는데 어찌 그 위와 아래가 있을 수 있고, 그 위가 밝고 그 아래가 어둡겠는가? 그 길은 항상 어떤 이름으로도 불릴 수 없다. 그리고 물체가 없는 상태(無物)로 돌아가고 다시 돌아가는데, 눈 귀 코 혀 살로는 확인할 수 없는 이런 상태를 모습이 없는 모습(無狀之狀)이라고 일컫는다. 그러나 실체가 없는 것은 결코 아니다. 항상 만물의 곁에 있으면서 만물의 변화를 이루어낸다. 물질적 형상이 없을 뿐이다. 정녕 있는데 물체가 없는 이런 상태를 황홀하다고 일컫는다. 이 길은 맞아들여도 그 앞모습을, 따라가 보아도 그 뒷모습을 볼 수가 없다.

그러나 옛 성인들이 실천하던 길을 참고하면서 지금 일어나고 있는 일들을 풀어나가면, 길의 '근원(古始)'을 알 수 있다. 이것을 일러 길의 벼리(道紀)라 한다. 벼리는 그물의 가장자리와 가운데에서 그물을 지탱해주는 굵은 밧줄이다. 벼리를 당기면 모든 그물이 따라 올라온다. 우리는 겨울이 가면 오는 봄 그 자체는 결코 볼 수도, 들을 수도, 맛볼 수도, 맡을 수도, 만질 수도 없다. 그러나 아지랑이를 보며, 얼음 녹는 시냇물 소리를 듣고, 겨울을 이겨낸 파 맛을 보며, 쑥 내음을 맡고, 산들바람을 살로 느끼면서 봄이 왔음을 안다. 우리가 비록 길 그 자체를 보고 만지며 정확하게 표현할 수는 없지만, 세상의 일이 이루어지는 것을 보고, 그 길의 벼리를 알며, 그 벼리를 통해서 그 길이 어떠한 것인가를 가늠할 수는 있다.

15장
옛날의 좋은 지도자는

옛날의 좋은 지도자들은
미묘하고 아득하게 통달하여서
그 깊이를 전혀 알 수가 없다.
그저 알 수가 없을 뿐이니
억지로 그 모습을 표현하자면,
망설임이 겨울 냇물을 건넘과 같고,
신중함이 사방을 살핌과 같으며,
공손함이 화장 하는 색시와 같고,
느슨함이 녹으려는 얼음과 같으며,
듬직함이 굵직한 통나무와 같고,
휑함이 커다란 골짜기와 같으며,
이것 저것 섞인 것이 구정물과 같다.
누가 혼탁한 걸 고요케 하여
서서히 맑아지게 할 수가 있고,
누가 잔잔한 걸 오래 움직여
서서히 살아나게 할 수 있을까?

이런 길을 고이 간직한 이는
마음이든 창고든 채우려 하지 않는다.
무릇 아무것도 채우지 않을 뿐이니
모든 것을 잘 감당할 수 있어서
새롭게 제도를 만들지 않는다.

古之善爲士者 微妙玄通 深不可識
夫唯不可識 故强爲之容
豫焉若冬涉川 猶兮若畏四鄰 儼兮其若容 渙兮若氷之將釋
敦兮其若樸 曠兮其若谷 混兮其若濁
孰能濁以靜之徐淸 孰能安以久動之徐生
保此道者不欲盈 夫唯不盈 故能蔽不新成

------- 문법과 용어 풀이 -------

- 善爲士者는 '선비가 좋게 되는 자'로 직역할 수 있다.
- 强爲之容에서 爲는 개사介詞(전치사), 之는 대명사이다. 직역하면 억지로 그에 대해서 형용하다가 된다.
- 儼兮其若容에서 容은 화장하다는 뜻도 있다. 다른 판본에는 容이 客으로 되어 있기도 한다(『御定道德經註』, 文淵閣四庫全書電子版).
- 孰能濁以靜之徐淸에서 能은 타동사, 濁 이하는 能의 객어, 以는 則, 之는 연사이다. 직역하면 '누가, 흐리면, 고요하게 하여 서서히 맑아지게 함을 할 수 있겠는가?'가 된다.
- 孰能安以久動之徐生에서 安은 고요하다(安靜)이다.
- 故能蔽에서 蔽는 다 감당하다를 비유할 것이다. "詩三百一言以蔽之"(시 삼백 수를 한마디로 다 감당하면)(『論語』)의 蔽와 같을 것이다.

古고 옛, 之지 의, 善선 좋게, 爲위 되다, 士사 선비, 者자 것, 微妙미묘, 玄현 아득하게, 通통 통달하다, 深심 깊이, 不불 아니, 可가 할 수 있다(can), 識식 알다, 夫부 무릇, 唯유 오직, 故고 그러므로, 强강 억지로, 爲之위지 그에 대해서, 容용 형용하다, 豫예 망설이다(與), 焉언 조사, 若약 와 같다, 冬동 겨울

에, 涉섭 건너다, 川천 내, 猶유 신중하다, 兮혜 조사, 畏외 두려워하다. 四사 사방, 鄰린 가까운 곳, 儼엄 공손함, 其기 그것, 容용 화장하다, 渙환 느슨함, 氷빙 얼음, 之지 의, 將장 곧, 釋석 녹다, 敦돈 듬직함, 樸박 통나무, 曠광 휑함, 谷곡 계곡, 混혼 섞임, 濁탁 흐린 물, 孰숙 누가, 能능 할 수 있다(can), 濁탁 흐리다, 以이 즉, 靜정 고요하게 하다, 之지 연사, 徐서 서서히, 淸청 맑게 하다, 安안 고요하다, 久구 오래, 動동 움직이다, 生생 살리다, 保보 지니다, 此차 이, 道도 길, 欲욕 하려고 하다, 盈영 채우다, 夫부 무릇, 唯유 오직, 故고 그러므로, 蔽폐 다 감당하다, 新신 새롭게, 成성 만들다

흐르면서도 고인 물이 좋다

옛날의 좋은 지도자는 미묘하고 아득하게 통달하였으므로 그 생각이 얼마나 깊었는지를 알 수가 없다. 옛날의 좋은 지도자란 길을 잘 따르는 지도자일 것이다. 노자가 살던 당시에도 이런 지도자는 없었던지 옛날 어느 때인가 있었던 사례를 들어서 말하고 있다. 흔히 한문에서 古(옛)는 단순한 과거가 아니라 좋은 과거로 쓰인다. 우리가 길을 분명하게 표현할 수 없듯이 그런 길을 잘 따르는 사람의 용모도 꼬집어 딱 부러지게 말로 하기는 어려울 것이다. 더군다나 이름과 싶음에 매몰되어 있는 사람들은 이런 지도자를 더욱 이해하기 어려울 것이다. 따라서 길처럼 비유하여 억지로 표현할 수밖에 없다.

이런 지도자는 자기의 이름과 싶음이 없는 사람이며, 백성의 마음으로 내 마음을 삼는 사람이다. 자기 뜻대로 함부로 일을 만들지 않고, 백성의 뜻을 살펴서 일을 처리하므로, 상황을 판단할 때는 신중하기가 겨울에 찬 냇물을 건너려는 것과 같다. 자신의 이름과 싶음에 따라 조금이라도 자연의 결이 상하여 백성이 고통을 당하는 일이 없기를 바라므로, 그의 처신은 마치 적진을 지나가는 병사가 사방을 둘러보면서

발걸음을 내딛는 것처럼 조심스럽다. 그는 백성을 사모하므로, 공손하기가 마치 님을 만나러 가는 처녀가 화장을 하는 것이나, 숙식을 부탁하는 과객이 주인을 대하는 모습과 같다. 그러나 모든 것을 백성의 뜻에 맡기므로 긴장하지 않고 여유로운 마음을 가지므로, 그 자태가 봄이 되어 얼음이 녹으려는 것과 같으며, 항상 백성을 길에 따라 보살펴서 그들의 배를 튼실하게 해주므로, 듬직함이 마치 크고 투박한 통나무와 같고, 마음을 휑하게 비워두고 만물을 키워내는 것이 골짜기와 같다(6장). 그는 모든 백성의 뜻을 받아들여 삶을 영위케 하므로, 온갖 물을 받아들여서 연꽃을 피우고 개구리와 물고기, 풀벌레와 같은 수많은 생명을 키우는 영산강변 백연지의 흐린 물과 같다.

 무릇 마시기에 좋은 물이란 흐르면서도 고여 있고 머물러 있으면서도 흐른다. 나는 산행을 하다가 목이 마르면 이런 물을 찾아 마신다. 세차게 흐르는 물은 맑아 보여도 모래와 낙엽 조각들이 많이 섞여 있고, 고여 있기만 한 물은 오염되어 죽은 것과 같다. 언뜻 보면 고여 있는 듯 보이지만 서서히 흐르고 있는 물은 모래도 없고 살아 있는 물이다. 빠르게 흘러서 혼탁한 물은 고요하게 해야 맑아지고, 고여서 죽은 물은 서서히 움직여야 살아난다. 개인도 사회도 이와 같다. 자기 몸과 마음이 혼탁하면 고요함을 유지해야 맑아질 수 있고, 삶이 안정되어 몸과 마음이 굳어져 있으면 서서히 오래도록 움직여야 건강을 되찾을 수 있다. 사회가 혼탁하면 고요함으로 맑게 할 수 있고, 사회가 너무 안정되어 변화에 적응하지 못하면, 조심스럽게 오래도록 움직임으로 차차 생기를 불어넣을 수 있다. 그래서 노자는 누가 혼탁한 것을 고요하게 함으로써 서서히 맑게 할 수 있고, 누가 멈추어 잔잔한 것을 꾸준히 움직여서 서서히 살아나게 할 수 있겠는가라고 묻는다. 그 사람이 길을 따르는 지도자일 것이다.

이런 길을 간직한 사람은 마음과 창고를 채우려 하지 않는다. 모든 이름과 싶음을 버려서 마음을 비워두고, 자기만을 위하여 창고를 재화로 채우려 하지 않는다. 무릇 언제나 채우지 않으면서 백성이 창의성을 발휘하여 잘 살아가게 도와주므로, 모든 것을 감당해낼 수 있다. 그러므로 구차하게 새로운 제도 따위를 만들지 않는다.

16장

비움을 이룸이 지극해지면

비움을 이룸이 지극해지면
고요함을 지킴이 돈독해진다.
만물이 어울려 이루어감을 보면서,
되돌아가는 것을 나는 배운다.
무릇 만물이 무성해지면
저마다 근본으로 되돌아간다.
근본으로 되돌아감을 고요해진다 하고,
이걸 바로 명을 따름(復命)이라 하며,
명의 따름을 참(常)이라 하고,
참(常)을 아는 것을 밝음(明)이라 한다.
참(常)을 모르면 흉한 일을 짓는다.
참을 앎이 포용이고, 포용이 공(公)이며,
공이 왕이고, 왕이 하늘이며,
하늘이 길이고, 길이 오램이니,
죽음에 이르도록 위태롭지 않으리.

致虛極 守靜篤
萬物並作 吾以觀復 夫物芸芸 各復歸其根
歸根曰靜 是謂復命 復命曰常 知常曰明
不知常 妄作凶
知常容 容乃公 公乃王 王乃天 天乃道 道乃久
沒身不殆

문법과 용어 풀이

- 致虛極守靜篤에서 致虛極은 종속문이고 守靜篤이 주문장일 것이다. 致는 성취하다이다. 직역하면 '비움을 이룸이 지극하면, 고요함을 지킴이 돈독해 진다'가 될 것이다. 이것을 "비움의 극치를 이루고 고요함을 돈독하게 하라"라고 번역하기도 하는데, 고수들은 자기 견해를 강요하는 명령문을 함부로 쓰지 않는 것 같다.
- 吾以觀復에서 以 다음에는 之가 생략되었고(하영휘 교수의 가르침), 之는 萬物 並作을 받는다. 觀은 거울로 삼다(鑑戒, 借鑑), 復은 되돌아감이다. 직역하면 "나는 그것에 의해서 되돌아감을 거울로 삼는다"가 될 것이다.
- 是謂復命에서 是는 靜을 받고, 復은 따르다, 命은 天命이다. 命은 길에 의해서 만들어진 상황일 것이다.
- 不知常에서 常은 불변의 진리, 참이다.

致치 이루다, 虛허 비움, 極극 지극하다, 守수 지키다, 靜정 고요하게 함, 篤독 돈독하다, 萬物만물, 並병 함께, 作작 이루어지다, 吾오 나, 以이 그것으로서, 觀관 거울 삼다, 復복 돌아감, 夫부 무릇, 物물, 芸芸운운 무성하다, 各각 저마다, 復歸복귀, 其기 그, 根근 근본, 曰왈 라고 하다, 靜정 고요하게 함, 是시 이것, 謂위 이르다, 復복 따르다, 命명 천명, 常상 불변의 진리, 知지 알다, 明명 밝음, 妄망 망령되게, 作작 만들다, 凶흉 흉한 일, 容용 포용함, 乃내 이다(is), 公공, 王왕, 天천 하늘, 道도 길, 久구 오래감, 沒몰 끝나다, 身신 몸, 不불 아니, 殆태 위태롭다

고요하면 오래도록 보존된다

비움을 이룸이 지극해지면, 고요함을 지킴이 돈독해진다. 마음을 비우려면, 이름을 버려야 한다. 이름을 전혀 안 가짐, 곧 비움이 천지의 근본과 같으므로(1장), 마음을 비움이란 그 근본으로 돌아감이다. 노자는 만물이 서로 어울려 변해가는 것을 지켜보면서, 마음을 비워야 함, 곧 근본으로 되돌아가야 함을 깨닫는다. 천지 사이의 만물들은 형체가 없는 것에서 생겨나서, 무성해졌다가, 사라져 간다. 예컨대 겨울에 아무것도 없는 나뭇가지에서 봄이 되면 잎이 나와 무성해졌다가, 가을이 되면 땅에 떨어져 마침내 썩어 없어진다. 만물은 빔(형체를 갖지 않음)에서 생겨나므로 빔이 근본이다. 무릇 만물이 무성해지면, 그 근본인 빔으로 되돌아간다. 지도자가 이런 만물을 본받아, 근본으로 되돌아가면, 마음이 고요해지고, 이름과 싶음에 따른 헛된 일을 벌이려 들지 않게 되므로 세상까지 고요해진다. 근본으로 되돌아가는 것을 고요해진다고 부른다.

그러나 많은 사람들은 이름을 가짐으로써 근본에서 멀어지며, 싶음을 가짐으로써 마음이 불안해진다. 그리고 그 이름과 싶음에 따라 일을 벌이면 다른 만물의 마음과 삶, 더 나아가 세상이 혼란해진다. 예를 들면 자본가들이 돈을 벌기 위해서 아마존의 광대한 산림을 파괴하면, 온갖 생명들이 자신의 본성에 따라 살 수 없게 되어 생태계가 어지러워진다.

근본으로 돌아가 마음과 세상을 고요하게 하는 것을 명命을 따르는 것이라고 한다. 명이란 무엇일까? 명은 각 만물이 길에 따라서 부여받은 운명과 같은 것이 아닐까? 이것은 각각의 만물에게 자기의 의지와는 무관하게 주어진 조건일 것이다. 예컨대 지렁이는 어쩔 수 없이 습한 곳에서만 살아야만 하는 운명을 지녔다. 이것이 지렁이에게 주어진

명의 일부이다. 이 명은 인간의 말과 개념의 때가 묻지 않은 순수 자연의 원리인 길이 마치 각 만물에게 부여한 명령과도 같다. 지도자가 명을 따르는 것은 결국 길을 따르는 것, 곧 일을 벌이지 않음을 일로 삼는 것이며, 그것을 참(常)이라고 부른다. 참(常)을 아는 것을 밝다(明)고 한다. 참(常)을 알지 못하면 이름과 싫음에 사로잡혀 망령되게 흉한 일을 만든다. 참(常)을 알면 만물을 포용하고, 포용하면 공인公人이 되며, 공인이 되면 좋은 왕이 되고, 좋은 왕이 되면 하늘과 같이 되며, 하늘과 같이 되면 길과 같이 되고, 길과 같이 되면 오래 보존된다. 그러므로 빔의 근본으로 되돌아가면 죽을 때까지 위태롭지 않다.

사욕을 버려서 사욕을 채운다

이상의 노자의 말 속에는 공인이 되면 죽을 때까지 위태롭지 않다는 뜻이 포함되어 있다. 그런데 지도자가 자기를 오래도록 보존한다는 것은 공적인 것이 아니라, 사적인 것이다. 그렇다면 노자의 공과 사는 무엇일까?

사람들이 모여 사는 사회에서는 공적인 일이 있고, 사적인 일이 있다. 아파트 단지의 개인 집에서 전기와 가스 시설을 관리하는 것은 사적인 일이다. 아파트 단지 전체의 전기 및 가스 시설을 수리하는 것은 공적인 일이다. 개인들이 돈을 벌어서 살림을 사는 것은 사적인 일이고, 개인들로부터 세금을 거두어서 치안을 유지하고, 불을 끄며, 어려운 사람들을 보살피는 것은 공적인 일이다. 사적인 일은 사적인 이해를, 공적인 일은 공적인 이해를 추구하는 것이다. 사적인 이해는 사적인 바램(慾望)에서, 공적인 이해는 공적인 바램에서 나온다.

그런데 바램이란 이름 등에서 생기는 것도 있고, 본능에서 나온 것도 있다. 옥을 갖고 싶은 것은 이름에서, 배가 고파서 밥을 먹고 싶은 것은 본능에서 나왔다. 우리는 앞에서 이름 따위에서 나온 것을 싶음(欲), 본능에서 나온 것을 맨바램이라고 했다. 공적인 바램도 싶음과 맨바램이 있다. 인종주의나 이념 대립으로 적대감을 일으켜 전쟁을 하려는 바램은 싶음에 속하고, 아픈 사람들을 치료해주고자 하는 바램은 맨바램에 속한다(〈표 6〉 참조).

〈표 6〉 나쁜 지도자와 좋은 지도자의 바램(慾望) 추구

구분	공적 바램		사적 바램	
	싶음	맨바램	싶음	맨바램
나쁜 지도자	적극 추구한 척	추구한 척	적극 추구	소극 추구
좋은 지도자	추구하지 않음	적극 추구	추구하지 않음	간접 추구

많은 지도자들이 사적인 바램을 적극적으로 추구하지만, 공적인 바램은 소극적으로 혹은 마지못해서 추구한다. 이런 야화가 있다. 옛날에 어느 먼 나라의 한 대통령과 그 측근들이 자원외교를 한다고, 막대한 나랏돈을 다른 나라에 투자했다. 그러나 회수될 수 있는 돈은 극히 일부였다. 많은 세월이 흐른 다음에 그들의 자원외교가 나랏돈을 빼먹기 위해 부린 술책이었음이 드러났다. 이 야화의 주인공들은 개인의 주머니를 채우려는 사적인 바램을 자원외교라는 공적인 바램으로 포장했다. 대개 이런 부류의 지도자들은 사적 바램에서나, 공적 바램에서나, 모두 맨바램보다는 싶음을 좋아한다(〈표 6〉 참조). 자기가 생활하는 데 필요한 돈이 남아도는데도 더 많은 돈을 가지려는 사적인 싶음을 채우려 하고, 자원외교와 같은 황당한 이름을 만들어서 백성의 공적인 싶음을 조작해낸다. 그러나 젊은 사람들이 아이들을 키우는 것과

같은 공적인 맨바람을 충족해주는 데 필요한 재원을 지원하는 데는 극도로 인색하다. 인구가 줄어들어 나라의 장래가 어두운데도 무상보육과 무상급식을 하면 나라가 망할 듯이 호들갑을 떤다.

성인과 같은 좋은 지도자는 사적인 싶음은 전혀 추구하지 않는다. 자신의 맨바램도 직접적으로는 추구하지 않는다. 다만 공적인 맨바램을 추구하여 결과적으로 사적인 맨바램이 이루어지게 할 뿐이다. 그는 공적인 싶음은 추구하지 않고 공적인 맨바램만을 추구한다. 백성의 헛된 욕망인 싶음은 줄여주고, 순수한 욕망인 맨바램은 충족시켜주려고 노력한다. 백성의 마음은 비워주고 배는 채워주고, 백성의 의지는 약하게 해주고 백성의 뼈는 강하게 해주려 한다. 백성이 배가 부르고 뼈가 강해지면, 지도자 자신의 배부른 삶은 자연스럽게 이루어진다. 이것을 일러 사사롭지 않기 때문에 사사로움을 이룬다고 말한다. 따라서 자신의 이름과 싶음을 비워서, 진정한 공인이 되면 좋은 왕이 되고, 좋은 왕이 되면 하늘 및 길과 같이 되어서, 자신의 삶을 오래도록 보존할 수 있다. 이것이 공적인 맨바램을 추구하여 자신의 사적인 맨바램을 이루는 것이다.

17장

최고의 지도자란?

최고의 지도자는 아랫사람이
겨우 그가 있다는 것만 안다.
그 다음의 지도자는 사랑하고 칭찬한다.
그 다음의 지도자는 두려워한다.
그 다음의 지도자는 업신여긴다.
길 믿음이 부족하면 백성을 불신한다.
그래서 길과 백성을 믿는 사람은
느긋하고, 자기 말을 귀하게 여겨서,
공이 세워지고 일이 이루어지면,
백성이 한결같이 이렇게 생각한다.
"우리가 스스로 이룩했다"고

太上下知有之 其次 親而譽之 其次 畏之 其次 侮之
信不足焉 有不信焉
悠兮其貴言 功成事遂 百姓皆謂我自然

▶ 문법과 용어 풀이

- 太上下知有之에서 有는 있다라고 해석하지만 타동사이고, 之는 太上을 받는 대명사이다.
- 親而譽之에서 親은 좋아하다(愛), 譽는 찬양하다이다.
- 悠兮其貴言에서 兮는 운율을 고르는 조사, 其는 太上을 받는다.
- 功成事遂는 수동태 문장임을 주목할 필요가 있다.

太上 태상 최고, 下 하 아랫사람, 知 지 알다, 有 유 있다, 之 지 그, 其 기 그, 次 차 다음, 親 친 좋아하다, 而 이 연사, 譽 예 찬양하다, 畏 외 두려워하다, 侮 모 깔보다, 信 신 믿음, 不足 부족 부족하다, 焉 언 조사, 有 유 가지다, 不信 불신, 悠 유 느긋하다, 兮 혜 조사, 貴 귀 귀하게 여기다, 言 언 말, 功 공, 成 성 이루어지다, 事 사 일, 遂 수 성취되다, 百姓 백성, 皆 개 모두, 謂 위 생각하다, 我 아 나, 自 자 스스로, 然 연 그렇게 하다

드러내지 않아야 최고 지도자

최고의 지도자는 아랫사람들이 그가 겨우 있다는 것만을 안다. 그보다 못한 지도자는 아랫사람들이 사랑하고 칭찬한다. 그보다 못한 지도자는 아랫사람들이 두려워한다. 그보다 못한 지도자는 아랫사람들이 깔본다. 무슨 소리인가? 표를 만들어 살펴보자.

〈표 7〉 지도자의 등급별 백성의 반응

지도자 등급	백성의 반응			
	있음을 앎	좋아 찬양함	두려워함	깔봄
1	O	X	X	X
2	O	O	X	X
3	O	X	O	X
4	O	X	X	O

최고 등급 지도자는 백성이 그가 있다는 것을 알 뿐이다. 그를 좋아하면서 찬양하지도, 두려워하지도, 깔보지도 않을 것이다. 둘째 등급 지도자는 백성이 좋아하면서 찬양한다. 그러므로 백성은 그가 있다는 것을 당연히 알 것이며, 두려워하거나 깔보지 않을 것이다. 셋째 등급 지도자는 백성이 두려워한다. 두려워하므로 그가 있다는 것을 알 것이며, 좋아하거나, 깔보지는 않을 것이다. 넷째 등급의 지도자는 백성이 깔본다. 깔보므로 그가 있다는 것을 알 것이며, 그를 좋아하지도, 두려워하지도 않을 것이다.
　왜 이런 차이가 생기고, 그 결과는 어떤 것인가? 〈표 8〉를 보면서 의논해보자.

〈표 8〉 지도자별 특성

지도자 등급	주요 원인			주요 결과	
	이름	관리 성패	처벌	정당성	질서
1	갖지 않음	—	안함	—	유지
2	가짐	성공	안함	얻음	유지
3	가짐	실패	함	못 얻음	유지
4	가짐	실패	안·못함	못 얻음	없음

　최고 등급의 지도자는 길을 따른다. 이런 사람은 자기의 이름과 싫음을 버리고 번다한 일을 벌이지 않으므로, 지시할 것도 없고 관리할 것도 없다. 매우 게으른 것처럼 보인다. "백성의 마음으로 내 마음을 삼고(以百姓心爲心)"(49장), 백성이 알아서 하도록 조심스럽게 도와줄 뿐이다. 자기를 치장하여 드러내지도 않고, 이름을 조작하여 백성의 마음을 사로잡으려고 들지도 않는다. 그러니 백성은 그가 있다는 것만 알 뿐, 그를 좋아하지도 미워하지도 않는다. 명령하지 않기 때문에 백

성이 명령을 위반하지도, 처벌할 필요도 없다. 이런 지도자는 백성으로부터 정당성을 얻지도 않지만 의심받지도 않는다. 사회의 질서는 자연스럽게 유지되고, 지도자의 자리는 오래도록 유지된다.

둘째 등급의 지도자는 이름과 싫음이 분명하다. 이른바 주관이 뚜렷하고, 능력도 뛰어나서 자기 주관에 따라 오만가지 정보들을 직접 챙긴다(萬機親覽). 모든 것을 지시하고 그 결과를 여러 통로로 확인한다. 이런 점에서는 이성에 따라 세상을 기획하여 조직하려는 근대주의자(modernist)와 같다. 조직의 기강을 세우고, 자기를 과시하여, 백성의 마음을 잡는 데 성공한 사람이다. 백성은 그를 좋아하고 찬양한다. 그들이 그의 명령을 위반할 리가 없으므로 처벌도 거의 하지 않는다. 대부분의 지도자들이 바라고 추구하는 유형이다. 역사에서 보면 민심을 얻고 권력을 강화하는 지도자는 대개 이런 모습을 보인다. 이런 지도자는 비록 민심을 조작했을지라도 백성으로부터 정당성을 인정받으며, 나름의 질서를 유지할 수 있다. 그러나 자신의 싫음과 백성의 싫음에 따라 이루어진 정당성과 사회질서, 그의 화려한 지위도 매우 오래 갈 수는 없다. 온갖 것을 챙기다가 건강을 잃기도 한다. 행여 천수를 누리면서 권력을 유지할 수 있더라도 사후에는 그가 다스리던 조직이 흔들리기 쉽다. 다 챙겨주는 부모 밑에서 바보 자식이 자라듯이, 유능한 지도자 밑에서는 상사의 눈치만 보는 무능력자들이 뿌리를 내리기 때문이다.

셋째 등급의 지도자도 나름의 이름과 싫음을 가지고, 자신의 뜻대로 온갖 일을 만들어 처리하면서 백성을 관리하려고 시도한다. 그러나 일 처리도 백성의 관리도 실패한 사람이다. 백성이 명령을 위반하면 처벌하므로, 백성이 두려워한다. 백성으로부터 정당성을 확보하지는 못하지만, 공포 정치로 사회질서와 자리는 가까스로 유지한다.

넷째 등급의 지도자도 자신의 이름과 싶음으로 온갖 일과 백성을 관리하려다가 실패한 사람이다. 그러나 셋째 등급의 지도자와는 달리 말을 듣지 않은 백성을 처벌할 의지나 권력이 없어서 처벌하지 않거나 못하므로, 백성이 그를 깔본다. 그는 정당성도 얻지 못할 뿐만 아니라, 사회질서도 유지하지 못한다. 곧 자기 자리를 잃는다.

"믿음이 부족하면 불신이 생긴다(信不足焉 有不信焉)"는 문장을, 해석할 때는 누가 무엇 혹은 누구를 믿고, 누가 무엇 혹은 누구를 불신하는지를 잘 찾아내서 조합하는 것이 중요하다. 앞의 믿음(信)의 주어는 왕이나 백성, 그 객어는 왕이나 백성 또는 길, 뒤의 불신不信의 주어도 왕이나 백성, 그 객어도 왕이나 백성 또는 길이 될 수 있을 것이므로, 그 경우의 수는 2×3×2×3=36이다. 이 중에서 그럴듯한 경우는 아래 〈표 9〉에 나타난 유형㉠과 ㉡인데, 전후 문맥으로 보면 ㉡이 나아 보인다.

〈표 9〉 믿음과 불신의 그럴듯한 주어와 객어 조합

유형	신信		불신不信	
	주어	객어	주어	객어
㉠	왕	백성	백성	왕
㉡	왕	길	왕	백성

흔히 유형 ㉠에 따라 이 문장을 "지도자가 백성에 대한 믿음이 부족하면, 백성이 지도자에 대한 불신을 갖는다"고 해석한다. 이 해석이 얼핏 보면 큰 무리가 없어 보인다. 그렇지만 앞의 네 등급 지도자에 대한 기술과 연결시켜 분석해보기로 하자. 최고의 지도자는 백성의 뜻을 따르므로 백성을 믿는다는 표현은 적합하지 않지만, 믿는다고 보아도 무

리는 없을 것이다. 백성이 그가 겨우 있다는 것만 알고 있으므로 백성이 그를 불신하지 않는다는 말 또한 자연스럽지는 않아 보이나 그렇지 않다고 보기는 어렵다. 둘째 등급의 지도자는 백성이 좋아하고 찬양하므로 백성이 그를 불신하지 않을 것이다. 그렇다면 그것은 그가 백성을 믿기 때문일까? 이런 지도자는 백성을 깨우침의 대상으로 삼을 것이므로 백성을 믿지 않을 가능성이 매우 크다. 이것은 지도자가 백성에 대한 믿음이 부족해도 백성이 그 지도자를 믿는다는 것의 사례이다. 셋째 등급과 넷째 등급의 지도자는 백성이 두려워하고 멸시하므로 백성이 불신한다고 볼 수 있다. 이런 지도자들도 백성을 믿을 가능성은 적다. 네 경우들을 종합해보면 지도자의 백성에 대한 믿음이 부족하더라도 백성이 신뢰하기도 하고 불신하기도 하므로(〈표 10〉 참조), 지도자의 백성에 대한 믿음이 부족하면 백성이 지도자를 불신한다는 해석은 만족스럽지 못하다.

〈표 10〉 지도자 등급별 믿음 관계

지도자 등급	지도자의 백성 신뢰	백성의 지도자 신뢰
최고	있음	있음
둘째 등급	부족	큼
셋째 등급	부족	없음
넷째 등급	부족	없음

따라서 이 문장을 유형 ⓛ에 따라 "지도자의 길에 대한 믿음이 부족하면, 그 지도자는 아랫사람들에 대한 불신을 갖는다"고 해석하는 것도 생각해볼 만하다. 예컨대 부모가 길을 믿지 않고, 자신의 신념에 따라 자식을 기르려 하면 자식을 믿기가 매우 어렵다. 그런 부모는 자기

가 결정하는 대로 자식이 따라주기를 원하지만, 자식은 다른 수많은 선택을 할 수 있기 때문에, 자식을 믿지 못할 것이다. 그렇다면 네 등급의 지도자들은 어떨까? 최고의 지도자는 자신의 이름과 싶음을 버리고 길을 믿고 따른다. 그러므로 모든 것을 백성에게 맡겨둔다. 그저 알아서 하도록 지켜보고 도와줄 뿐이다. 이런 지도자는 백성의 마음으로 자기 마음을 삼을 것이므로(49장) 백성을 최소한 불신할 리는 없다. 물론 백성을 신뢰한다는 생각도 하지 않을 것이다. 이와는 달리 둘째 등급의 지도자는 자신의 이름과 싶음이 분명한 사람이므로 길에 대한 믿음이 부족하다고 할 수 있다. 이런 지도자는 자기 뜻대로 백성을 잘 이끌어가므로, 근본적으로 백성을 불신한다고 볼 수 있다. 세 번째와 네 번째 등급의 지도자들도 자신들의 이름과 싶음에 따라 백성을 끌고 간다. 이들도 백성을 불신한다. 따라서 네 등급의 지도자와 연관시켜 보아도 지도자가 길에 대한 믿음이 부족하면 백성에 대한 불신이 생긴다는 해석이 어긋나는 경우는 없다.

지도자가 길에 대한 믿음이 부족하면 백성에 대한 불신을 가진다. 반대로 길에 대한 믿음이 확실하면 백성에 대한 불신이 없어진다. 길을 잘 믿고 따르는 최고의 지도자는, 아랫사람을 믿고 느긋하게 지켜볼 뿐, 지시하는 말을 귀하게 여겨 아낀다. 따라서 공이 이루어지고 일이 다 성취되더라도, 백성은 모두가 스스로 그렇게 이룬 것이라고 말한다.

18장
큰길이 폐지되면

큰길(大道)이 폐지되면 인仁과 의義가 생기고,
지혜가 출현하면 큰 거짓이 생기며,
육친이 불화하면 효孝 자慈가 생기고,
나라가 혼란하면 충신이 생긴다.

大道廢 有仁義 慧智出 有大僞
六親不和 有孝慈 國家昏亂 有忠臣

문법과 용어 풀이

- 仁義는 仁人과 義人을 뜻할 수도 있다.
- 六親은 부모父母, 형제兄弟, 자매姉妹, 배우配偶, 자녀子女이다.
- 孝慈에서 孝는 아랫세대의 윗세대에 대한 치사랑, 慈는 윗세대의 아랫세대에 대한 내리사랑이다.

大대 큰, 道도 길, 廢폐 폐지되다, 有유 가지다, 仁인 어짊, 義의, 慧智혜지 지혜, 出출 나오다, 僞위 거짓, 六親육친, 不불 아니, 和화 화목하다, 孝효 치사랑, 慈자 내리사랑, 國家국가, 昏亂혼란, 忠충, 臣신 신하

공기가 오염돼야 청정기가 생긴다

나는 주말이면 북한산에 가곤 한다. 잠깐만 걸어서 계곡으로 들어서도 공기가 신선하다. 가끔은 서울에서 멀리 떨어진 깊은 산도 오르는데, 그곳의 공기는 북한산의 것과는 비교할 수 없을 정도로 상쾌하다. 이런 곳에는 사람들의 싫음에 따른 조작이 이루어진 적이 없어서 참길이 보존되어 머문다. 공기청정기가 왜 필요하겠는가? 여기서만 살아온 사람들은 공기의 오염도 청정함도 모르니, 공기청정기를 알 리가 없다. 혼탁한 서울에 살다가 가끔 오는 사람이라야 공기의 맑음과 공기청정기의 의미를 안다.

이와는 달리 서울 강남의 고급 아파트에는 좋은 공기청정기가 있다고 한다. 이 지역은 인간의 싫음에 따른 조작이 심하게 이루어져서, 공기가 오염되어 있기 때문이다. 아무리 기계로 오염된 공기를 맑게 만들어도 산 공기보다는 좋을 리가 없다. 그리고 자기 집의 공기만 맑게 할수록 바깥 공기는 더 더러워지므로, 서로 더 좋은 기계를 사서 더 많이 틀어야 하고, 그럴수록 외부 공기는 더욱 나빠지는 악순환이 지속될 것이다.

참길이 보존되어 자연의 순수함이 유지되는 곳에서는 공기만이 아니라 사람들의 마음도 깨끗하다. 이것은 싫음의 때가 덜 묻은 오지의 사람들이 순박하고 정이 많다는 점으로도 이해할 수 있다. 이렇기 때문에 도시의 '문제아'들이 시골 학교로 전학하여 공부하면 저절로 바르게 되는 경우가 적지 않다. 이름과 싫음을 벗어난 큰길(大道)이 고이 보존되어 있는 사회에서는 모든 것이 자연 그대로 잘 돌아간다. 사람들은 특별히 가르치지 않아도 서로 돕고 사랑할 것이므로, 가족의 화목이나 나라의 태평마저도 인지하기 어렵고, 어짊(仁)과 의리(義), 효孝와 자애(慈), 충신도 필요하다는 것을 모른다.

그러나 지도자가 이름과 싶음을 조작해대면, 큰길이 무너진다. 깊은 산골을 개발한답시고 나무를 베고 흙을 기계삽으로 밀고 퍼내며, 바위를 폭파하여 건물을 지어 사람을 끌어들이면 공기가 오염되는 것처럼, 그럴듯한 이념 따위를 내세워서 사람들의 싶음을 조작하면, 사람들은 더 많은 권력과 돈과 명예를 쥐려고 다툴 것이며, 다툼을 줄이기 위하여 어짊과 의리의 윤리를 강조하고, 어진 이와 의인義人을 추켜세울 것이다. 지도자가 큰길을 버리고, 지혜로서 다스리면 많은 지혜가 출현할 것이며, 지혜와 크게 다르지 않은 권모술수와 거짓이 난무할 것이다. 이런 세상에서 가족인들 화목할 수 있겠는가? 육친이 불화하면 치사랑(효도)과 내리사랑(자애)을 내세우는 다양한 윤리들이 생겨난다. 큰길이 무너진 천하에서는 국가도 혼란하므로, 충성을 외치는 여러 주의주장들이 출현한다.

19장
성스러움을 버리면

성스러움(聖)을 버리고 지혜(智)를 멀리 하면
백성의 이익이 백 배가 되고,
어짊(仁)을 버리고 의리(義)를 멀리 하면
백성의 효도와 자애가 회복되며,
교묘함(巧)을 버리고 이익(利)을 멀리 하면
강도와 도둑이 사라지기 마련이다.
이 셋은 문식文飾이 될 수 없기에,
백성이 스스로 만족을 누리며,
소박素朴함을 보면서 질박質朴함을 품고,
사사로움을 줄이고 싶음(欲)을 덜게 한다.

絶聖棄智 民利百倍 絶仁棄義 民復孝慈 絶巧棄利 盜賊無有
此三者以爲文不足 故令有所屬 見素抱樸 少私寡欲

───────────── 문법과 용어 풀이 ─────────────

- 絶聖棄智에서 聖은 이름에 따라 만들어진 聖이다. 노자의 성인聖人은 이름을 털어버린 지도자이다.
- 盜賊無有는 수동태이고, 有는 조사이다.
- 此三者以爲文不足에서 此三者以爲文이 주어, 不足은 술어이다. 此三者以爲文에서는 此三者가 絶聖棄智 絶仁棄義 絶巧棄利를 받는 대명사로서 주어, 以爲는 만들다는 동사, 文은 객어이다. 직역하면 '이 세 가지가 문文을 만드는 것이 부족하다'가 될 것이다.
- 此三者以爲文에서 文은 質과 대비되는 개념이다. "文과 質이 잘 조화된 다음에야 군자이다(文質彬彬然後君子)"(『論語』, 雍也)라는 말이 있다. 단순하게 말하면, 文은 인공이고 質은 자연이다.
- 故令有所屬에서 令의 주어는 此三者이다. 令은 사역동사, 屬은 만족하다이다. 직역하면 '그래서 이 세 가지가 만족하는 바를 가지도록 해준다'가 된다.

絶절 끊다, 聖성 성, 棄기 버리다, 智지 지혜, 民민 백성, 利리 이익, 百倍백배, 仁인 어짊, 義의, 復복 회복하다, 孝효, 慈자 내리사랑, 巧교 교묘함, 盜賊도적, 無무 없어지다, 有유 조사, 此차 이, 三삼 셋, 者자 놈, 以爲이위 만들다, 文문 문식, 不足부족 부족하다, 故고 그러므로, 令령 하게 하다(let), 有유 가지다, 所소 바, 屬속 만족하다, 見견 보다, 素소 소박함, 抱포 품다, 樸박 소박, 少소 줄이다, 私사 사사로움, 寡과 덜다, 欲욕 싶음

화려한 성전은 백성의 땀과 눈물

캄보디아의 시엠립에는 흔히 '앙코르와트'라고 부르는 고대 도시가 있다. 열대의 밀림 속에 오랜 세월 동안 버려져 있다가, 최근에야 세상에 알려진 이곳에는 어마어마하게 크고 정교한 석조건물들이 숲과 호수 사이에 즐비하게 남아 있어서 사람들의 경탄을 자아낸다. 이런 건축물을 지으려고, 수많은 전문가들이 동원되어 설계도 하고, 돌을 잘

라 다듬어 조각도 하고, 그림도 그렸을 것이다. 이들은 먹고 사는 데 필요한 식량이나 의복 같은 것들은 직접 만들지 않고, 일한 대가로 곡식이나 돈을 받아서 생활했을 것이다. 일반 백성은 이런 곡식과 돈을 조세로 바치고, 코끼리와 함께 땅을 파고 다지며, 거대한 돌을 나르는 노역을 감당했을 것이다. 수백 개의 건물이 지어지는 수백 년 동안, 그들은 계속 힘들게 살았을 것이다. 다행히도 이 지역은 겨울에도 따뜻하여 일 년 내내 농사를 지을 수 있었고, 집과 의복을 마련하는 데 많은 수고가 들어가지는 않았을 것이므로, 사람들이 많은 착취를 당했더라도 목숨만은 부지할 수 있었을 것이다.

그렇다면 왜 당시의 지도자들은 백성에게 뼛골이 빠지도록 일을 시키면서 그렇게 크고 화려한 건물을 쉼 없이 지었을까? 오늘날의 관광객과 관광업 종사자들을 위해서 그렇게 하지는 않았을 것이다. 그들은 힌두교나 불교를 숭배했다. 이 종교의 성스러움을 선양함으로써, 스스로 성인의 경지에 가까이 가고, 백성으로부터 존경을 받으면서, 정치적 권력을 굳건하게 만들기를 바랐을 것이다. 이를 위해서 여러 등급의 귀족들이 경쟁적으로 크고 작은 공사를 벌였고, 민초들은 노역과 세금을 감당했을 것이다. 그런데 모든 백성이 항상 그것을 억지로 부담한다고 여기지는 않았을 것이다. 적지 않은 사람들이 성스러운 일에 자발적으로 참여했을 것이다. 심지어 노동을 성스러운 헌신이나, 다음 생애를 위한 선업 쌓기로 여기면서 기꺼이 감내하는 사람도 있었을 것이다. 이것은 지도자들의 교육에 의한 것일 수도 있고, 전통적 신념에 의한 것일 수도 있다. 어쨌든 지도자들이 종교적 성스러움의 이름을 걸고 자기의 싶음을 추구했기 때문에 인류의 위대한 문화유산이 만들어졌지만, 백성의 고통은 이루 다 헤아리기 어려웠을 것임에는 분명하다. 만약 그 지도자들이 성스러움을 추구하지 않았더라면, 백성은 조세를 조금만 부담하고 놀면서 일하고, 배불리 먹고 자면서 편안한 삶을 누렸을 것이다. 이것은 백성의 마음을 채우는 것이 아니라 배를 튼실하게 해주는 것이며, 백성의 조작된 바램인 싶음을 충족하는 '환상적 이익'이 아니라 맨바람을 충족하는 '진정한 이익'이다. 지도자가 성스러움을 추구하는 짓을 그만두면 백성의 진정한 이익이 크게 늘어난다.

성스러움과 마찬가지로 지도자가 지혜로움의 추구를 포기하면, 백성의 이익이 많이 늘어난다. 지혜란 일정한 목적을 달성하기 위한 정신 능력을 의미한다. 지도자들은 자기가 생각하는 성스러움을 추구하듯이, 자기가 바람직하다고 생각하는 목적을 달성하기 위한 지혜를 추구한다. 결국 무엇을 위한 지혜인가는 자기의 이름과 싶음에 따라서 결정된다. 많은 지도자들은 자신의 권력을 키우고 부를 모으기 위하여 대중들의 이름과 싶음을 조작하고 법과 제도를 정비하는 데 지혜를 동원한다. 지도자가 이런 지혜를 좋아하면서 지자智者를 추켜세우면, 잘난 사람들이 지모 경쟁을 벌인다. 이런 지혜가 백성의 삶을 위할 가능성은 적다. 왜냐하면 지혜는 그것을 이용하는 자의 이름과 싶음을 위한 것이지 백성의 행복을 위한 것이 아니기 때문이다. 예를 들어보자. 권력을 장악하기 위한 효과적인 지모 중에는 이름을 조작하여 파벌과 대립을 만들어내는 것도 있다. 역사를 보면 대립과 갈등을 조작하지 않고서 독재를 하지 않은 사람은 없다. 사회마다 모사꾼이 설치면서, 지연과 학연과 같은 인맥에 따라 계파가 만들어진다. 그러면 모사꾼의 이해관계와는 무관한 사람들도 계파의식을 가지고 행동하게 된다. 요즈음 한국 사회에서는 정치꾼들이 만든 지역주의에 따라 전라도와 경상도의 민초들까지도 아무것도 모른 채 대립한다. 대구의 택시 운전수와 광주의 떡볶이 장수가 무슨 이해관계가 얽혔다고 서로 적대감을 가지겠는가? 이 두 사람은 행복을 증진시켜주는 사회보장에 대한 관심은 접어두고, 지역 대립의 유령에 사로 잡혀 투표한다. 이와 같은 대립을 통해서 정치인들은 자리를 보존하는 데 성공할지는 모르지만, 국민들의 행복을 위한 정치는 한 걸음도 진전되지 않는다. 만약 지도자가 이와 같은 지모를 좋아하지 않으면, 추종자들이 파벌을 조성하려는 것과 같은 지모 경쟁을 하지 않을 것이고, 백성은 그들의 조작에 휘둘리지 않고 생계에 전념할 것이다. 그러므로 지도자가 지혜 부리기를 포기하면, 백성의 이익이 크게 늘어날 것이다.

도둑들도 인의를 지킨다

어짊(仁)을 버리고 의리(義)를 멀리 하면 백성이 치사랑(孝)과 내리사랑(慈)이 회복된다. 무슨 소린가? 먼저 『장자』에 나오는 도둑들의 어짊(仁)과 의리(義)에 관한 이야기부터 살펴보자.

> "남의 방안에 무엇이 얼마나 있는지를 가늠하는 것이 성스러움(聖)이고, 들어갈 때 앞서는 것이 용감(勇)이며, 나올 때는 뒤서는 것이 의리(義)이고, 훔쳐낼 수 있는지 여부를 아는 것이 지혜(知)이고, 물건을 균등하게 나누는 것이 어짊(仁)이다. 이 다섯 가지를 갖추지 않고서 큰 도둑이 된 사람은 하늘아래 어디에도 없다(夫妄意室中之藏 聖也 入先 勇也 出後 義也 知可否 知也 分均 仁也 五者不備 而能成大盜者 天下未之有也)"(『莊子·장자』, 胠篋거협).

어짊(仁)과 의리(義)도 이름이다. 누가 무엇을 그것으로 부르는가에 따라서 그 내용이 달라진다. 그래서 어짊과 의리도 때와 장소에 따라서 다르다. 지도자가 지자智者의 도움을 받아서 이것이 어짊이고 저것이 의리라고 이야기하면서 백성에게 어짊과 의리를 따르라고 부추기면, 백성은 그 어짊과 의리를 기준으로 삼아서 자식과 부모를 대한다. 『논어』에는 공자孔子(공 선생)를 따르지 않았던 섭공葉公이란 사람이 공 선생과 나눈 다음과 같은 이야기가 있다.

> "섭공이 공자께 물었다. '우리 무리 중에 정직하게 행동하는 사람이 있습니다. 그는 자기 아버지가 남의 양을 슬쩍 챙기는 것을 고발하였습니다.' 공자가 대답했다. '우리 무리에게 정직함이란 이와는 다릅니다. 아버지는 자식을 숨겨주고, 자식은 아버지를 숨겨줍니다. 정직함도 그런 가운데에서만 의미가 있습니다(葉公語公子曰 吾黨 有直躬者 其父攘羊 而子證之 子曰 吾黨之直者 異於是 父爲子隱 子爲父隱 直在其中矣)"(『論語』, 子路章).

자기 울타리 안에 들어온 남의 양을 돌려주지 않은 아버지를 고발하느냐 마느냐를 결정하는 것은, 정직함만을 생각하는 사람에게는 매우 간단하다. 정직함의 윤리에 따라 고발하면 될 것이다. 그러나 이 사람이 불효를 한 것임에는 틀림없다. 이런 일이 지도자가 자기 입맛에 따라 정한 어짊과 의리를 백성들에게 주입했을 경우에 자주 발생할 것이다. 자식은 자기가 믿게 된 어짊과 의리에 어긋나면 부모를 버리거나 심지어 죽일 수도 있다. 부모도 자식에게 마찬가지 짓을 할 수도 있다. 만약 백성이 이런 어짊과 의리를 알지 못한다면, 어린애는 자연 속에서 부모의 보살핌을 받고 자라고, 어른이 되어서는 부모를 봉양하며 살아갈 것이다. 지도자가 자의적인 어짊(仁)을 버리고 의리(義)를 멀리하면 백성이 치사랑(孝)과 내리사랑(慈)을 회복할 것이다.

옥돌을 왕에게 바치고 발뒤꿈치를 잘리다

만약 지도자가 자기의 이름과 싶음에 따라서 교묘함과 이익을 추구하면 어떻게 될까? 이것을 잘 보여주는 옥에 얽힌 재미난 옛이야기가 있다.

"초楚나라 사람인 화和씨가 초산에서 옥돌(玉璞)을 얻었다. 그것을 조심스럽게 들고 가서 여왕厲王에게 바쳤다. 왕이 옥공玉工에게 감정을 시켰더니, 돌이라고 했다. 왕이 화씨를 사기꾼으로 여기고, 왼쪽 발뒤꿈치를 자르는 형벌을 주었다. 여왕이 죽고 무왕武王이 즉위하자 화씨는 다시 그 옥돌을 무왕에게 바쳤다. 무왕이 옥공에게 감정을 시켰더니, 또 돌이라고 했다. 무왕도 그를 사기꾼으로 여겨서, 오른쪽 발뒤꿈치마저 자르는 형벌을 주었다. 무왕이 죽고 문왕文王이 즉위하자 화씨는 초산 아래에서 그 옥돌을 껴안고 3일 낮밤을 울었다. 계속 울자 눈물이 다하여 피가 되었다. 문왕이 이 사연을 듣고 사람을 시켜서 그 연유를 물었다. '이 세상에 발뒤꿈치를 잘리는 형벌을 받은 사람이 많은데, 그대는 어째서 그리 슬피 우는가?'라고 묻자, 화씨가 '저는 발뒤꿈치기 잘리는 형을 받았다고 슬퍼하는 것이 아닙니다. 다들 보물 옥을 돌이라고 일컫고, 곧은 선비를 사기꾼으로 불러서 슬퍼합니다. 이것이 제가 슬퍼하는 까닭입니다'라고 대답했다. 왕이 옥공을 시켜서 그 옥돌을 다듬게 하여 보물을 얻었다. 그제야 '화씨의 벽옥(和氏之璧)이 바로 구슬옥(珠玉)'이라고 명명됐다."(『韓非子』, 和氏第十三, 文淵閣四庫全書電子版).

왕들이 옥의 교묘함을 귀히 여기지 않는다면 옥은 그저 돌일 뿐이고, 화씨와 같은 사람들이 옥에 인생을 걸지 않을 것이다. 그런데 왕들은 옥의 교묘함을 좋아하고, 이런 옥을 얻는 것을 이익으로 여긴다. 이 이익은 이름에 의해서 조작된 바램인 싫음의 충족이다. 화씨는 왕의 이익을 챙겨주고, 그 보상으로 자기가 좋아하는 것을 얻고자 했다. 그런데 왕이 옥을 얻었다고 건강해지는 것도 아니고, 화씨가 왕의 신임을 얻었다고 장수를 누릴 수 있는 것도 아니다. 이익이란 착각의 결과인지도 모른다. 여기서 우리는 지도자가 교묘한 것을 좋아하고 그것을 얻으려는 '환상적 이익'을 추구하면, 백성도 왕이 교묘하게 여기는 것을 덩달아 좋아하고, 이와 관련된 '환상적 이익'을 얻으려고 노력한다는 것을 알 수 있다. 백성이 이익 추구에 몰두하면, 도둑질을 하는 것도 마다하지 않을 것이다. 오늘날 우리 사회에서 돈과 명품 따위에 눈이 멀어 사람을 죽이는 일이 적지 않게 벌어지는 것도 이와 사정이 다르지 않다. 그러므로 지도자들이 교묘함을 추구하지 않고 이익을 멀리하면 도둑이 생기지 않는다고 말할 수 있다.

성스러움(聖)과 지혜(智), 어짊(仁)과 의리(義), 교묘함(巧)과 이익(利)은 사람들이 이름을 따라 만들어낸 것이다. 이름과 싫음을 벗어난 자연적 상태에서는 이런 것들이 없다. 따라서 성스러움(聖)을 버리고 지혜(智)를 멀리 함, 어짊(仁)을 버리고 의리(義)를 멀리 함, 교묘함(巧)을 버리고 이익(利)를 멀리 함, 이 세 가지는 인위를 벗어나 자연의 질박함으로 가는 것이다. 이 세 가지로는 인위적 제도인 문식文飾을 만들 수는 없다. 이것을 지도자가 실천하면, 백성은 허망한 이름에 휘둘리지 않고 자연의 결을 따라 자족을 누리며, 눈으로는 소박素朴함을 보고 마음으로는 질박質朴함을 품으며, 사사로움을 추구하려는 의지를 줄이고 싫음(欲)을 덜어내게 된다.

20장

배움을 끊으면

배움을 끊으면 우환이 없다.
순응과 거역이 얼마나 차이나고,
좋음과 싫음이 얼마나 다르겠나?
사람들은 남들이 경외敬畏한 것을
덩달아 경외하지 않을 수 없다.
황당한 그 모습이 끝이 없구나!
뭇 사람이 즐겁게 노는 모습이
소 잡고 잔치를 여는 것 같고,
봄을 맞아 누대에 오른 것 같다.
나만 홀로 담담하고 맑은 모습이
웃음을 지으려는 아이와 같고,
초라하여 갈 곳마저 없는 것 같다.
사람들은 모두 넉넉함을 누리는데,
나만 홀로 버림을 받는 것 같다.
어리석은 나의 마음이 흐릿하구나.
세상사람 똑똑한데, 나만 멍청하고,

세상사람 셈 밝은데, 나만 어리하다.
마음의 차분함이야 바다와 같고,
노닒에는 그침이 없는 것 같다.
남들은 모두 쓰임새를 가졌는데,
나만 혼자 완고하여 모자란 것 같고,
남과 달리, 밥 어미를 귀히 여긴다.

絶學無憂
唯之與阿 相去幾何 善之與惡 相去若何
人之所畏 不可不畏 荒兮其未央哉
衆人熙熙 如享太牢 如春登臺
我獨泊兮 其未兆如嬰兒之未孩 儽儽兮若無所歸
衆人皆有餘 而我獨若遺 我愚人之心也哉 沌沌兮
俗人昭昭 我獨昏昏 俗人察察 我獨悶悶
澹兮其若海 飂兮若無止
衆人皆有以 而我獨頑似鄙 我獨異於人而貴食母

-------- 문법과 용어 풀이 --------

- 絶學에서 學이란 이름(名) 따위를 공부하는 것이다.
- 唯之與阿에서 唯는 순응하다, 阿는 거역하다(御定道德經註』, 文淵閣四庫全書電子版), 之는 대명사이다. 직역하면 '그것을 순응하는 것과 거역하는 것'이다.
- 相去幾何에서 去는 거리나 차이, 相去는 서로의 거리, 幾何는 얼마인가이다.
- 善之與惡에서 善은 좋아하다, 惡은 싫어하다.
- 相去若何에서 若何는 '얼마인가'이다.
- 人之所畏 不可不畏에서 주어는 일반 사람, 畏는 공경하다(畏敬, 敬重)이다.
- 荒兮其未央哉에서 其는 荒兮를 받는 것으로 보인다. 荒은 황당하다, 央은 끝나다이다. 직역하면 황당하다, 그것이 끝이 없도다가 될 것이다.
- 如享太牢에서 享은 제물로 바치다이다. 太牢는 제사에 쓰이는 소, 小牢는 양이다. 享太牢는 큰 제사를 지내고 잔치를 벌인다는 의미다.
- 其未兆에서 未兆는 싫음이 없어서 어떤 것도 드러나지 않은 표정일 것이다.

- 儽儽兮若無所歸에서 儽儽는 초라한 모습이다.
- 我愚人之心也哉에서 我와 愚人은 동격이다. 也哉 조사이다. 직역하면 '나, 어리석은 사람의 마음이란'이 될 것이다.
- 沌沌兮의 주어는 앞의 我愚人之心일 것이다.
- 昭昭는 밝은 모습을 나타내는 의태어로서 昏昏과 대비되며 똑똑하다이다.
- 察察은 살피고 살핀다는 뜻으로 손익 계산을 아주 잘 한다이다.
- 澹兮其若海 飂兮若無止에서 澹兮는 바람 잔 바다처럼 잠잠하고 조용한 모습을, 飂兮는 높은 하늘에서 한가롭게 부는 바람처럼 관조하며 노니는 마음을 형용한 것으로 보인다. 澹兮 다음의 其는 대명사이다.
- 衆人皆有以에서 以는 用이다(『御定道德經註』, 文淵閣四庫全書電子版).
- 食母는 밥의 어머니, 생명의 근원과 같은 것이다.

絶절 끊다, 學학 배움, 無무 없다, 憂우 걱정, 唯유 순응하다, 之지 그것, 與여 과, 阿아 거역하다, 相상 서로, 去거 거리, 幾何기하 얼마, 善선 좋아함, 惡오 싫어함, 若何약하 얼마, 人인 남, 之지 의, 所소 바, 畏외 경외하다, 不可不불가불 않을 수 없다, 荒황 황당함, 兮혜 조사, 其기 그것, 未미 아니, 央앙 끝나다, 哉재 조사, 衆人중인 여러 사람, 熙熙희희 즐기다, 如여 와 같다, 享형 바치다, 太牢태뢰 제물 소, 春춘 봄, 登등 오르다, 臺대 높은 곳, 我아 나, 獨독 홀로, 泊박 담박하다, 兮혜 조사, 未미 아직~않다, 兆조 징조가 보이다, 嬰兒영아, 孩해 웃다, 儽儽兮누누혜 초라하도다, 若약 와 같다, 歸귀 돌아가다, 皆개 모두, 有餘유여 여유를 가지다, 而이 연사, 遺유 버려지다, 愚우 어리석은, 心심 마음, 也哉야재 조사, 沌沌兮돈돈혜 흐릿하도다, 俗속 세상, 昭昭소소 똑똑하다, 昏昏혼혼 어둡다, 察察찰찰 똑똑하다, 悶悶민민 멍청하다, 澹담 담담하다, 兮혜 조사, 海해 바다, 飂료 노닐다, 止지 그치다, 有유 가지다, 以이 쓰임새, 而이 연사, 頑완 완고하다, 似사 와 같다, 鄙비 모자라다, 異이 다르다, 於어 과, 人인 남, 而이 연사, 貴귀 귀히 여기다, 食사 밥, 母모 어미

뭇 사람들 똑똑한데, 나만 어리버리

배움을 끊어내야 우환이 없어진다(絶學無憂)는 말은 이상하게 들린다. 흔히 배운다는 것은 다 좋다고 생각하기 때문이다. 그러나 아무것이나 배운다고 다 좋은 것은 아니다. 맛이 덜해도 몸에 맞는 음식을 먹으면 가래떡 같은 똥이 나오지만, 맞지 않은 음식을 먹으면 설사 똥이 나온다. 좋은 것을 배우면 행복하지만, 나쁜 것을 배우면 우환이 생긴다. 노자는 싫음을 만들어내는 이름을 배우는 것이 우환을 낳는다고 생각한다. 예컨대 어떤 사람이 돈을 잘 버는 것을 현명함이라고 이름 붙인 것을 사람들이 배우면, 그 이름을 기준으로 삼아서, 현명한 사람과 그렇지 않은 사람들을 명쾌하게 판별한 다음, 비리로 돈 잘 버는 사람도 존중하여 따르면서 좋아한 반면, 돈을 잘 벌지 못한 사람을 비하하면서 싫어할 것이다. 이와는 달리 청빈함을 현명함이라고 이름을 바꾸면 정반대의 일이 벌어질 것이다. 이처럼 순종해야 할 것과 거역해야 할 것, 좋아한 것과 싫어한 것은 이름에 따라서 생각 속에서만 차이가 난다. 만약 우리가 이런 배움을 털어버리면 이런 차이들은 아무런 의미가 없어진다. 그러나 사람들은 남에게 이름을 배워서 남이 경외하는 사람이나 물건, 이념을 경외하게 된다. 그리고 그 이름에서 벗어나지 않는 한, 결코 경외하는 마음을 떠날 수 없는 황당함이 끝없이 지속된다. 더 실감나는 예를 들어보자. 어떤 종교 교리에 빠진 사람들이, 교주를 맹신하여 경외하면서, 상식으로는 도저히 이해할 수 없는 황당한 행태를 보이는 경우가 있다. 이것도 배워서 생긴 우환이다.

이런 우환에 빠진 사람들은 오히려 스스로 현명하고 똑똑하다고 확신한다. 그래서 얼핏 보면 희희낙락, 잔치를 즐기는 듯, 봄날 누대에 올라 노는 듯하다. 이런 사람들에 비교하면 어떤 이름의 배움도 다 끊어버린 사람인 나(노자)는 홀로 담박할 뿐이어서, 아무런 바램이 없는 표정이 웃음조차 짓지 않은 어린아이의 평화로운 모습과 같고, 초라한 모습이 돌아갈 곳조차 없는 듯하다. 다른 사람들은 모두 넉넉함을 누리는데, 나만 홀로 버림을 받는 것 같고, 어리석고도 어리석어 생각조차 흐릿하다. 세상사람 똑똑한데, 나만 멍청하고, 세상사람 셈 밝은데, 나만 어리버리하다. 그렇지만 잠잠하고 조용한 나의 마음은 바다와 같고, 바람처럼 한가롭고 자유롭게 노니는 마음은 하늘처럼 끝이 없는 듯하다. 배워서 이름에 사로잡힌 사람들은 모두 유능한데, 배움을 끊은 나만 완고하여 아무데도 쓸모가 없는 것 같다. 남들은 다 배워서 이상을 찾고 명품을 구하지만, 나는 바보처럼 밥을 주는 어미를 귀하게 여긴다. 그 어미는 마음보다는 배를 채워주고, 의지보다는 뼈를 강하게 해준다. 이것이 노자가 말하는 길이 아닐까?

21장

통달한 덕의 모습

통달한 덕의 모습은 길(道)만을 따르는 것.
길의 됨됨이는 어슴푸레, 가물가물.
가물 가물거리며 어슴푸레하여도,
그 안에 정녕 징조가 있고,
어슴푸레하면서도 가물 가물거려도,
그 안에 정녕 실체(物, substance)가 있다.
그윽 그윽하면서도 아득 아득하여도,
그 안에 정녕 정기精氣가 있고
그 정기 참되고도 또 참되어,
그 안에 정녕 미더움(信) 있다.
옛부터 지금까지 그 이름이 떠나지 않아,
만물의 시초들을 길로서 살펴본다.
시초의 실상實狀들을 내가 어찌 알겠는가?
길로서 살펴보아 아는 것이지.

孔德之容 惟道是從
道之爲物 惟恍惟惚 惚兮恍兮 其中有象
恍兮惚兮 其中有物
窈兮冥兮 其中有精 其精甚眞 其中有信
自古及今 其名不去 以閱衆甫
吾何以知衆甫之狀哉 以此

문법과 용어 풀이

- 孔德之容惟道是從은 원래 孔德之容惟從道인데, 객어인 道를 강조하려고 도치하면서 조사 是를 삽입했다. 직역하면 통달한 덕의 모습은 오직 길을 따르는 것이다가 될 것이다.
- 道之爲物에서 爲物은, 爲人이 사람 됨됨이인 것처럼, 물 됨됨이이다.
- 其中有物에서 物은 오감으로 확인할 수 없는 실체이다.
- 以閱衆甫에서 以는 以之의 준말이고 之는 道를 가리킨다. 甫는 시작이다.
- 以此의 此는 道를 받는다.

孔공 통달한, 德덕, 之지 의, 容용 모습, 惟유 오직, 道도 길, 是시 조사, 從종 따르다, 爲위 되다, 物물, 恍황 어슴푸레하다, 惚홀 흐릿하다, 兮혜 조사, 其기 그, 中중 가운데, 有유 있다, 象상 징조, 物물 실체, 窈요 그윽하다, 冥명 어둡다, 精정 정기, 甚심 심히, 眞진 진실되다, 信신 미더움, 自자 부터, 古고 예, 及급 까지, 今금 지금, 名명 이름, 不불 아니, 去거 제거되다, 以이 그것으로서, 閱열 살펴보다, 衆중 여러, 甫보 시작, 吾오 나, 何以하이 어떻게, 知지 알다, 狀상 상태, 哉재 조사, 以이 으로서, 此차 이것

길은 만질 수 없을지라도

통달한 덕의 모습은 길(道)만을 따르는 것.
길의 됨됨이는 어슴푸레 가물가물.
그 길은 가물가물 어슴푸레할 뿐이고,

눈 귀 코 혀와 살이 있을지라도
보고 듣고 맡고 맛보고 만질 수 없지만
헤아려보면 그 길 안에 징조가 있긴 있지.
그 길은 어슴푸레 가물거릴 뿐이고,
눈 귀 코 혀와 살이 있을지라도
보고 듣고 맡고 맛보고 만질 수 없지만
헤아려보면 그 길 안에 실체(substance)가 있긴 있지.
만약 그 실체가 정녕 없다면
어떻게 봄이 오면 꽃이 피겠나?
그 길은 그윽하며 아득할 뿐이고,
눈 귀 코 혀와 살이 있을지라도
보고 듣고 맡고 맛보고 만질 수는 없지만
헤아려보면 그 길 안에 정기精氣가 있긴 있지.
그 정기 참되고 또 참되어
그 길 안에 참다운 미더움(信) 있네.
그래서 태초부터 지금까지도
그 길의 이름이 끊임없이 전해져서,
길의 그 원리를 길잡이 삼아
만물의 시작이 어땠을까 살펴보네.
내가 어찌 그 시작들 알 수 있겠나?
콩을 보고 콩 심은 줄 알 수가 있고
팥을 보고 팥 심은 줄 알 수 있듯이
길에 기대 태초까지 알 수가 있네.

22장
굽으면 완전해져

굽으면 완전해지고, 휘어지면 곧아지며,
퍼 비우면 채워지고, 낡아지면 새것 되며,
적어지면 얻게 되고, 많아지면 난亂해진다.
그러므로 성인은 하나를 품어서
저절로 천하의 모범模範이 된다.
과시를 하지 않아 곱게 빛나고,
주장을 하지 않아 우러러 보이며,
공치사를 하지 않아 공이 커지고,
자랑을 하지 않아 길이길이 보존된다.
무릇 다투지 않을 뿐이니,
천하의 누구라도 다툴 수가 없다.
굽으면 오히려 완성된다는,
옛말이 어찌 헛되겠는가?
진정한 완전은 굽음으로 돌아간다.

曲則全 枉則直 窪則盈 敝則新 少則得 多則惑
是以聖人抱一 爲天下式

不自見故明 不自是故彰 不自伐故有功 不自矜故長
夫唯不爭 故天下莫能與之爭
古之所謂曲則全者 豈虛言哉 誠全而歸之

─────────────── 문법과 용어 풀이 ───────────────

- 曲則全에서 曲은 흠 있음을 상징한다. 온전함에 대비된다.
- 敝則新에서 敝는 弊(낡음)와 통용된다.
- 不自見故明에서 自見은 자기를 드러내 보이다이다.
- 不自伐故有功에서 伐은 공을 자랑하다이다.
- 不自矜故長에서 矜은 자랑한다, 長은 우두머리가 된다.
- 誠全而歸之에서 而는 주격조사처럼 해석해도 무방하다.

曲곡 굽다, 則즉 하면, 全전 온전해지다, 枉왕 휘어지다, 直직 곧아지다, 窪와 퍼내지다, 盈영 차다, 敝폐 낡다, 新신 새로워지다, 少소 적어지다, 得득 얻게 되다, 多다 많아지다, 惑혹 혼란해지다, 是以시이 그러므로, 聖人성인, 抱포 품다, 一일 하나, 爲위 되다, 天下천하, 式식 모범, 不불 아니, 自자 스스로, 見현 드러내다, 故고 그러므로, 明명 밝게 보이다, 是시 옳다고 주장하다, 故고 그러므로, 彰창 우러러 보이다, 伐벌 공을 자랑하다, 有유 갖다, 功공, 矜긍 자랑하다, 長장 우두머리가 되다, 夫부 무릇, 唯유 오직, 爭쟁 다투다, 莫막 아니, 能능 할 수 있다(can), 與여 와, 之지 그(him), 爭쟁 다투다, 古고 예, 之지 의, 所謂소위, 者자 이란 것, 豈기 어찌, 虛허 헛된, 言언 말, 哉재 조사, 誠성 진정으로, 全전 온전함, 而이 조사, 歸귀 돌아가다, 之지 그것

튼실한 옥수수는 이웃에 드리시고

강물이 흐르다 막히면 굽어 돌아서 온전하게 흐른다. 대나무를 휘었다 놓으면 다시 펴진다. 땅을 파내면 물이나 흙으로 채워진다. 나무 잎이 오래되어서 떨어지면 다시 새 잎이 나온다. 창고의 물건을 줄여야 필요한 것을 넣을 수 있다. 집 안에 많은 물건을 쌓아두면 찾기가 어려

워진다. 노자는 이와 같은 것들을 보고서 "굽으면 온전해지고, 휘어지면 곧아지고, 퍼내지면 채워지고, 낡아지면 새로워지며, 적어지면 얻게 되고, 많아지면 혼란해진다"는 명제를 만들어내고, 이것에 빗대어 인간의 바람직한 처세를 말하려고 한다. 자신의 이름이 분명하고 싶음이 충만한 사람은 의지를 굽히거나 휠 줄 모르고, 남과 충돌하고 남의 공격을 받아서 마음과 몸을 편히 보전하기 어렵다. 그런 사람은 자신의 마음을 싶음으로 채울 줄만 알지 퍼내지 못하며, 새로운 물건만 좋아하지 낡은 것은 싫어하고, 창고와 마당에는 더 많은 것을 쌓아두고 줄이려 하지 않는다. 그러므로 새로운 물건은 얻기 어렵고, 오래된 물건을 쓸 수 없게 되거나 남들이 가져가지 않을까 하는 고민이 많아진다. 그러다가 많은 것을 남기고 죽으면 자식들이 싸운다. 그러나 자신의 이름과 싶음을 버린 사람은 자신의 몸과 마음을 아무런 부담 없이 굽힐 수 있기 때문에 남의 원한을 사지 않을 것이므로 몸을 온전히 보전할 수 있다. 이런 사람은 남의 뜻에 따라 몸과 마음을 자유롭게 휠 수 있기 때문에 시간이 지나면 아무런 방해를 받지 않고 다시 펼 수가 있다. 새로운 물건을 남에게 주고 낡은 것을 쓰지만, 쓸 수 없게 되면 오히려 남들이 새 것을 가져온다. 심지어 자기가 늙어 죽는 것도 슬퍼할 까닭이 없다. 새로운 생명이 자기 자리를 채워갈 것이기 때문이다. 칠곡七谷 선생의 어머니께서는 밭가에 심은 옥수수가 익으면 튼실한 것들을 골라서 먼저 이웃에게 돌리고, 못난 것들을 자식들에게 먹이셨다고 한다. 그 어머니께서는 되받기를 기대하지는 않으셨겠지만, 틀림없이 이웃들이 언젠가 뭐가 좋은 것을 가져왔을 것이다. 길을 따르는 사람은 자기 창고와 마당에 많이 쌓아두지 않으므로, 살아서는 썩거나 도둑을 맞을 염려가 없어서 마음이 항상 평온하고, 죽어서는 후손들이 싸울 일이 없다.

성인은 이름과 싶음을 버리는 길 하나를 지켜서, 온전하기보다는 굽어지고, 곧아지기보다는 휘어지며, 채우기보다는 퍼내고, 새로운 것보다는 낡은 것을 갖고, 많이 갖기보다는 적게 가지려 하므로 천하의 모범模範이 된다. 성인은 자기를 드러내 보이려 하지 않으므로 밝게 돋보이며, 자기가 옳다고 여기지 않으므로 우러러 보이며, 자기 공을 세우려 하지 않으므로 공을 인정받으며, 스스로 귀한 대접을 받으려 하지 않으므로 자기의 자리를 오래 보존한다. 무릇 항상 경쟁하지 않을 뿐이므로, 천하가 그와 경쟁할 수 없다.

옛날에 소위 굽히면 온전해진다는 말이 어찌 헛된 말이겠는가? 흔히 온전함이란 굽히지 않는 것이라고 생각한다. 그러나 진정한 온전함이란 오히려 굽힘으로 계속 되돌아가는 것이다.

23장
억지로 말하자면

억지로 말하자면, 스스로 그러하다.
그러므로 회오리바람 아침 내내 불지 않고,
소나기는 종일토록 내리지 않는다.
누가 이것을 지속시킬까?
하늘이 그러 할까, 땅이 그러 할까?
하늘땅도 그것을 오래할 수 없거늘,
어찌 사람 따위가 그럴 수 있겠는가?
그래서 길꾼은 길 닦기에 힘쓰므로,
언제나 마땅히 길(道)과 어울리고,
덕꾼(德者)은 마땅히 덕과 어울리며,
흠꾼(失者)은 마땅히 흠(過失)과 어울린다.
길과 어울리니, 길도 그를 좋아하고,
덕과 어울리니, 덕도 그를 좋아하며,
흠과 어울리니, 흠도 그를 좋아한다.
길을 믿지 않으면 길도 믿지 않는다.

希言自然
故飄風不終朝 驟雨不終日
孰爲此者 天地 天地尙不能久 而況於人乎
故從事於道者 道者同於道 德者同於德 失者同於失
同於道者 道亦樂得之 同於德者 德亦樂得之 同於失者 失亦樂得之
信不足焉 有不信焉

문법과 용어 풀이

- 希言自然에서 希는 드물다, 희구하다이다. 希言은 마땅한 말이 없어서 억지로 표현한다이다(『道德經註』, 文淵閣四庫全書電子版).
- 自然이란 스스로 그러함이다.
- 孰爲此者에서 此者는 이것이다.
- 天地尙不能久에서 尙은 '마저도'의 의미이다.
- 況於人乎에서 況於는 '하물며 어찌'의 뜻이다.
- 道者同於道에서 道者는 바로 앞의 從事於道者와 동격이다.
- 道亦樂得之에서 得은 '와 기뻐하며 함께 어울리다(親悅, 融洽)'이다.

希희 희구하다, 言언 말, 自자 스스로, 然연 그러함, 故고 그러므로, 飄風표풍 회오리바람, 不불 아니, 終종 다하다, 朝조 아침, 驟雨취우 소나기, 日일 하루, 孰숙 누구, 爲위 하다, 此者차자 이것, 天地천지, 尙상 마저도, 能능 할 수 있다(can), 久구 오래하다, 而이 그런데, 況항 하물며, 於어 어찌, 人인 사람, 乎호 의문사, 故고 그러므로, 從事종사 힘써하다, 於어 에 대해, 道도 길, 者자 것, 同동 어울리다, 德덕, 失실 흠, 亦역 역시, 樂락 기꺼이, 得득 와 친하게 지내다, 之지 그 사람, 信신 믿음, 不足부족, 焉언 조사, 有유 가지다, 不信불신

내가 술을 좋아하니 술이 나를 좋아하네

청산도 절로절로 녹수도 절로절로

산절로 수절로 산수간에 나도 절로

이 중에 절로 자란 몸이 늙기도 절로절로

靑山自然自然 綠水自然自然

山自然水自然 山水間我亦自然

고등학교 때 국어시간에 배운 김인후 선생의 시다. 절로는 自然자연을 번역한 것이다. 自然자연이란 스스로 그러하다는 의미이다. 노자는 만물의 변화를 결코 한 마디로 표현할 수는 없지만, 억지로 말하자면, 모든 것이 스스로 그러하다고 말한다. 예를 들면 가을에 잎이 지고 봄에 새눈이 돋는 것도, 하늘에 구름이 피었다가 사라지는 것도 누가 시킨 것이 아니다. 자연의 원리에 따라 그렇게 된 것이다. 오직 일정한 조건이 갖추어지면 회오리바람도 불다가 스스로 그치고, 소나기도 내리다가 저절로 멎는다. 모든 것이 오직 그러하니까 그러할 뿐이다. 그러므로 회오리바람 아침 내내 불지 않고, 소나기 종일토록 내리지 않는다. 누가 회오리바람을 아침 내내 불게 하고, 소나기를 종일 내리게 하겠는가? 천지인가? 천지마저도 그렇게 할 수 없다. 하물며 사람이 그렇게 할 수 있겠는가?

이런 자연의 질서에서 보면 사람의 습관도 스스로 그렇게, 절로 이루어진다.

담배를 힘써 피우는 사람을 담배꾼이라 하는데, 담배꾼은 담배와 어울린다. 술을 힘써 마시는 사람을 술꾼이라 하는데, 술꾼은 술과 어울린다. 이와 마찬가지로 길(道)을 힘써 따르는 사람을 길꾼(道者)이라 하는데, 길꾼은 길과 어울린다. 길을 잘 따르는 사람은 세상만사를 잘 다룰 수 있는 능력이 있다. 그런 능력을 덕德이라 한다. 덕을 힘써 닦는 사람을 덕꾼이라 하는데, 덕꾼은 덕과 어울린다. 흠(過失)을 힘써 저지르는 사람을 흠꾼(失者)이라 하는데, 흠꾼은 흠과 어울린다.

담배와 어울린 사람은 당연히 담배도 그를 좋다고 친하게 대한다. 술과 어울린 사람은 당연히 술도 그를 좋다고 친하게 대한다. 이와 마찬가지로 길과 어울린 사람은 당연히 길도 그를 좋다고 친하게 대한다. 덕과 어울린 사람은 당연히 덕도 그를 좋다고 친하게 대한다. 흠과 어울린 사람은 당연히 흠도 그를 좋다고 친하게 대한다.

담배에 대한 믿음이 부족하면 담배가 믿어주지 않는다. 술에 대한 믿음이 부족하면 술이 믿어주지 않는다. 이와 마찬가지로 길에 대한 믿음이 부족하면, 길이 믿어주지 않는다. 덕에 대한 믿음이 부족하면 덕이 믿어주지 않는다. 흠에 대한 믿음이 부족하면 흠이 믿어주지 않는다.

담배를 믿고 피우다 보면 힘들이지 않고 저절로 담배를 피우게 된다. 술을 믿고 마시다 보면 힘들이지 않고 저절로 술을 마시게 된다. 이와 마찬가지로 길을 믿고 따르다 보면 힘들이지 않고 저절로 길을 따르게 된다. 덕을 믿고 닦다 보면 힘들이지 않고 저절로 덕을 닦게 된다. 흠을 믿고 저지르다 보면 힘들이지 않고 저절로 흠을 저지르게 된다.

24장
까치발 딛는 사람

까치발 딛는 사람 오래 서지 못하고,
깨금발 뛰는 사람 멀리 가지 못하며,
과시를 하는 사람 돋보이지 못하고,
주장이 강한 사람 존경받지 못하며,
공치사를 하는 사람 인정받지 못하고,
자랑을 하는 사람 지도자가 못 된다.
이것들이 길로 보면 짠밥과 헛짓이라,
남들이 한결같이 싫어하므로,
길(道)을 품고 있는 사람이라면
그런 따위에는 마음 두지 않는다.

企者不立 跨者不行
自見者不明 自是者不彰 自伐者無功 自矜者不長
其在道也 曰餘食贅行 物或惡之 故有道者不處

─────────── 문법과 용어 풀이 ───────────

- 企者不立에서 企는 跂와 통용되며, 까치발을 하다이다.
- 跨者不行의 跨는 한 발을 들고 뛰다, 곧 깨금발을 하다이다.
- 其在道也 曰餘食贅行에서 在는 개사, 也는 조사이다. 직역하면 '그것이 길에 의해서는 남은 음식과 군더더기 행위라고 말한다'가 된다.
- 物或惡之에서 物은 남, 惑은 항상이다.

企기 까치발로 가다, 者자 놈, 不불 아니, 立립 서다, 跨과 깨금발질하다, 行행 가다, 自자 자기, 見현 드러내다, 明명 밝게 보이다, 是시 옳다고 주장하다, 彰창 우러러보이다, 伐벌 공을 내세우다, 功공 공, 矜긍 자랑하다, 長장 우두머리가 되다, 其기 그것, 在재 에 의해서는, 道도 길, 也야 조사, 曰왈 라고 말하다, 餘여 남은, 食식 음식, 贅오 군더더기, 行행 행위, 物물 남, 或혹 항상, 惡오 싫어하다, 之지 그것, 故고 그러므로, 有유 가지다, 處처 관심을 두다

스스로 쓰레기가 되려 하니

발뒤꿈치를 드는 까치발로는 사람이 오래 서 있을 수 없다. 한 발을 들고 뛰어가는 깨금발로는 사람이 멀리 가지 못한다. 이와 마찬가지로 자기를 대단하다고 드러내 보이면 결코 돋보일 수 없고, 자기 견해만이 옳다고 여기는 사람은 우러러보임을 받지 못하며, 자기 공을 내세우려는 사람은 자기 공을 인정받지 못하고, 스스로 귀한 대접을 받으려는 사람은 지도자가 되지 못한다.

길에 머물러 있으면서 보면, 자기를 내세우고, 자기 견해만이 옳다고 주장하며, 자기 공을 세우려 하고, 스스로 귀한 대접을 받으려는 것은, 먹다 남은 음식 쓰레기나 헛짓일 뿐이다. 이런 것들은 남들이 좋아할 리가 없다. 그러므로 스스로 보물이 되려 하니 쓰레기가 될 뿐이다.

길을 따르는 사람은 그런 것 따위에는 관심조차 두지 않는다. 그런

사람은 자기를 드러내지 않으므로 돋보이고, 자기 주장만 고집하지 않고 남의 주장을 존중하므로 다른 사람의 존경을 받으며, 아무리 자기 공이 클지라도 공치사를 하지 않으므로 남들이 공을 알아서 인정해주고, 대접을 받으려 하지 않고 겸손하므로 남들이 지도자로 대접하기를 마다하지 않는다. 스스로 쓰레기가 되려 하니 보물이 된다.

25장

물질들이 뒤섞여서 이루어짐

물질들이 뒤섞여서 이루어짐이
천지의 생김보다 앞서 있었다.
거시기는 고요하고 휑하도다!
홀로 서 있어도 변함이 없고,
두루 다녀도 지치지 않으니,
천하의 어미가 될 수가 있다.
나는 그 이름을 알지 못하여,
그것에 자(字)를 붙여 '길(道)'이라 하고,
억지로 이름 붙여 '큼(大)'이라 한다.
'큼(大)'을 일러서 '감(逝)'이라 하고,
'감'을 일러서 '멂(遠)'이라 하며,
'멂'을 일러서 '귀환(反)'이라 하나니,
길 크다, 하늘 크다, 땅 크다, 왕도 크다.
나라 안에 네 가지 큰 것 있는데,
그 중의 하나를 왕이 차지한다.
사람은 땅을 본으로 삼고,

땅은 하늘을 본으로 삼으며,
하늘은 길을 본으로 삼고,
길은 자연을 본으로 삼는다.

有物混成 先天地生
寂兮寥兮 獨立不改 周行而不殆 可以爲天下母
吾不知其名 字之曰道 强爲之名曰大
大曰逝 逝曰遠 遠曰反
故道大 天大 地大 王亦大 域中有四大 而王居其一焉
人法地 地法天 天法道 道法自然

---------- 문법과 용어 풀이 ----------

- 有物混成 先天地生에서 有는 조사이다. 직역하면 '물물들이 섞여서 이루어짐이 천지의 생김을 앞서다'이다.
- 周行而不殆에서 殆는 피곤하다(疲憊)이다.
- 字之曰道에서 字는 호號와 함께 이름(名) 이외의 별칭인데, 여기서는 자를 붙이다라는 동사이다.
- 强爲之名曰大에서 爲는 개사(~을 대하여), 名은 이름을 붙이다. 직역하면 억지로 그것에 대하여 이름을 붙여 큼이라 부른다가 된다.
- 而王居其一焉에서 居는 차지하다(占)이다.
- 人法地에서 法은 '본받다'이다.

有유 조사, 物물 만물, 混혼 뒤섞여서, 成성 이루어지다, 先선 앞서다, 天地천지, 生생 생기다, 寂적 고요하다, 兮혜 조사, 寥요 휑하다, 獨독 홀로, 立립 서다, 不불 아니, 改개 고치다, 周주 두루, 行행 다니다, 而이 연사, 殆태 피곤하다, 可以가이 할 수 있다(can), 爲위 되다, 天下천하, 母모 어미, 吾오 나, 知지 알다, 其기 그, 名명 이름, 字자 자를 짓다, 之지 그것, 曰왈 라고 하다, 道도 길, 强강 억지로, 爲위 에 대하여, 之지 그것, 名명 이름 짓다, 大대 큼, 逝서 감, 遠원 멂, 反반 돌아옴, 故고 그러므로, 地지 땅, 王왕, 亦역 역시, 域역중 나라 안에, 有유 가지다, 四사 네 가지, 而이 연사, 居거 차지하다, 一

일 하나, 焉언 조사, 人인 사람, 法법 본받다, 自然자연 스스로 그러함

가까운 것들을 멀다 여기지만

하늘과 땅은 온갖 물질로 이루어졌다. 그 물질들이 모여 섞여서 셀 수조차 없는 무생물과 생물들을 만들고, 그것들이 모여 섞여서 하늘과 땅을 이루기 때문이다. 그러므로 물질의 뒤섞임이 있고서 하늘과 땅이 생긴 것이지, 하늘과 땅이 있고서 물질의 뒤섞임이 있는 것이 아니다. 누가 이 물질들을 뒤섞었는가? 아무도 그렇게 하지 않았다. 히말라야의 장엄한 설산도, 안개 비단을 타고 흐르는 월출산의 꽃가마 같은 봉우리도 누가 창안하여 만든 것이 아니다. 억지로 표현하자면 그것들이 스스로 그러했다. 이것이 자연自然이다. '길'이라고도 불리는 '거시기'는 이 자연을, 어떠한 이름과 싫음도 없이 그리고 이름과 싫음이 없다는 생각도 없이, 그저 인정하고 받아들이는 것이다. 그러므로 스스로 그러함은 길보다, 길은 만물의 뒤섞임보다, 만물의 뒤섞임은 하늘과 땅의 생성보다 앞선다.

아, 거시기는 고요하고 휑하도다! 없는 것 같지만 분명히 있고, 홀로 서서 변함이 없다. 이것은, 봄에는 사방 못에 물을 채우고, 여름에는 구름 봉우리를 지으며, 가을에는 휘영청 달을 밝히고, 겨울에는 고개마루 외솔을 드러낸다(春水滿四澤 夏雲多奇峰 秋月揚明輝 冬嶺秀孤松, 顧愷之의 詩). 쉼 없이 온갖 것들을 두루 이루어지게 하면서도 조금도 지치지 않는다. 그러므로 천하의 만물을 낳아 기르는 어미가 될 수 있다.

노자는 그것을 길, 참길이라 부르지만, 그것은 마지못해 붙인 것이므로 그 이름을 알지 못한다고 말한다. 그러므로 길(道)은 이름이 아니라 자字라고 한다. 옛날 사람들은 남자가 성인이 되면 이름을 부르지

않고 교훈이 들어 있는 별칭인 자字를 지어 불렀다. 더 나이가 들면 호號를 불렀다. 길이란 것에 억지로 이름을 붙이면 큼(大)이라고 할 수 있다. 그런데 매우 큰 것은 사람들에게서 떠나가 있으면서도 되돌아와 가까이 있는 것처럼 보인다. 공기의 덩어리는 매우 커서, 우리와 멀리 떨어져 있는 것과 같다. 그러나 우리가 그것을 마시며 살므로, 항상 우리에게 되돌아와 가까이 있는 것과 같다. 길(道)은 매우 크므로, 떠나버려서 멀리 있는 것처럼 보이지만, 항상 주변에 머물고 있으므로 되돌아온 것과 같다.

그러므로 길만이 아니라 길처럼 어디에나 멀리 있으면서도 항상 가까이 있는 하늘과 땅, 모든 백성과는 분리되어 있으면서도 늘 영향을 미치는 왕도 그렇다. 여기서 왕은 길을 잘 따르는 왕, 성인인 왕을 뜻할 것이다. 나라 안에는 네 가지 큰 것들(길 하늘 땅 왕)이 있는데, 왕이 그 중의 하나를 차지한다.

사람인 왕은 땅을 본받고, 땅은 하늘을 본받으며, 하늘은 길을 본받고, 길은 스스로 그러함을 본받는다.

26장
무거움은 가벼움의 뿌리

무거움은 가벼움의 뿌리가 되고,
차분함은 조급함의 임금이 된다.
그래서 성인은 종일 다녀도
수레를 한 발짝도 떠나지 않으며
화려한 경관이 있을지라도
그 자리에 한가롭고 초연하게 머문다.
만 개의 수레를 거느린 임금이,
어찌 몸을 함부로 놀려서
천하까지 가볍게 만들겠는가?
가벼우면 근본을 놓쳐버리고
조급하면 중심을 잃어버린다.

重爲輕根 靜爲躁君
是以聖人終日行 不離輜重 雖有榮觀 燕處超然
奈何萬乘之王而以身輕天下
輕則失本 躁則失君

####### 문법과 용어 풀이

- 靜爲躁君에서 君(임금)은 중심을 비유하고 있다.
- 輜重은 군사용 수레를 가리킨다.
- 燕處超然에서 燕은 한가함이다. 직역하면 '한가히 머물면서 초연하다'이다.
- 萬乘之王而에서 萬乘은 만 수레의 나라(萬乘之國), 而는 주어를 강조하는 조사이다.
- 以身輕天下를 직역하면 몸으로서 천하를 가볍게 하다가 된다.

重중 무거움, 爲위 되다, 輕경 가벼움, 根근 뿌리, 靜정 차분함, 爲위 되다, 躁조 조급함, 君군 임금, 是以시이 그러므로, 聖人성인, 終日종일, 行행 다니다, 不불 아니, 離리 떠나다, 輜重치중 군사용 수레, 雖수 할지라도(though), 有유 있다, 榮영 화려한, 觀관 경관, 燕연 한가하게, 處처 머물다, 超然초연 초연하다, 奈何내하 어찌, 萬乘만승 만 개 수레, 之지 의, 王왕, 而이 조사, 以이 으로서, 身신 몸, 輕경 가볍게 하다, 天下천하, 則즉 하면, 失실 잃다, 本본 근본

가벼우면 중심을 잃고

가벼운 것 위에 무거운 것을 올리기는 어려워도, 무거운 것 위에 가벼운 것을 올리기는 쉽다. 무거움은 가벼움의 뿌리가 된다. 그런데 무거운 것은 대체로 차분하지만 가벼운 것은 자주 움직여서 요란하다. 무거움이 가벼움의 뿌리라면, 차분함은 요란함의 임금이 된다. 이런 자연 법칙처럼 지도자가 차분하면서도 신중하게 움직이는 것이 떠들며 가볍게 설쳐대는 것보다 바람직하다.

그래서 성인은 종일 다녀도 자기가 타고 다니는 마차를 가볍게 떠나지 않으며, 전망이 좋은 곳이 있다고 하더라도 그런 곳에 가지 않고 초연하게 편히 자기 자리만을 지킨다. 지도자가 신중하고 고요하게 머

문다는 것은 하지 않음(無爲)의 다스림을 하는 것이다. 이런 처신은 자연과 길에 대한 돈독한 믿음에서 비롯된다.

그러나 확실한 이름과 싶음을 가진 지도자는 경솔하게 설치기 마련이다. 이것은 자연의 결을 깨는 것이다. 어찌 만 개의 수레를 거느린 나라의 주인인 황제가 몸을 함부로 움직여 천하까지 가볍게 만들어야 되겠는가? 대국의 주인이 가벼우면 나라의 근본을 잃고, 급하게 설치면 나라의 중심을 잃는다.

27장
잘 다니면

잘 다니면 바퀴 자국 남기지 않으며,
말 잘하면 흠집을 잡히지 않고,
셈 잘하면 주판을 쓰지 않으며,
잘 닫으면 걸지 않아도 열리지 않고,
잘 붙이면 묶지 않아도 떨어지지 않으니,
성인은 항상 사람을 잘 구하여
버려지는 사람이 하나도 없고,
한결같이 만물을 잘 보살펴
버려지는 사물이 하나도 없다.
이것을 일러서 습명襲明이라 한다.
그러므로 길 따름을 잘하는 사람이
못하는 사람의 스승이 되고
길 따름을 잘 못하는 사람이라도
잘하는 사람의 의지처가 된다.
자기의 스승을 귀하게 여기지 않고,
자기의 의지처를 아끼지 않으면,

비록 지혜를 가졌다 해도
큰 홀림(迷惑)에 빠지기 마련이다.
이것을 일러 요묘要妙라고 한다.

善行無轍迹 善言無瑕讁 善數不用籌策
善閉無關楗而不可開 善結無繩約而不可解
是以聖人常善救人 故無棄人 常善救物 故無棄物 是謂襲明
故善人者 不善人之師 不善人者 善人之資
不貴其師 不愛其資 雖智大迷 是謂要妙

---------- 문법과 용어 풀이 ----------

- 是謂襲明에서 襲明은 밝음을 옷처럼 입음이라는 문학적 표현이다. 직역하면 이것이 습명이라고 불린다가 된다.
- 要妙는 중요하면서도 절묘한 원리를 말한다.

善선 잘, 行행 다니다, 無무 갖지 않다, 轍迹철적 바퀴 흔적, 言언 말하다, 瑕讁하적 과오, 數수 계산하다, 不불 아니, 用용 쓰다, 籌策주책 계산도구, 閉폐 닫다, 關楗관건 빗장, 而이 연사, 可가 할 수 있다(can), 開개 열다, 結결 맺다, 繩約승약 밧줄, 解해 풀다, 是以시이 그러므로, 聖人성인, 常상 항상, 救구 구해주다, 人인 사람, 故고 그러므로, 棄기 버리다, 物물, 是시 이것, 謂위 이르다, 襲明습명, 善선 잘한, 者자 이란, 之지 의, 師사 스승, 資자 기댈 곳, 貴귀 귀히 여기다, 愛애 아끼다, 雖수 할지라도, 智지 지혜롭다, 大대 크게, 迷미 홀리다, 要妙요묘 중요하고 절묘함

학생이 없으면 선생도 없다

설거지를 잘하는 사람은 물을 적게 쓰고 빨리 하면서도 흔적을 남기지 않는다. 서툰 사람은 물을 많이 쓰고 시간이 오래 걸리면서도 그릇을 깨서 흔적을 남긴다. 수레를 잘 몰고 다니는 사람은 바퀴의 흔적

을 남기지 않는다. 길을 벗어나서 억지로 마차를 모는 사람은 말도 자기도 힘들게 하고, 여기 저기 땅이 파이게 한다. 말을 공손하게 잘하는 사람은 남에게 흠이 잡히지 않는다. 말 한 마디로 천 냥 빚도 갚는다. 말을 잘 못하는 사람은 자기 것을 퍼주고도 욕을 먹는다. 순리에 따라 계산을 잘하는 사람은 주판, 산가지, 혹은 전자계산기를 사용할 필요가 없다. 자기 욕심에 따라 억지로 계산을 하는 사람은 계산기로도 계산을 잘하지 못하고, 혼란만 가중시킨다. 진정으로 훌륭한 총무에게는 장부가 필요 없다. 문을 잘 설계해서 짓고 순서에 따라 문을 잠그면, 구차하게 빗장까지 걸 필요가 없다. 엉성하게 문을 만들어 잠그면 빗장을 걸어도 도둑이 쉽게 열 수가 있다. 예컨대 부러진 상다리라도 민어 부레풀로 잘 붙여주면, 너저분하게 밧줄이나 철사로 묶지 않아도 떨어지지 않는다. 『장자莊子』의 양생주 장에는 소 잡는 사람의 이야기가 있다. 포정이라는 백정은 뼈와 살 사이의 미세한 공간에 칼날을 집어넣고 움직여서 소 한 마리의 살과 뼈를 순식간에 분해해 버린다. 평범한 소잡이는 자주 뼈를 자르므로 한 달 만에 칼을 바꾸고, 솜씨 좋은 소잡이는 가끔 살을 자르므로 1년 만에 칼을 바꾼다. 포정은 19년 전에 칼을 갈아서 수천 마리의 소를 잡았으면서도 뼈와 살을 전혀 자르지 않으므로 날이 방금 갈아낸 것과 같다. 소를 잘 잡는 사람의 칼날은 닳지 않는다.

    성인은 이와 같이 정치를 잘하는 사람이다. 성인은 고집을 부리지 않고, 남의 바램을 쫒아서 일을 처리하므로, 다툼이 없다. 이런 사회에서는 사람들이 서로 돕고 살아가므로 모든 사람이 어려움에 처하지 않는다. 결국 성인은 모든 사람을 항상 어려움에서 잘 구제해주므로, 버려지는 사람이 없다. 그리고 항상 만물을 잘 보살펴주므로 버려지는 것들이 없다. 이것을 습명襲明이라 한다. 습명은 밝은 지혜를 옷처럼 입고 다니듯 항상 간직하고 있다는 의미이다.

성인처럼 일을 잘하는 사람은 잘하지 못한 사람을 잘 구제해주므로 저절로 스승의 대접을 받는다. 그런데 물이 없으면 배가 뜰 수 없고, 자식이 없으면 부모 노릇을 할 수가 없으며, 학생이 없으면 선생은 가르칠 수 없듯이, 잘하지 못한 사람이 없다면 아무리 일을 잘하는 사람도 스승이 될 수 없다. 물은 배가, 자식은 부모가, 학생은 선생이, 잘하지 못한 사람은 잘하는 사람이 기댈 곳(資)이다. 그럼에도 불구하고 잘하지 못한 사람이 잘하는 사람을 스승으로 귀히 여기지 않고, 잘하는 사람이 잘하지 못하는 사람을 자기의 기댈 곳으로 여겨서 아끼지 않는다면, 비록 지혜를 가진 사람일지라도 홀림(迷惑)에 깊이 빠질 것이다. 지혜로운 사람이 오히려 바보짓을 하는 것이다. 이것을 일러 요묘要妙, 곧 중요하고도 절묘한 이치라 한다.

28장
웅비를 알고

웅비雄飛를 알고 자복雌伏을 지키면,
저절로 천하의 개울이 되고,
그리 되면, 참덕(常德)이 떠나지 않아,
갓 나은 아이로 되돌아간다.
밝음을 알고 어둠을 지키면,
저절로 천하의 모범이 되고,
그리 되면, 참덕이 엇가지 않아,
무극無極의 상태로 되돌아간다.
영광을 알고 욕을 지키면,
저절로 천하의 계곡이 되고,
그리 되면, 참덕이 충만하여서,
자연의 질박함으로 되돌아간다.
질박함이 퍼지면, 인재들이 나오고,
성인이 등용하면 수령이 된다.
그러므로 큰 체제體制가 분할分割되지 않는다.

知其雄 守其雌 爲天下谿 爲天下谿 常德不離 復歸於嬰兒
知其白 守其黑 爲天下式 爲天下式 常德不忒 復歸於無極
知其榮 守其辱 爲天下谷 爲天下谷 常德乃足 復歸於樸
樸散則爲器 聖人用之則爲官長 故大制不割

문법과 용어 풀이

- 知其雄 守其雌에서 雌雄은 승자와 패자 등을 의미한다.
- 爲天下谿에서 谿는 산골짜기에 흐르는 시내이다.
- 樸散則爲器에서 樸은 질박하다, 散도 전파되다, 則는 연사 而, 爲는 이루다, 器는 인재이다. 오래전부터 흔히 이 문장을 통나무가 쪼개져서 그릇이 된다고 해석해왔는데, 문맥이 어색하다. 직역하면 질박함이 퍼져서 인재를 만든다가 된다.

知지 알다, 其기 그, 雄웅 웅비, 守수 지키다, 雌자 자복, 爲위 되다, 天下천하, 谿계 개울, 常상 항상, 德덕, 不불 아니, 離이 떠나다, 復歸복귀 복귀하다, 於어 에, 嬰兒영아, 白백 밝음, 黑흑 어두움, 式식 모범, 忒특 어긋나다, 無무 없다, 極극, 榮영 영화, 辱욕 욕됨, 谷곡 계곡, 乃내 조사, 足족 충만하다, 樸박 질박함, 散산 전파되다, 則즉 연사, 而이, 爲위 이루다, 器기 그릇, 聖人성인, 用용 쓰다, 之지 그것, 則즉 면, 官長관장 고을 수령, 故고 그러므로, 大대 큰, 制제 체제, 割할 나누어지다

열의 열두 골물이 한 데로 합수쳐

어떤 사람이 싸움에 이기는 강자가 되는 길과 강자의 영광을 모두 알고서도 약자처럼 겸손하게 처신하면, 천하의 개울이 된다.

"천리 시내는 청산으로 돌고. 이 골물이 주르르르 저 골물이 콸콸. 열의 열두 골물이 한 데로 합수쳐 천방져(하늘 방향이 되어) 지

방져(땅 방향이 되어) 울퉁져(울퉁불퉁 되어) 구부져(구비쳐) 방울이 버큼(거품)져 건너 병풍석에다 아주 꽝꽝 마주 때려 산이 울렁거려 떠나간다."

 수궁가 가사처럼 개울은 이 골물과 저 골물을 한 데로 모아서 흐른다. 개울은 마치 자신의 이름과 싶음을 버리고 모든 것을 받아들여서 함께 살아가는 성인과 같다. 개울과 같은 사람이란 참길을 실천하여 참덕을 이룬 사람이다. 그의 몸과 마음은 아무런 생각이 없는 어린아이처럼 순수하고, 유연해져서 마치 어린아이로 되돌아가는 것과 같다.
 밝은 곳의 삶을 누릴 줄도, 그것의 허망함을 잘 알면서도 어두운 곳을 지키면 천하의 모범이 된다. 비유하자면 높은 자리를 마다하고 낮은 자리에 머물면서 항상 어렵고 힘든 사람들을 보살피는 사람은 만인의 존경을 받는다. 이런 사람의 삶은 참덕과 어긋남이 없으므로, 마음에서는 모든 대립이 사라지고 현실에서는 적과 경쟁자가 없는, 무극無極의 상태로 되돌아간다.
 영화로운 지위가 어떤 것인지를 알면서 욕된 지위를 지키면 천하의 골짜기와 같은 사람이 된다. 이런 지도자는 이미 6장에서 말한 골짜기의 신(谷神)과 같다. 골짜기는 만물을 받아들여 생명을 자라게 한다. 이런 사람의 몸과 마음에는 참덕이 충만하여, 그 마음과 몸이 순수한 자연의 상태인 질박함으로 되돌아간다.
 질박함이 세상에 널리 퍼지면 많은 사람들이 그릇, 곧 인재가 된다. 성인이 이런 사람들을 등용하면, 이들이 각 고을의 관장이 된다. 그러므로 큰 사회 체제體制가 분할分割되지 않고 잘 통합된다.

29장

천하를 얻어서

천하를 얻어서 조작하려 들지마는
나는 그렇게 할 수 없다 생각한다.
천하는 신기한 그릇이어서,
마음대로 쉽게 조작할 수 없다.
조작하는 사람은 반드시 실패하고,
움켜잡는 사람은 잃고야 만다.
그래서 다들 앞서다가 뒤따르며,
마시다가 불어내고, 굳세다가 약해지며,
꺾었다가 도리어 꺾이게 된다.
그러므로 성인은 과분을 멀리하고,
사치를 멀리하며 교만을 멀리한다.

將欲取天下而爲之 吾見其不得已
天下神器 不可爲也 爲者敗之 執者失之
故物 或行或隨 或歔或吹 或强或羸 或挫或隳
是以聖人 去甚 去奢 去泰

━━━━━━━━━━ 문법과 용어 풀이 ━━━━━━━━━━

- 將欲取天下而爲之에서 將欲은 '하려고 하다', 爲는 無爲의 반대 개념, 之는 천하를 받는 대명사이다.
- 吾見其不得已에서 見은 깨달아 알다, 不得은 가능하지 않다, 已는 뿐이다이다. 직역하면 '나는 그것이 가능하지 않을 뿐임을 안다'가 된다.
- 故物或行或隨에서 物은 사람과 사물을 포함한 모든 것들이다.
- 行과 隨, 歔과 吹, 强과 羸, 挫와 隳는 각각 대립을 이룬다. 이에 따라 行은 隨(뒤따름)와, 歔(흐느낌)는 吹(불어 냄)와 대비시켜, 行과 歔를 앞에 가다와 들이마시다로 미루어 생각해보았다.
- 去泰에서 泰는 교만이다.

───────

將欲장욕 하려고 하다, 取취 얻다, 天下천하, 而이 연사, 爲위 조작하다, 之지 그것, 吾오 나, 見견 알다, 其기 그것, 不불 아니, 得득 할 수 있다, 已이 뿐이다, 神신 신기한, 器기 그릇, 可가 할 수 있다(can), 也야 조사, 者자 놈, 敗패 실패하다, 執집 잡다, 失실 잃다, 故고 그러므로, 物물 만물, 或혹 혹은, 行행 가다, 隨수 뒤따르다, 歔허, 吹취 불어내다, 强강, 강하다, 羸리 허약하다, 挫좌 꺾다, 隳휴 꺾이다, 是以시이 그러므로, 聖人성인, 去거 제거하다, 甚심 심함, 奢사 사치, 泰태 교만

비싼 음식은 마음만 채워줄 뿐

원지력발전소를 건설하려는 사람들은 과학기술의 힘을 신봉한다. 원자력이 위험하긴 하지만, 과학기술로 완벽하게 관리하면 아무런 문제가 없다고 생각한다. 일본의 원자력 찬성론자도 다 그렇게 믿었을 것이다. 그러나 지진이 나서 원자력 발전소가 고장이 나고, 그 터가 죽음의 땅이 될 줄은 몰랐을 것이다. 자연은 그리 간단하지 않다. 조작하면 뜻하지 않은 일이 터지기 쉽다. 사람 사는 세상도 이와 같다. 야망을 가진 정치꾼들은 천하를 얻어서 자기 마음대로 조작해보려고 한다. 자기가 원하는 천하를 만들려고 기획하고 관리하고 통제한다. 이런 짓

을 하는 자들은 자신의 이름과 싶음에 사로잡혀 자기 마음대로 천하를 운영하려고 극단의 행위를 하기 마련이다. 그러나 천하는 신기한 그릇이므로, 몇 가지 원칙으로 쉽게 조작할 수가 없다. 천하를 조작造作하는 자는 반드시 그 조작에 실패하고, 천하를 자기 손으로 잡는 자는 반드시 잃을 수밖에 없다. 예컨대 독일의 히틀러는 천하를 얻어서 자기 마음대로 지배하고자 했지만, 결국 실패하고 일찍 죽었다.

그러므로 그 어떤 것이든 처음에 앞장서 가도 뒤따르게 되고, 처음에 들이마시다가도 불어내게 되며, 처음에 굳세다가도 약해지고, 처음에 상대를 꺾었다가도 무너진다. 그 누구도 자기의 마음대로 항상 앞장설 수만 없고, 영원히 물과 술, 공기 따위를 들이마실 수만 없으며, 끝까지 굳셀 수만 없고, 계속 상대를 꺾을 수만 없다.

그래서 성인은 천하를 기획하여 잡아 쥐겠다는 의도를 갖지 않고, 자신의 몸과 마음을 사연에 맡긴다. 그는 지나친 행위를 하지 않는다. 지나친 행위는 자기 싶음에 집착하기 때문이다. 예컨대 권력이나 돈에 집착하는 사람은 부모와 형제를 죽이는 것도 마다하지 않는다. 지나친 행위는 늘 탈을 부른다. 권력자와 부자가 망하는 것은 권력이 없고 돈이 없어서가 아니다. 생각하지 못한 곳에서 탈이 나기 때문이다. 성인은 교만하지 않다. 교만이란 자기의 허망한 기준에 따라 자기가 훌륭하다고 생각하면서 남들을 깔보는 것이다. 명문대학을 나온 사람은 자기가 대단한 줄 알고 으스대며 남들을 무시하기 쉽다. 그러나 명문대학이 항상 밥을 먹여주는 것이 아니다. 성인은 사치하지 않는다. 사치란 이름에서 나온 헛된 바램인 싶음을 충족하는 것이지, 몸을 튼실하게 하는 것이 아니다. 졸부들이 비싼 고급음식을 먹는 주요 목적은 마음을 채우는 것이지, 배를 채우는 것이 아니다. 성인은 이름과 싶음을 버렸으므로, 심한 행동, 교만과 사치를 하려고 해도 할 수가 없다.

30장
길로서 임금을
보좌하는 사람

길로서 임금을 보좌하는 사람은
무력으로 천하를 강압하지 않는다.
이렇게 섬기면 보답을 받는다.
군대가 주둔한 곳에 가시나무 돋아나고
대군을 일으키면 흉년이 든다.
그 사람은 잘 이루어낼 뿐이고,
이루려고 강압을 쓰지 않는다.
이루어내지만 자만하지 않으며,
이루어내지만 공치사를 하지 않고,
이루어내지만 교만하지 않으며,
이루어내지만 할 수 없이 그러하고,
이루어내지만 전횡하지 않는다.
무엇이든 견고하면 쉬이 늙는다.
이것을 길 따르지 않음이라 하는데,
길을 안 따르면 일찍 죽는다.

以道佐人主者 不以兵强天下 其事好還
師之所處 荊棘生焉 大軍之後 必有凶年
善有果而已 不敢以取强
果而勿矜 果而勿伐 果而勿驕 果而不得已 果而勿强
物壯則老 是謂不道 不道早已

------- 문법과 용어 풀이 -------

- 强天下에서 强은 강압하다.
- 其事好還에서 事는 '섬김'이다. 직역하면 그 섬김이 좋게 되돌아온다가 된다.
- 師之所處에서 師는 군대이다.
- 善有果而已의 주어는 以道佐人主者이다. 果는 이루어냄, 而已는 '뿐이다'이다. 직역하면 이루어냄을 잘 가질 뿐이다가 된다.
- 不敢以取强에서 以는 以之의 준말이고, 以는 爲(for)이며, 之는 善有果를 받는다. 取는 에 의지하다, 强은 강압이다. 직역하면 그것을 위하여 감히 강압에 의지하지 않는나가 된다.
- 果而不得已에서 不得已 뒤에 果라는 동사가 생략되어 있다.
- 果而勿强에서 强은 강압을 써서 전횡하다이다.
- 物壯則老에서 物은 만물이다.
- 不道에서 道는 길(道)을 따른다는 동사이다.

以이 로서, 道도 길, 佐좌 보좌하다, 人主인주 군주, 者자 놈, 不불 아니, 兵병 병기, 强강 강압하다, 天下천하, 其기 그, 事사 섬김, 好호 좋게, 還환 되돌아오다, 師사 군대, 之지 의, 所소 바, 處처 머물다, 荊棘형극 가시나무, 生생 생기다, 焉언 조사, 大대 큰, 軍군 군대, 之지 의, 後후 뒤, 必필 반드시, 有유 가지다, 凶年흉년, 善선 잘, 果과 이루어냄, 而已이이 뿐이다, 敢감 감히, 以이 그것을 위해서, 取취 의지하다, 强강 강압, 果과 이루어내다, 而이 연사, 勿물 아니, 矜긍 자랑하다, 伐벌 공치사하다, 驕교 교만하다, 不得已부득이 부득이하다, 强강 전횡하다, 物물, 壯장 견고하다, 則즉 면, 老노 늙다, 是시 이것, 謂위 이르다, 道도 길을 따르다, 早조 일찍, 已이 멈추다

하얀 망초 꽃은 향기롭지만

길로서 임금을 보좌하는 사람은 무력으로 천하를 강압하지 않는다. 이렇게 임금을 섬기는 정치는 좋은 결과를 가져온다. 흔히 임금을 보좌하는 사람들은 무력으로 천하를 지배하려 하고 전쟁을 벌인다. 그 결과는 비참하다.

전쟁을 위해서 군대가 주둔한 곳 주변에서는 사람들이 두려워서 농사를 짓고 살 수가 없어서 가시덤불이 우거진 황무지가 된다. 대군을 일으켜서 많은 농사꾼을 동원하면 농사를 지을 수 없게 되고, 많은 사람들이 죽어 다시 돌아오지 못하므로 전답에서는 곡식 대신에 풀이 자란다. 농사를 짓지 않고 밭을 묵히면 첫 해에는 개망초 밭이 된다. 무리 지어 핀 개망초 꽃은 보기도 좋고 향기도 좋지만, 농사를 지을 수 없는 사람의 한이 서려 있다. 그 다음 해에도 농사를 짓지 않으면 개망초 군락은 다른 풀에 밀려서 사라진다. 다시 밭으로 만들려면 엄청난 수고를 해야 한다. 그래서 군대를 일으킨 후에는 반드시 흉년이 든다. 전쟁을 일으키면 백성들이야 말할 것도 없지만, 나라도 어려워진다. 백성이 농사를 지을 수 없는데, 억지로 세금을 거두면 백성들의 원성이 커져서 저항이 일어난다. 역사를 보면 전쟁을 치른 다음에 망한 왕조가 많다.

길을 따라서 임금을 보좌하는 사람은 스스로도 무력을 써서 천하를 지배하기보다는, 모든 사람들이 평화롭게 어울려 살기를 바란다. 그가 이런 일을 잘 해내더라도, 그것을 위해서 강압을 쓰지 않는다. 좋은 결실을 이루어내지만 자만하지 않고, 좋은 결실을 이루어내지만 공치사를 하지 않으며, 좋은 결실을 이루어내지만 교만하지 않는다. 좋은 결실을 이루어내지만, 자기의 싶음을 달성하기 위한 것이 아니라, 차마 그만둘 수 없어서 그러한 것이며, 좋은 결실을 이루어내지만 결코 강압을 써서 전횡하지 않는다. 굳세기보다는 매우 유연하다. 그러므로 자신의 삶을 잘 보존할 수가 있다.

그러나 전쟁을 부추기는 신하는 전쟁을 통해서 나라도 강하게 만들고, 스스로도 강한 권력을 가지려 한다. 이런 사람이 전쟁에 이기면 나라는 강해지고, 자기는 스스로 공치사를 하면서 높은 자리에 오를 것이다. 그럴수록 더욱 교만해지고, 유연해지지 않으며 점점 굳어질 것이다. 남의 뜻을 무시하고 자기 마음대로 전횡하면서 많은 사람들을 괴롭혀 적으로 만들면, 망할 가능성이 커진다. 뿐만 아니라 조그마한 것에도 마음의 상처를 입어 병을 얻기 쉽다. 무릇 굳어지면 빨리 늙는다. 이것을 길 따르지 않는 것이라 한다. 길을 따르지 않으면 일찍 죽는다.

31장

좋은 병기란

무릇 좋은 병기란 불길한 도구이니,
언제나 남들이 모두 싫어한다.
그래서 길을 품은 사람이라면
좋은 병기에 연연하지 않는다.
군자는 평소에 왼쪽을 중시하고,
병기를 사용할 땐 오른쪽을 중시한다.
병기란 상서롭지 못한 것이고
군자가 즐겨 쓰는 도구 아니니,
어쩔 도리 없을 때만 그것을 쓴다.
마음을 담담하게 지킴이 최상이다.
전쟁에 이기는 것은 아름답지 않고,
그것을 아름답게 여기는 것은
따져보면 살인을 즐기는 것이다.
무릇 사람 죽이기를 좋아한다면,
천하에서 그 뜻을 이룰 수 없다.
경사慶事에는 왼쪽을 높이 여기고,

흉사에는 오른쪽을 높이 여기니,
부장군은 왼쪽에 서 있게 하고
상장군은 오른쪽에 서 있게 하는데,
이는 상례喪禮를 따른다는 뜻이다.
전쟁에 이겨도 죽은 사람 많으므로,
다들 슬퍼하며 흐느껴 울어대니,
전쟁의 승리를 상례로서 취급한다.

夫佳兵者 不祥之器 物或惡之 故有道者不處
君子居則貴左 用兵則貴右
兵者 不祥之器 非君子之器 不得已而用之
恬淡爲上
勝而不美 而美之者是樂殺人 夫樂殺人者則不可以得志於天下矣
吉事尙左 凶事尙右 偏將軍居左 上將軍居右 言以喪禮處之
殺人之衆 以哀悲泣之 戰勝以喪禮處之

──────────── 문법과 용어 풀이 ────────────

- 有道者不處 다음에는 객어인 佳兵이 생략되어 있다고 볼 수 있다.
- 物或惡之에서 物은 남들, 或은 항상이다.
- 君子居則貴左 用兵則貴右에서 君子는 인격이 좋은 지도자를 가리킨다. 居는 머물다는 뜻인데, 여기서는 전쟁에 나가지 않고 있는 평상平常을 살아가는 것을 의미할 것이다. 중국의 옛 풍습에서는 경사에는 왼쪽을 중시하고 흉사는 오른쪽을 중시했다.
- 恬淡爲上의 恬淡은 편안하고 담담한 마음 상태이다.
- 勝而不美에서 而는 조사이다.
- 而美之者是樂殺人에서 美는 아름답게 여기다, 之는 勝을 받는 객어, 是 이다(is)이다.
- 夫樂殺人者則에서 則은 '는'을 뜻하는 조사이다.
- 言以喪禮處之에서 處는 처리하다, 之는 전쟁 관련 일들을 받는 대명사이다. 직역하면 상례로서 그것을 처리하는 것을 말한다가 된다.

- 殺人之衆以哀悲泣之에서 人之衆은 사람의 큰 무리, 以는 以之이며, 之는 殺人之衆을 받는다. 뒤의 之는 조사이다. 직역하면 사람의 큰 무리를 죽인 것 그것 때문에 슬퍼서 흐느낀다가 될 것이다.
- 戰勝以喪禮處之에서 之는 戰勝을 받는다. 戰勝을 강조하기 위해서 앞으로 빼고, 그 자리에 之를 추가했다.

夫부 무릇, 佳가 좋은, 兵병 무기, 者자 라는 것, 不불 아니, 祥상 상서롭다, 之지 의, 器기 도구, 物물 남들, 或혹 항상, 惡오 싫어하다, 之지 그것, 故고 그러므로, 有유 가지다, 道도 길, 不불 아니, 處처 관심을 두다, 君子군자, 居거 머물다, 則즉 면, 貴귀 귀히 여기다, 左좌 왼쪽, 用용 사용하다, 右우 오른쪽, 不得已부득이, 而이 연사, 恬淡념담 담담함, 爲위 이다(is), 上상 최고, 勝승 이기다, 而이 조사, 不美불미, 美미 아름답게 여기다, 是시 이다(is), 樂락 즐기다, 殺人살인, 則즉 조사, 可以가이 할 수 있다(can), 得득 얻다, 志지 뜻, 於어 에, 天下천하, 矣지 조사, 吉事길사 길한 일, 尙상 높이다, 凶事흉사, 偏將軍편장군 부장군, 居거 두다, 上將軍상장군, 言언 말하다, 以이 로서, 喪禮상례, 處처 처리하다, 殺살 죽이다, 人인 사람, 衆중 큰 무리, 以이 그것 때문에, 哀悲泣애비읍 슬퍼하며 운다, 之지 조사, 戰勝전승 전쟁에 이김

사람을 많이 죽이고 기뻐할 수 있나

노자가 살던 시대에는 전쟁이 끊이지 않았다. 많은 지도자들이 병기를 소중하게 생각하고, 더 많은 병기를 갖기 위해서 노력했다. 그런데 무릇 좋은 병기란 사람을 잘 죽이는 것이므로 결코 상서롭지 못한 도구이다. 좋은 병기를 가지고 있으면, 남들이 그것을 항상 싫어한다. 그래서 길(道)을 가는 사람은 좋은 병기에 연연하지 않는다.

유가儒家에서 훌륭한 지도자를 지칭하는 군자도 병기를 사용하는 일을 상서롭지 못한 것으로 여겼다. 흔히 동양의 전통사회에서는 보통 때는 오른쪽보다는 왼쪽을 귀하게 여겼다. 예컨대 조선적(시대)에 남

존여비 사상을 전제로 평상시에는 남자가 왼쪽에, 여자가 오른쪽에 섰다. 그러나 사람이 죽고 나면 반대로 남자가 오른쪽에, 여자는 왼쪽에 묻혔다. 이런 예법에 따라, 군자는 평화 시에는 왼쪽을, 병기를 사용하는 전시에는 오른쪽을 높게 여긴다. 이것은 결국 병기를 상서롭지 못하게 여기고, 신중하게 사용해야 한다는 것을 의례에 반영한 것이다. 병기란 상서롭지 못한 것으로서, 군자가 써야 할 도구가 아니므로, 성인과 마찬가지로 군자도 부득이한 경우에만 사용한다.

싸워서 이기려 하기보다는 담담한 마음을 유지하는 것이 최고이다. 전쟁에서 싸워서 이긴다는 것은 사람을 죽인다는 것이다. 이기는 것은 아름다운 것이 아니다. 그것을 아름답게 여기는 것은 살인을 즐기는 것이다. 무릇 이기기를 좋아하는 사람은 천하에서 자기의 뜻을 이룰 수가 없다. 멀리 보면 싸워서 이기려 하기보다는 싸우지 않고 사람을 죽이지 않으려고 애쓰는 사람이 많은 사람들의 지지를 받아 오히려 큰 뜻을 이룬다.

원래 관습에서는 경사慶事에는 왼쪽을, 흉사에는 오른쪽을 높이기 때문에, 부장군은 왼쪽에, 상장군은 오른쪽에 있게 한다. 이것은 전쟁과 관련된 일을 상례喪禮로 처리한다는 뜻이다. 그러나 노자가 살던 시대에는 사람들이 상례에 따라서 장군의 위치가 정해졌다는 사실을 잘 몰랐던 것 같다. 평화롭게 살다가 싸움이 일어났을 때에는 전쟁에 승리했더라도 그것이 나쁘다는 것을 잘 알지만, 전쟁을 계속하다보면 전쟁의 승리를 신성시하기까지 한다. 이것은 전형적인 뒤집힘 사태이다. 『장자莊子』 인간세人間世 장에는 "재주를 겨루는 사람들이 즐거워서 시작했다가 항상 서로 미워하며 끝내고, 예를 따지면서 술을 마시는 사람들은 질서를 잘 지키면서 시작했다가, 항상 난장판으로 끝낸다"는 말이 있다. 그런데 사람들이 전쟁의 승리를 신성시하게 되었을 때에도 여전히 오른쪽을 귀하게 여기는 의례를, 그 원래 의미는 망각한 채 따라하고 있었을 것이다. 이것은 남존여비의 사상이 매우 약해진 이 시대에도 여전히 무덤의 왼편에 여자를 묻는 관습을, 그것의 원래 의미는 모른 채 따라 하고 있는 것과 같다. 노자는 전쟁이 상서롭지 못하다는 것을 깨우쳐주고자 당시에 통용되고 있던 군사 의례 속에 숨어 있는 의미를 들추어내고 있다.

흔히 자기의 군대가 싸워서 이기면 지도자들이 기뻐한다. 이것은 전쟁의 실상을 망각하고 있기 때문이다. 사람들이 많이 죽으면 다들 슬퍼하면서 흐느낀다. 그래서 사람을 많이 죽인 전쟁의 승리를 기념하는 행사를 하는 것은 초상을 치르는 것처럼 하는 관습이 생겼다. 전쟁에서 이겼더라도 그것은 흉한 일이다.

32장

길은 항상
이름을 갖지 않는다

길은 항상 이름을 갖지 않는다.
질박하여 그것이 작을지라도
천하가 신하로 삼지 못한다.
제후가 그 길을 지킬 수 있다면,
만물이 스스로 손님되어 찾아오고,
하늘 땅이 합심하여 단 이슬을 내리며,
안 시켜도 백성은 나누어 누린다.
제도를 시작하면 이름이 생기고,
이름이 생기면 제도가 생겨나니,
무릇 멈출 줄 알아야 한다.
멈출 줄 알면 위태롭지 않는 것은,
비유컨대, 길이 천하에 머물러서
냇물들이 바다로 흘러감과 같다.

道常無名 樸雖小天下莫能臣也
侯王若能守之 萬物將自賓 天地相合以降甘露 民莫之令而自均

始制有名 名亦旣有 夫亦將知止
知止 可以不殆 譬道之在天下 猶川谷之於江海

문법과 용어 풀이

- 莫能臣也에서 臣은 신하로 삼다이다.
- 萬物將自賓에서 賓은 존경심을 갖고 손님으로 오다는 뜻이다.
- 民莫之令은 원래 莫令民일 것이다. 객어인 民을 강조하려고 앞으로 빼고, 之를 추가하여 民莫令之가 되었는데, 莫이 부정사라 令과 之를 도치하여 결국 民莫之令이 된 것으로 보인다.
- 名亦旣有에서 亦은 마땅히, 旣는 곧바로, 有의 객어는 制이다.
- 夫亦將知止에서 亦은 당연히, 將은 해야 한다는 조동사이다.
- 可以不殆는 可以는 할 수 있다(can), 不殆는 한 단어의 자동사로 볼 수 있다 (하영휘 교수의 가르침). 직역하면 '위태롭지 않을 수 있다'이다.
- 譬道之在天下에서 之는 주격조사와 같고, 在는 '에 머물다'이다.
- 猶川谷之於江海에서 猶는 이에 따라(仍), 之於는 로 가다(go to)이다.

道도 길, 常상 항상, 無무 갖지 않다, 名명 이름, 樸박 질박하다, 雖수 할지라도, 小소 작다, 天下천하, 莫막 아니, 能능 할 수 있다(can), 臣신 신하로 삼다, 也야 조사, 侯王후왕 제후, 若약 만약, 守수 지키다, 之지 그것, 萬物만물, 將장 장차, 自자 스스로, 賓빈 손님되어 찾아오다, 天地천지, 相合상합 서로 함께, 以이 함으로써, 降강 내리다, 甘露감로 단 이슬, 民민 백성, 之지 그늘, 令령 명령하나, 而이 연사, 自자 스스로, 均균 공평히게 하다, 始시 시작하다, 制제 제도, 有유 가지다, 名명 이름, 亦역 역시, 旣기 곧바로, 夫부 무릇, 亦역 마땅히, 將장 해야 한다, 知지 알다, 止지 그치다, 可以가이 할 수 있다, 不불 아니, 殆태 위태롭다, 譬비 비유컨대, 之지 조사, 在재 에 머물다, 天下천하, 猶유 이에 따라, 川谷천곡 냇물과 계곡물, 之지 가다, 於어 에, 江강, 海해 바다

만물이 반가운 손님 되어 찾아오니

길이란 어떤 이름에도 매이지 않는다. 자기와 남이란 생각마저 없으므로 자기와 남을 높이지도 않고 낮추지도 않는다. 아마도 머문다는 생각도 없을 것이다. 그 모습은 세련되지 않고 촌스럽다. 사람의 손이 전혀 타지 않은 질박한 그 길의 모습은 작은 것 같지만, 천하의 누구도 그를 신하로 부릴 수 없다. 오히려 제후나 왕이 이 길을 간직하여 지킬 수 있다면, 천하의 지도자가 된다. 그런 지도자는 자신의 이름을 멀리 하므로, 자기를 높일 생각도 낮출 마음도 갖지 않는다. 마음을 텅 비워 두고, 남의 마음으로 내 마음을 삼으므로, 남의 기대에 맞추어 자기를 낮출 뿐이다. 그는 자기가 지키려는 어떤 의례도 갖지 않는다. 예컨대 상가에 조문을 가서 불교나 유가의 상례를 치르면 절을 하고, 망자의 사진 밑에 십자가가 놓여 있으면 기도를 할 것이다. 상주가 큰절을 원하면 큰절을 하고, 목례만 원하면 목례만 할 것이다.

이렇게 모든 것을 받아들일 것이므로 만물이 자빈自賓할 것이다. 나의 아우는 월출산 아래서 산다. 아침 안개가 걷히면 월출산의 천황봉이 창을 통해 거실 안으로 들어온다. 담담하면서 웅장하고 아름다운 천황봉이 스스로 반가운 손님이 되어 찾아오는 것 같다. 그 손님은 아무런 부담은 주지 않고 기쁨만 안겨준다. 그래서 그 집의 이름이 자빈당自賓堂이다. 그렇다면 손님과 거지의 차이는 무엇일까? 손님은 주인이 공경하지만, 거지는 공경하지 않는다. 손님은 주인을 공경하지만, 거지는 주인에게 돈이나 밥을 원할 뿐 공경까지 하지는 않는다. 그런데 길을 간직한 지도자는 모든 사람을 손님으로 대한다. 거지로 찾아와도 손님으로 받아들인다. 그러므로 모든 사람들이 손님으로 찾아든다. 사람들만이 아니라 만물을 손님으로 대하므로 만물이 손님으로 찾아들어 아름다운 세상을 이룬다. 이것은 낮은 연못이 모든 물을 받아들여서 온갖 생명을 키우는 것과 같다. 그 연못에서는 물고기가 놀고 새와 풀벌레가 노래하며 아름다운 꽃이 철따라 핀다. 이런 아름다운 세상에서는 하늘과 땅이 화합하여 단 이슬을 내리고, 백성들은 누가 그러라고 시키지 않아도 알아서 골고루 단 이슬을 나눠 누릴 것이다. 골고루 나눔이란 낮은 곳은 메우고 높은 곳은 덜어서 고르고 또 고르는 것이다. 똑같이 나누는 것이 아니라 각자의 필요(needs)에 따라 나누는 것이다. 이 필요는 인위적 헛된 욕망인 싶음에 따른 것이 아니라, 생명 유지에 필수적인 순수한 욕망인 맨바램에 따른 것이다.

그러나 길을 간직하지 않은 지도자는 자기의 이름과 싶음에 따라 세상을 통치하려 든다. 그래서 이름에 따라 각종 제도를 만든다. 제도를 시작하자마자 다른 이름이 생기고, 이름이 생기면 다른 제도가 생겨나는 일이 반복된다. 그러나 문제도 생겨나서 해결되지 않고 더욱 복잡한 문제들이 생겨날 뿐이다. 예를 들면 독일이나 스웨덴 같은 나라에서는 학생들을 줄 세우는 입시제도가 없지만 교육은 잘 돌아간다. 한국에서는 고약한 입시제도를 만들어 놓고 해마다 어려움에 직면하고, 그것을 해결하려고 새로운 이론(이름)과 제도를 만든다. 그럼에도 문제가 해결되지 않기 때문에 해마다 입시제도를 고쳤다가 다시 옛날 제도로 돌아가기를 반복한다. 이것은 거짓말을 숨기려고 또 거짓말을 하면서도 거짓말을 숨기지 못하는 것과 같다. 무릇 이런 짓을 멈출 줄 알아야 한다. 멈출 줄 알면 위태롭지 않을 수 있다. 이를 위해서는 이름에 매이지 않는 길을 본받아 질박함을 보전하는 것이다. 그러면 만물이 손님으로 찾아오고 하늘에서 내리는 단 이슬을 백성이 고르게 나누어 누릴 것이므로 모든 위태로움이 저절로 소멸되어 버린다. 이것은 길이 천하에 머물러 있어서 냇물과 계곡물들이 저절로 강과 바다로 흘러들어가는 것과 같다.

33장
남을 알면

남을 알면 지혜롭고 나를 알면 현명하며,
남 이기면 힘이 있고 나 이기면 강건하며,
만족 알면 여유롭고, 강행하면 뜻 굳세다.
그러나 이것들이 장수법은 못 된다.
제 자리 안 잃어야 길이길이 보존되고
시들해도 안 죽어야 오래오래 살아간다.

知人者智 自知者明 勝人者有力 自勝者强 知足者富 强行者有志
不失其所者久 死而不亡者壽

문법과 용어 풀이

- 不失其所者久를 직역하면 그 자리를 잃지 않는 자가 오래 간다가 된다.
- 死而不亡者壽에서 死와 亡은 모두 죽다는 뜻이다. 그런데 이것이 말이 되려면, 이 둘이 뜻이 같아서는 안 된다. 따라서 亡이 정말 죽는 것이라면, 死는 죽은 것처럼 보이는 것이 되지 않으면 안 될 것이다. 死는 '색이 시들다', '칩거하다'는 뜻도 있다. 직역하면 '시들해도 죽지 않는 자가 장수한다'가 된다.

知지 알다, 人인 남, 者자 놈, 智지 지혜롭다, 自知자지 자기를 알다, 明명 현명하다, 勝승 이기다, 有유 가지다, 力력 힘, 自勝자승 자기를 이기다, 强강 강하다, 足족 만족, 富부 여유롭다, 强강 억지로, 行행 행하다, 志지 의지, 不불 아니, 失실 잃다, 其기 그, 所소 자리, 久구 오래 가다, 死사 죽은 듯하다, 而이 연사, 亡망 죽다, 壽수 오래 살다

남을 이기고 자기를 이겨도

이 장에는 남을 아는 사람이 지혜롭다(知人者智)로 시작하며, 이와 똑같은 형식을 가진 문장이 7개가 더 나온다. 우리는 첫 문장을 두 가지로 해석할 수 있다. 첫째는 남을 알면 자연스럽게 지혜로워지기 때문에, 남을 알면 지혜롭다는 의미일 것이다. 예컨대 남을 모르고 전쟁을 하면 패할 가능성이 매우 크다는 점에서도 이 해석은 그럴듯하다. 둘째는 지혜로운 사람이 아니면, 남을 알 수 없기 때문에 남을 아는 사람은 당연히 지혜롭다는 의미이다. 이것도 그럴듯하다. 첫째는 남을 아는 것을 원인, 지혜로움을 결과로 보는 것이며, 둘째는 지혜로움을 원인, 남을 아는 것을 결과로 보는 것이다. 어느 것이 이 장에서 더 타당한가? 이 문장 하나만으로는 판가름하기 어렵기 때문에 나머지 7개의 문장도 같은 방식으로 따져볼 필요가 있다.

〈표 11〉에서 볼 수 있는 바와 같이 자신을 알면 현명하다는 문장도, 두 가지로 해석이 가능하다. 자신을 알면 현명하게 판단할 수 있고, 반대로 현명해야 자신을 알 수 있다. 남을 이기면 힘을 가진다는 말도 두 가지로 해석이 가능하다. 남을 이기면 더 많은 권력을 가질 수 있고, 반대로 힘을 가졌으니까 남을 이길 수도 있다. 그러면 자신을 이기면 강하다는 문장의 의미는 어떤가? 자신의 욕망을 이겨내면서 노력하면

강하게 된다. 그러나 강하다고 해서 자신을 이길 수 있는 것은 아니다. 막대한 돈과 권력을 가진 사람도 자신의 욕망을 이겨내지 못하는 사람이 매우 많다. 만족을 알면 부유하다는 문장을 우선 심리적인 면에서 살펴보자. 만족할 줄 알면 스스로 부유하다는 생각을 가질 수 있다. 그리고 마음으로 부유하다고 여기는 사람이 만족할 수도 있다. 물리적인 측면에서는 만족할 줄 안다고 해서 부유한 것도 아니고, 부유하다고 해서 만족을 아는 것도 아니다. 한편 무언가 힘써 실천하므로 그에 대한 의지가 생기거나 강해지게 된다. 무엇이든 열심히 하다 보면 의욕이 생기는 것이 세상사의 이치이다. 반대로 의지가 있으니까 힘써 일을 한다. 그리고 자기 자리를 잃지 않고 지키므로, 자신을 오래 보존할 수 있다. 여기서 자기 자리를 잃지 않는 것이란, 이름과 싶음을 버리고서 하지 않음(無爲)의 정치를 하는 것을 말할 것이다. 그러나 자신을 오래 보존하기 때문에 자기 자리를 잃지 않고 지키는 것은 아니다. 이것은 밥을 먹었으므로 배가 부르다고는 말할 수 있지만, 배가 불렀기 때문에 밥을 먹는다고는 말할 수 없는 것과 같다. 이제 마지막 문장을 살펴보자. 겉으로 죽은 것처럼 시들해 보이지만 죽지 않으므로 장수한다. 견고하기보다는 유연한 모습은 힘이 없어 보이지만 오래 산다. 견고한 것이 일찍 죽는다는 것이 노자의 주장이다. 시들해 보이지만 죽지 않는 것이 장수의 원인이다. 그러나 장수하기 때문에 시들해 보인다고는 말할 수 없다. 장수는 결과이지 원인이 될 수 없다. 이상의 8개의 문장을 살펴보면 앞의 진술을 원인으로 보고 뒤의 진술을 결과로 보는 것은 다 가능하지만, 그 반대는 일부만 가능하다. 따라서 문맥의 통일을 인정해야 한다면, 남을 아는 사람이 지혜롭다는 문장은, 지혜롭기 때문에 남을 아는 것이라기보다는, 남을 알기 때문에 지혜롭다고 해석하는 것이 더 타당할 것이다.

〈표 11〉 남을 앎과 지혜로움 등의 인과관계

원인	결과	성립	원인	결과	성립
남을 앎	지혜로움	가	지혜로움	남을 앎	가
자신을 앎	현명함	가	현명함	자신을 앎	가
남을 이김	유력함	가	유력함	남을 이김	가
자신 이김	강함	가	강함	자신 이김	불가
만족 앎	심리적 부 물리적 부	가 불가	심리적 부 물리적 부	만족 앎	가 불가
힘써 행함	의지 가짐	가	의지 가짐	힘써 행함	가
자리 지킴	오래 감	가	오래 감	자리 지킴	불가
죽은 듯함	오래 삶	가	오래 삶	죽은 듯함	불가

이런 원칙에 따라 8개의 문장을 다음과 같이 해석할 수 있을 것이다. 남을 아는 사람은 지혜로워지고, 자기를 아는 사람은 현명賢明해지며, 남을 이기는 사람은 힘을 가지게 되고, 자기를 이기는 사람은 강해지며, 만족을 아는 사람은 마음의 여유를 갖게 되고, 힘써 행하는 사람이 의지를 갖게 된다. 자기 위치를 잃지 않는 사람은 자리를 오래 보존하게 되며, 시들해 보여도 죽지 않은 사람은 오래 살게 된다.

그렇다면 노자가 이 장에서 하고자 하는 말은 무엇일까? 세상 사람들은 남을 알아서 지혜로워지고, 자기를 알아서 현명해지며, 남을 이겨서 힘을 가지게 되고, 자기를 이겨서 강해지며, 만족을 알아서 마음의 부유를 누리고, 힘써 행해서 의지를 갖는 것을 다 바람직하다고 본다. 특히 현대사회에서는 지혜롭고, 현명하며, 힘을 갖고 강해지며, 부유하고, 의지가 있는 것을 찬양하고 추구하지 않으면 안 되는 것으로 여긴다. 그러나 노자가 보기에 이런 것들은 이름에서 나온 싫음에 따른 것에 지나지 않는다. 노자는 지혜는 버리고, 현명함은 숭상하지 말며, 강하기보다는 약해지고, 얻기 어려운 재화를 귀히 여기지 말며, 의지는 약하게 하는 것이 좋다고 말한다. 이런 것들을 추구하는 것은 오래 사는 길이 못 된다. 진정으로 삶을 오래 보존하는 길이란 바다가 자기 위치를 버리지 않고 모든 것을 받아들이는 것처럼 하는 것이다. 진정으로 오래 잘 사는 길이란 견고하고 빛나기보다는 부드럽고, 시들해 보이면서도 생명을 잘 건사하는 것이다. 이 장의 이야기 방식은 "돈이 많은 사람은 부유하고, 마음이 편안한 사람은 행복하다"는 것과 같다.

34장

큰 길은
오른쪽과 왼쪽으로

큰 길은 오른쪽과 왼쪽으로
물처럼 넘쳐서 흐를 수 있다.
만물이 의지해서 생겨나지만
조금도 그들 삶을 간섭치 않고,
자기 덕에 공이 이루어지지만
스스로 유공자라 부르지 않으며,
만물을 입혀주고 살펴주지만
주인 노릇을 하지 않는다.
항상 싶음을 갖지 않으니,
사람들이 작다고 부를 수 있다.
만물이 따라도 주인 노릇 하잖으니,
진정으로 크다고 부를 수 있다.
끝내 자기가 크게 되지 않으므로
그 큼을 이룰 수가 있기 때문이다.

大道氾兮 其可左右
萬物恃之而生而不辭 功成 不名有 衣養萬物而不爲主
常無欲 可名於小
萬物歸焉而不爲主 可名爲大 以其終不自爲大故能成其大

문법과 용어 풀이

- 其可左右의 뒤에는 氾이 생략되어 있다고 볼 수 있다.
- 不名有에서 有의 주어인 大道와 객어인 功이 생략되었다. 직역하면 '큰 길은 공을 가짐을 이름 붙이지 않는다'이다.
- 可名於小에서 名은 형용하다, 於는 爲(is)이다. 직역하면 작다고 표현할 수 있다가 된다.
- 萬物歸焉에서 歸는 歸化라는 말과 같다.
- 以其終不自爲大故能成其大에서 以는 때문이다(because), 爲는 추구하다이다. 직역하면 그것이 끝까지 스스로 큼을 추구하지 않음으로써 그 큼을 이룰 수 있기 때문이다가 된다.

大대 큰, 道도 길, 氾범 넘치다, 兮혜 조사, 其기 그것, 可가 할 수 있다(can), 左右좌우 좌우로, 萬物만물, 恃시 의지하다, 之지 그것, 而이 연사, 生생 생기다, 不불 아니, 辭사 간섭하다, 功공, 成성 이루어지다, 名명 이름 붙이다, 有유 가지다, 衣의 입혀주다, 養양 살펴주다, 爲위 되다, 主주 주인, 常상 항상, 無무 갖지 않다, 欲욕 싶음, 可가 할 수 있다, 名명 형용하다, 於어 이다(is), 小소 작음, 歸귀 귀화하다, 焉언 조사, 爲위 이다, 大대 큼, 以이 때문이다, 其기 그것, 終종 마침내, 自자 스스로, 爲위 추구하다, 故고 그러므로, 能능 할 수 있다

어사 장모 출두요

큰 길은 서서히 넘쳐흘러서 사방의 논을 골고루 적셔주는 물과도 같다. 그 길은 오른쪽과 왼쪽으로도 흐르고 앞과 뒤로도 흐른다. 벼가

물에 도움을 받아 싹이 터서 자라지만, 물은 벼가 자라는 것을 간섭하지 않고 공치사도 하지 않으며, 벼가 익어도 벼의 주인 노릇을 하지 않는다. 이렇듯 만물이 그 길에 의지하여 생겨나고 성장해가지만, 길은 만물을 간섭하지 않는다. 자기의 도움으로 만물의 결실이 맺어져도 자기 공적을 자랑하는 직함 따위를 가지지 않으며, 만물을 입혀주고 보살펴주지만 주인 노릇을 하지 않는다. 요즈음 정치인들이 주민들의 세금으로 공사를 하고 자기 덕으로 일이 이루어졌다고 자랑하며, 그것을 핑계로 삼아 더 큰 권력을 탐내는 것과는 많이 다르다. 길은 자기의 모습을 유지할 뿐, 그 결과로 어떤 보상도 바라지 않는다. 이 길은 항상 어떤 싫음도 갖지 않아서 어설프게도 보인다. 그러므로 작다고 부를 수 있다.

그러나 진정으로 크다고 부를 수 있다. 작은 것 같지만 크다고 부를 수 있는 것이다. 왜 그런가?

이런 길의 모습은 춘향 어머니 월매를 닮았다. 「춘향가」 어사 장모 출두 장면을 보자.

[아니리]

그때여 춘향 모친은 어사또가 사윈 줄도 알았고, 춘향이가 상방上房으로 끌려 들어가 울다가 웃다가, 이 야단이 난 줄을 벌써 알았 것마는, 간밤에 사위 괄세(괄시恝視)를 너무 많이 한 간암(적)이 있어서, 차마 들어오든 못허고, 저 삼문간(三門間)에서 뒷짐 짚어지고 이만허고(이만큼 하고) 있다가, 춘향 입에서 춘향 어머니 부르는 소리가 들리니, 옳다 이제는 되었다 싶어, 막걸리 한 두어 사발 들이키고 들어오는디.

[자진모리]
어디 가야 여기 있다. 도사령아 큰 문 잡어라, 어사장모 행차허신다. 열녀 춘향을 누가 낳나? 말도 마소 내가 낳네. 장비야 배 다칠라, 열녀 춘향을 난 배로다. 네 요놈들, 요새도 삼문간이 이렇게 드셀 것이냐? 예이!

[중중모리]
얼시구나 절시구 얼시구나 절시구, 풍신이 저렇거든 보국충신이 아니 될까? 어제 저녁 오셨을 적, 어사인 줄은 알았으나, 남이 알까 염려가 되어, 천기누설을 막느라고, 너무 괄시허였더니, 속 모르고 노여웠제? 내 눈치가 뉘 눈치라고, 그만 일을 모를까? 얼씨구나 내 딸이야 절씨구나 내 딸이야, 위에서 부슨(부은) 물이 발치까지 내린다고, 내 속에서 너 낳았거니, 만고 열녀가 아니 될까? 얼시구나 절시구, 절로 늙은 고목 끝에 시절연화時節蓮花가 피었네. 부중생남不重生男 중생녀重生女, 나를 두고 이름이로구나. 지화자 절시고 남원 읍내 여러분들, 이 내 한 말 들어보소. 아들 낳기를 힘쓰지 말고 춘향 같은 딸을 나서, 곱게 곱게 잘 길러, 서울 사람이 오거들랑 묻도 말고 사위를 삼소! 얼시구 절시구 어사 사위를 둔 사람이 이런 경사에 춤 못 출가? 막걸리 잔이나 먹었더니마는, 궁뎅이 춤이 절로 나고, 주먹 춤도 절로 난다. 지화자 절시고 얼시구, 이 궁둥이를 두었다가 논을 살까, 밭을 살까? 흔들 대로 흔들어 보세. 늙은 손을 펼쳐들고 허정거리고 논다. 얼시고 절시고 칠시고 팔시고 얼시구 절시구야.

어제 밤 거지 신세로 찾아온 이도령을 구박해놓았기에 맨정신으로 행사장에 들어갈 수 없어서 막걸리를 거푸 들이마시고는 '어사 장모 출두'를 외치고 거드름을 피우며 배를 내밀고 팔자걸음으로 들어가면서, 사위가 어사인 줄을 어제 밤부터 알았지만 비밀을 지키기 위해서 일부러 그랬다는 변명을 늘어놓고, 엉덩이 춤까지 추어대는 어사 장모 월매의 모습을 나는 어렸을 때 야비하다고 여겼다. 월매는 야비하다고 할 만하다. 그러나 나이가 들어서 다시 보니 그게 아니다. 죽음을 앞둔 딸 춘향을 살려달라고 천지신명께 기도하다가, 한 가닥 희망줄이었던 딸의 연인인 서울 양반 이도령이 거지꼴로 찾아온 모습을 보고 탄식과 원망을 늘어놓으면서도 밥은 찾아 먹이고, 딸이 살아났다는 소식을 듣고 기뻐서 어쩔 줄 모르는 춘향모의 질박한 삶의 모습은 이름 그대로 달빛 아래서 은은한 향기를 내뿜는 월매月梅처럼 인간적이다. 나는 지금 월매를 사랑한다. 그런데 월매는 나의 판단에 따라서 그렇게 처신한 것이 아니다. 스스로 그러했을 뿐이다. 괜히 내가 내 이름을 따라 월매를 야비하다고 불렀다가 지금은 인간적이라고 부른다. 월매는 매우 야비하게 살았지만, 야비하기 때문에 진정으로 아름답다.

길은 자기를 드러내지 않고, 주인 노릇도 하지 않으며, 아무런 싶음도 갖지 않고, 어리숙하게 보이므로, 사람들은 길을 작다고 부를 수 있다. 그러나 만물이 따르더라도 주인 노릇을 하지 않으니 그것이 얼마나 큰가? 길은 진정으로 큰 것이라고 부를 만하다. 그 길은 끝내 스스로 크게 되려 하지 않음으로써, 만물이 따르는 그 큼을 이룰 수 있기 때문에, 진정으로 크다. 만약 이 길이 자기가 크게 되기 위해서 노력하여 크게 되었다면, 진정으로 큰 것이 아닐 것이다. 그것은 큰 것처럼 보이지만, 작은 것이다.

35장
큰 형상을 잡으면

큰 형상形象 잡으면 천하가 따른다.
따라도 어떤 해를 주지 않으니
천하가 크게 평안하구나.
음악과 음식은 사람 발길 붙잡지만,
입으로 설명하는 길이야말로
담백하여 아무런 맛이 없으며,
눈을 닦고 보아도 볼 수가 없고,
귀를 열고 들어도 들을 수가 없는데,
아무리 쓰더라도 다 쓰지 못한다.

執大象 天下徃 徃而不害 安平太
樂與餌 過客止 道之出口 淡乎 其無味
視之不足見 聽之不足聞 用之不足旣

───────── 문법과 용어 풀이 ─────────

- 執大象에서 大象은 길(道)의 모습을 비유한 것이다(『御定道德經註』, 文淵閣四庫全書電子版).
- 天下往에서 往은 따르다(歸向)이다.
- 往而不害의 주어는 天下일 것이다. 不害는 수동태이다.
- 安平太에서 安平은 평안平安이다. 직역하면 평안이 크다가 될 것이다.
- 樂與餌에서 餌는 미끼와 같은 음식이다.
- 用之不足旣에서 之는 而(연사)나 그것(it)이고, 旣는 다 없어지다이다.

執집 잡다, 大대 큰, 象상, 天下천하, 往왕 귀향하다, 而이 연사, 不불 아니, 害해 해를 입다, 安平안평 평안, 太태 크다, 樂악 음악, 與여 과, 餌이 맛보기 음식, 過客과객 길손, 止지 멈추다, 道도 길, 之지 조사, 出출 나오다, 口구 입, 淡담 담담하다, 乎호 조사, 其기 그것, 無무 없다, 味미 맛, 視시 보다, 之지 그것, 不足부족 할 수 없다, 見견 보다, 聽청 듣다, 聞문 듣다, 用용 쓰다, 旣기 다 없어지다

수박의 씨만 잡수시는 선생님

지도자가 큰 형상을 잡고 굳건하게 지키면 천하의 만물이 스스로 찾아 들어온다. 큰 형상이란 길을 상징한다. 길은 작아 보이지만 크다. 길을 믿고 따르는 지도자는 찾아 들어오는 모든 것을 받아들여서 서로 도와 번성하게 하므로, 그 어떤 것도 찾아와서 손해를 입지 않는다. 그런 세상에서는 다툼이 없고, 모두가 평안한 삶을 마음껏 누린다. 그러므로 천하가 태평하다.

상인이 호객하려고 음악을 연주하고 음식을 나누어주면 사람들이 발을 멈추고 모인다. 음악과 맛보기 음식들은 매우 감미로워서 사람들의 눈 귀 코 혀와 살, 그리고 마음을 확 휘어잡는다. 이것들은 사람들

의 싶음을 만들어내면서 일시적으로 충족시켜주므로, 사람들에게 크게 이로울 리가 없고, 때에 따라서는 해를 미치기도 한다. 마음을 채워주는 것일 뿐 배를 채워주는 것은 아니며(3장 참조), 눈을 위하는 것일 뿐 배를 위한 것이 아니다(12장 참조). 그러므로 세상을 오래도록 태평하게 해주지는 못한다.

이와는 달리 길은 맛이 없다. 누가 길에 대해서 말을 해도 그 길이 사람들의 귀와 마음을 일시에 사로잡지 못한다. 그 길이 아무리 크다고 할지라도, 사람들이 그것을 보려고 해도 보지 못하고, 귀 기울여 들으려 해도 듣지 못한다. 그럼에도 불구하고 사람들에게 해를 미치지 않고 세상을 태평하게 해주는 길은 사용하여도 결코 다 줄어들지 않아서 항상 부족함이 없다. 그 씀씀이가 무궁하다.

그렇다면 눈 귀 코 혀 살로는 느낄 수 없고, 마음으로 쉽게 알아차릴 수 없는 그 길을, 사람들이 좋다는 것을 어떻게 알고 그것을 간직하고 지키는 사람에게 모여들어서 평안한 삶을 누릴 수 있을까? 흔히 사람들은 양파 껍데기는 먹을 수 없다고 버린다. 하얀 속이 보기도 좋고 먹기도 좋기 때문이다. 그렇지만 그 껍데기에는 사람들의 혈관을 청소해주는 물질이 가장 많이 들어 있다. 속은 입에 더 이롭지만, 껍데기는 몸에 더 이롭다. 나의 산행 동무이자 선생님인 칠곡七谷 교수는 버려지는 것들의 귀함을 안다. 그래서 학생들에게, 배추김치의 잎보다는 잎을 지탱해주던 끝동에, 생선과 고기의 살보다는 뼈에, 과일의 속보다는 껍질과 씨에 사람 몸에 좋은 물질들이 많이 들어 있으니 버리지 말고 먹는 것이 좋다고 이야기하곤 했다. 그런데 어느 날 졸업생들과 함께 하는 술자리에서 수박을 안주로 나누어 먹고 있는데, 한 선배가 후배들에게 "선생님은 수박씨만 좋아하시니까, 살은 너희들이 먹고 씨는 버리지 말고 꼭 모아서 드려라"고 농담을 했다고 한다. 보기도 좋지 않고 맛도 없는, 양파 껍데기, 배추김치 끌텅, 생선과 육고기의 뼈, 그리고 과일의 껍질과 씨는 몸에는 이롭지만 그 이로움을 바로 알기는 어렵다. 특히 어린아이들에게는 더욱 그렇다. 그러나 나이가 들고, 그 맛없는 것들을 즐기는 사람들이 건강하게 사는 모습을 보면, 그제야 깨닫게 될 것이다. 길은 쌈빡한 맛은 없지만, 따라 하다 보면 그 맛을 즐기게 되고, 그 유용함을 알게 된다. 길의 큰 형상을 지키는 지도자들은, 지혜로운 부모가 아이들이 손전화의 현란함을 알지 못하게 하는 것처럼, 백성이 헛된 지식과 싶음을 갖지 않게(無知無欲) 한다. 그러면 결국 천하 사람들이 모두 길의 유익함을 알고 모여들어 큰 평안을 누리며 살 것이다.

36장
거두어들이려면

거두어들이려면 베풀어야 하고,
약하게 하려면 강하게 해야 하며,
망하게 하려면 흥하게 해야 하고,
빼앗아 가지려면 내주어야 한다.
이것을 어수룩한 총명(微明)이라 한다.
유연함이 늘 견고함을 이긴다.
물고기를 연못에서 건져서는 아니 되듯,
나라 묘책 남들에게 보여서는 아니 된다.

將欲歙之 必固張之 將欲弱之 必固強之
將欲廢之 必固興之 將欲奪之 必固與之
是謂微明 柔弱勝剛強
魚不可脫於淵 國之利器不可以示人

문법과 용어 풀이

- 將欲歙之에서 歙은 거두어들이다(收斂)(『御定道德經註』, 文淵閣四庫全書電子版), 之는 불특정한 대상을 가리키는 대명사이다.
- 柔弱勝剛強에서 柔弱은 부드럽다, 剛強은 딱딱하다이다.
- 是謂微明을 직역하면 이것이 미명이라고 불리다가 된다.
- 魚不可脫於淵은 뒤의 문장과 함께 수동태이다.
- 國之利器에서 利器는 계략深謀이다(『道德經註』, 文淵閣四庫全書電子版).
- 不可以는 不可(should not)와 같다.

將欲장욕 하려고 하다, 歙흡 거두어들이다, 之지 그것, 必固필고 반드시, 張장 베풀다, 弱약 약하게 하다, 强강 강하게 하다, 廢폐 망하게 하다, 興흥 흥하게 하다, 奪탈 빼앗다, 與여 주다, 是시 이것, 謂위 불리다, 微明미명 어수룩한 총명, 柔弱유약 유연함, 勝승 이기다, 剛強강강 견고함, 魚어 물고기, 不불 아니, 可가 해야 한다(should), 脫탈 벗어나게 하다, 於어 에서, 淵연 못, 國국 나라, 之지 의, 利器이기 계략, 可以가이 해야 한다(should), 示시 보이다, 人인 남

망하게 하려면 흥하게 해주고

어떤 것을 거두어들이려면 확실하게 나누어주어야 한다. 가을에 수확을 하려면 먼저 씨를 뿌려야 한다. 세금을 잘 거두어들이려면, 굶주린 백성들에게 먹을 것을 나누어주어서 생산 활동을 할 수 있도록 하여야 한다. 한국에서도 인구가 줄어들어서 점점 세금 걷기가 어려워지고 있다. 장래에 세금을 잘 거두려면, 지금부터라도 젊은 사람들이 부담 없이 결혼을 해서 아이를 낳아 기르도록, 저렴한 주택과 보육비 및 교육비를 먼저 지원해주어야 한다.

남을 약하게 만들고 싶으면 강하게 해주어야 한다. 강한 것은 부러지기 때문이다. 남을 망하게 하려면 흥하게 해주어야 한다. 곺은 데는

더 곱게 해주어야 한다. 어른이 되면 늙듯이, 흥하게 되면 망하게 되기 때문이다. 권력은 강하거나, 흥하면 독단을 부리고 독단을 부리면 고립되어 결국 망하게 된다. 그러므로 권력을 망하게 하려면 비판하기보다는 잘한다 잘한다 하는 것이 빨리 망하게 하는 길이다. 퇴계 선생은 갓 왕위에 오른 선조에게 다음과 같은 건의문을 올린다(戊辰 經筵啓箚 一, 退溪先生文集卷之七, 『국역퇴계전서』 3, 사단법인 퇴계연구원).

"지금은 군사가 소모되어, 군사의 이름만 있고 실제로는 없습니다. 서울과 지방이 다 그렇습니다. 병역 해당자를 찾아서 군사를 보충하는 것이 당연히 급한 일이므로, 이 일을 백성들의 원망 때문에 탄식하면서 완전히 그만둘 수는 없습니다. 그러나 작년부터 국상과 산릉 공사가 연이어 있어서 민생이 피폐해진데다가, 중국 사신이 여덟 번이나 계속 와서, 온 나라가 소란스럽습니다. 쓰러진 사람이 일어나지 못하고, 신음하는 사람은 신음을 멈출 수가 없습니다. 그런데 병적을 정리하라는 명령을 올 해에 마침 접하게 되었으니, 그 시기가 적절하지 않습니다. (더구나 흉년이 들었는데, 병적까지 정리한다면) 사람들의 분노는 억누르기 어렵고 형벌을 내리면 피비린내만 날 뿐입니다. 놀라고 두려워하면서 반란을 생각하는 백성들이 사방에서 서로 연결되고, 지난 번에 병적에 들어간 병사가 나쁜 감정을 품고 선한 백성들에게 함부로 흉한 짓을 부추긴다면, 국가가 이름뿐인 병적만을 가지고 이 환란을 어떻게 당해낼지 모르겠습니다."

퇴계 선생은 성급하게 강해지려다가 오히려 망한다는 직언을 하고 있다. 그러나 나라를 망하게 하려는 사람은 오히려 부국강병을 외치며

병력의 증강을 부추길 것이다. 약하게 하려면 강하게 해주어야 하고, 망하게 하려면 흥하게 해주어야 한다.

누군가에게 빼앗고자 하면 오히려 주어야 한다. 억지로 남의 것을 빼앗으면 상대는 그 어떤 것도 빼앗기지 않으려 기를 쓸 것이다. 그러나 자기가 가지고 있는 것들을 상대가 필요로 할 때 흔쾌히 주면 자기가 필요한 것을 쉽게 얻을 수 있다. 사기꾼들도 이것을 잘 안다. 퇴직 군인이나 공무원들이 사기를 당한 사연들이 주변에 많이 있다. 예를 들면 한 퇴직 군인에게 사업을 한다는 사람이 우연히 만난 것처럼 접근하여 몇 달 동안 잘 놀면서 지내다가, 자기 사무실의 간부로 채용하여, 특별히 힘든 일도 시키지 않는 채 부담가지 않을 정도의 급여를 계속 2년 정도 준다. 어느 날 이 사람만 빼놓고 회의를 하면서 약간의 자금이 긴급하게 필요하다는 말을 흘린다. 미안한 생각이 든 퇴직 군인은 모아놓은 돈을 스스로 갖다 바친다. 뛰어난 사기꾼은 크게 빼앗으려고 수년간 자기의 마음과 돈을 건넨다. 사기꾼은 빼앗아서 망하게 하고 그 뒤로는 다시 주지 않지만, 성인은 빼앗아도 망하지 않게 하고, 그 뒤에도 계속 준다.

이처럼 자기 전략을 감추고 유연하게 처신하는 것을 어수룩한 총명(微明)이라 한다. 유연한 것이 견고한 것을 이긴다. 유연하면 자신의 전략을 숨길 수 있으나, 견고하면 자주 남과 부딪치면서 전략을 드러내기 마련이다. 나라의 깊은 계략을 남에게 보여서 쓸모없게 하는 것은 물고기를 연못에서 벗어나게 해서 죽게 하는 것과 같다.

37장
항상 길은
함을 갖지 않지만

항상 길은 함을 갖지 않지만
해내지 않은 것이 하나도 없다.
제후가 이것을 지킬 수 있다면,
만물이 스스로 동화되어 따른다.
만물이 따르면서 무언가를 하려 들면,
이름안가짐(無名)의 소박함으로,
나는 그것을 진정시킬 것이다.
이름을 안 가져서(無名) 소박해지면
무릇 싫음도 갖지 않게 될 것이며,
싫음을 부리지 않아 고요해지면,
천하가 저절로 평정될 것이다.

道常無爲而無不爲
候王若能守之 萬物將自化
化而欲作 吾將鎭之以無名之樸
無名之樸夫亦將無欲 不欲以靜 天下將自定

------- 문법과 용어 풀이 -------

- 化而欲作의 주어는 萬物이다. 化는 광화문光化門의 化와 같다. 동화同化의 뜻이다. 作의 객어는 名과 事이다.
- 候王은 제후, 곧 황제皇帝 밑에 속한 왕이다.
- 無名之樸夫亦將無欲에서 無名之樸이 주어이다. 직역하면 이름 갖지 않음(無名)의 소박함은 무릇 싫음(欲)을 마땅히 갖지 않을 것이다가 된다.
- 不欲以靜에서 以는 연사이다. 직역하면 싫어하지 않음으로써 고요해지다가 된다.

道도 길, 常상 항상, 無爲무위, 而이 연사, 無무 없다, 不불 아니, 爲위 하다, 候王후왕 제후, 若약 만약, 能능 할 수 있다, 守수 지키다, 之지 그것, 萬物 만물, 將장 장차, 自자 스스로, 化화 동화되어 따르다, 欲욕 하려고 하다, 作작 하다, 吾오 나, 鎭진 누르다, 以이 으로서, 無무 갖지 않다, 名명 이름, 之지 의, 樸박 소박함, 夫부 무릇, 亦역 마땅히, 欲욕 싫음, 欲욕 싫어 하다, 以이 그럼으로써, 靜정 고요해지다, 天下천하, 定정 평정되다

이름을 버려야 천하가 태평하다

길은 항상 그 어떤 짓도 이름에 매여서 하지 않으면서도, 모든 일을 순조롭게 해내지 않은 것이 없다. 어떤 제후라도 이 길을 간직하고 준수할 수 있다면, 사람을 포함한 만물이 스스로 동화하여 따를 것이다.

동화하여 잘 따르는 사람들이 처음에는 이름을 가지지 않고 질박한 자연의 모습을 잘 지킬 수 있다. 그러나 시간이 지나면 다시 무언가 이름과 제도를 만들고자 한다. 이름과 제도를 만들면 이미 길과는 멀어질 수밖에 없다. 이것은 억압받는 민초들이 평등 세상의 깃발을 내걸고 단결하여 기존의 체제를 전복한 다음, 처음에는 평등과 자유를 잘 실현해 나아가다가, 시간이 가면 자기도 모르는 사이에 주도자들을 위

한 특권을 만들어 결국 불평등 세상을 이루어가려 하는 것과 같다. 동화된 사람들이 자기도 모르는 사이에 쓸데없는 일을 벌이려 들면, 나(노자)라면 다시 이름안가짐(無名)의 소박함으로 그런 의도를 진정시킬 것이다.

만물이 이름안가짐(無名)의 소박함에 이르면 무릇 모든 싶음이 당연히 없어질 것이다. 어떤 싶음도 부리지 않음으로써, 모든 마음이 고요해지면, 천하가 스스로 평화롭게 안정될 것이다.

하편

사회복지학자가 읽은 노자 도덕경

下篇

38장

상덕上德은
덕을 갖지 않아서

상덕上德은 개(가짜)덕을 갖지 않아서,
오히려 참덕을 두터이 지닌다.
하덕下德은 개덕을 잃지 않아서,
오히려 참덕을 지니지 않는다.
상덕上德은 이름에 따른 함을 안 갖고(無爲),
어떤 기대도 갖지 않는다.
하덕下德은 뭔가 하고, 기대도 가지며,
상인上仁은 뭔가 하고, 기대는 안 갖고,
상의上義는 뭔가 하고, 기대도 가진다.
상례上禮는 이름에 따라 일을 하면서,
그 일에 남이 응하지 않으면
팔을 걷어붙이고 끌어당긴다.
그러므로 천하를 유심히 살펴보면,
길을 잃은 다음에 덕이 쓰이고,
덕을 잃은 다음에 인이 쓰이며,
인을 잃은 다음에 의가 쓰이고,

의를 잃은 다음에 예가 쓰인다.
무릇 예는 충신忠信의 얄팍함이고,
도리어 혼란의 머리가 된다.
무릇 예를 앞서서 아는 것이란
길의 겉치장, 우매함의 근원이다.
그러므로 길을 쫓는 대장부라면
길의 두터움에 즐겨 머물고,
예의 얄팍함에 머물지 않으며,
길의 실질에 즐겨 머물고,
예의 겉치장에 머물지 않는다.
그러므로 저걸 버리고 이걸 취한다.

上德不德 是以有德 下德不失德 是以無德
上德無爲而無以爲 下德爲之而有以爲
上仁爲之而無以爲 上義爲之而有以爲
上禮爲之而莫之應 則攘臂而扔之
故失道而後德 失德而後仁 失仁而後義 失義而後禮
夫禮者 忠信之薄而亂之首 前識者 道之華而愚之始
是以大丈夫處其厚 不居其薄 處其實 不居其華
故去彼取此

---------- 문법과 용어 풀이 ----------

- 上德은 최고의 덕을 갖춘 이, 下德은 나쁜 덕을 가진 이이다.
- 上德不德에서 不은 無와 같다.
- 無以爲에서 以爲는 '라고 생각하다', '기대를 가지다'이다.
- 下德爲之에서 之는 이름에 따라 하는 일을 받는 대명사일 것이다.
- 上禮爲之而莫之應에서 앞의 之는 불특정한 일을 가리키며, 莫之應은 莫應之가 부정어 때문에 도치된 형식이다.
- 前識者는 禮에 관해서 다른 사람보다 앞서 아는 것이다.
- 道之華而愚之始에서 華는 부화浮華, 겉치레이다.

- 去彼取此는 彼는 是以大丈夫의 앞부분을, 此는 그 뒷부분을 가리킨다.

上德상덕, 不德부덕 덕이 없다, 是以시이 그러므로, 有유 가지다, 德덕, 下德하덕, 不불 아니, 失실 잃다, 無무 갖지 않다, 無爲무위, 而이 연사, 以爲이위 기대하다, 爲위 하다, 之지 그것, 上仁상인, 上義상의, 上禮상례, 莫막 아니, 應응 응하다, 則즉 면, 攘양 걷다, 臂비 팔, 扔잉 당기다, 故고 그러므로, 失실 잃다, 道도 길, 而後이후, 夫부 무릇, 者자 라는 것, 忠信충신, 之지 의, 薄박 얄팍함, 亂란 어지러움, 首수 머리, 前전 앞서, 識식 알다, 者자 것, 華화 겉치레, 愚우 어리석음, 始시 근본, 是以시이 그러므로, 大丈夫대장부, 處처 처하다, 其기 그, 厚후 후한 것, 居거 머물다, 薄박 박한 것, 實실 실질, 去거 버리다, 彼피 저것, 取취 취하다, 此차 이것

흥보 덕은 참덕, 놀보 덕은 개덕

덕을 최고로 잘 갖춘 사람을 뜻하는 상덕上德은 덕을 지니지 않는다. 그러므로 덕을 갖췄다. 하덕下德은 덕을 잃지 않는다. 그러므로 덕을 갖추지 못했다. 참 아리송하다. 이것이 말이 되려면 덕이라고 다 같은 덕이 아니라 어떤 덕은 참덕, 어떤 덕은 개(가짜)덕이라는 전제가 깔려 있어야 한다. 상덕은 개덕을 지니지 않으므로 참덕을 갖췄고, 하덕은 개덕을 잃지 않으므로 참덕을 갖추지 못했다. 이렇게 하면 말이 된다. 그렇다면 어떤 덕이 참덕이고 어떤 덕이 개덕인가?

흥보는 가난하면서도 아들을 열아홉 명이나 낳았다. 먹을 것이 없어서 부자인 놀보 형에게 찾아갔다가 박대를 당했다. 어느 날 제비 새끼가 날기 공부를 하다가 땅에 떨어져 다리가 부러진 것을 보고, 명태 껍질로 감싸고 당사실로 동여매서 고쳐주었다. 다음 해 그 제비가 은혜를 갚으려고 물어다준 박 씨를 심어서 부자가 되었다. 놀보가 이 말을 듣고 제비집을 짓고 제비를 몰아다가 새끼를 낳게 한 다음, 억지로 다

리를 부러뜨리고 된장을 붙이고 형겊으로 동여매서 고쳐주었다. 그도 제비가 갖다 준 박 씨를 심었으나, 큰 벌을 받았다.

이 흥보와 놀보에 대한 기존의 상식을 뒤엎는 평론을 나는 어렸을 때 시골 고향집에서 읽은 적이 있다. 책이름도 저자의 이름도 생각나지 않는데, 그 내용의 핵심은 다음과 같이 선명하다. 흥보는 무능할 뿐만 아니라 게으르며, 자기의 삶을 적극적으로 개척할 의지를 갖고 있지 않다. 가난하면서도 아무 대책도 없이 산아 제한도 하지 않고 열아홉 명의 아들을 생기는 대로 다 낳았고, 형에게 의지해서 살아가려고 한다. 그가 부자가 되었다고 하나 그것은 비현실적인 가정일 뿐이다. 흥보처럼 살면 가난할 수밖에 없다. 그러나 놀보는 적극적이다. 제비가 자기 집에 들어오게 하려고 제비집을 일부러 짓고 제비를 몰러 다니며, 제비 다리가 부러지지 않으면 억지로 부러뜨려서라도 자기 뜻대로 상황을 만들어간다. 그는 부자가 되겠다는 열정과 도전의식이 강하다. 놀보가 벌을 받았다는 것도 비현실적인 가정이다. 놀보처럼 살아야 부자로 살 수 있다. 인간의 의지와 계획, 그것의 실현을 위한 노력을 강조하는 근대주의(modernism)의 관점에서 보면 흥보는 덕을 갖추지 못한 사람이고, 놀보는 덕을 제대로 갖춘 사람이다.

그러나 노자의 관점에서 보면 다르다. 제비 다리를 고쳐준 것은 흥보나 놀보나 다 같다. 그렇지만 흥보는 아무런 의도가 없이 그저 불쌍해서 보살펴준 것인 반면, 놀보는 부자가 되겠다는 의도를 가지고 치료해주었다. 흥보는 사건이 진행되는 대로 했을 뿐이고, 놀보는 모든 것을 기획하여 일을 벌였다. 흥보는 이름과 싶음이 없이 일을 한 것이고, 놀보는 이름과 싶음에 집착하여 한 것이다. 흥보는 제비에게 진짜로, 놀보는 사이비似而非(비슷하지만 아님)로 베풀었다. 흥보의 덕은 참덕이고 놀보의 덕은 개덕이다. 흥보는 덕을 갖추지 않은 것처럼 보여도,

오히려 참덕을 두터이 지녔으며, 놀보는 덕을 잃지 않은 것처럼 보여도, 오히려 참덕을 갖추지 못했다.

길을 잘 따르려고 노력하는 상덕上德은 최고의 덕을 갖춘 사람으로서 이름에 집착하여 억지로 하는 덕에는 무관심하므로 얼핏 보면 부덕不德하다. 그러나 참덕을 가진 사람이다. 하덕下德은 의義와 예禮와 같은 이름(名)을 내세우며 그 이름에 따라 일하는 덕을 잃지 않는다. 그래서 덕을 지닌 것처럼 보이지만, 오히려 참덕을 갖추지 않았다. 상덕上德은 이름에 집착한 어떤 일도 하지 않고, 자신의 행위에 대해서 전혀 타인의 호응呼應을 기대하지 않으나, 하덕下德은 이름에 집착하여 뭔가 일을 하며, 자신의 행위에 대한 호응을 기대한다.

최고로 어진 사람인 상인上仁도 인仁이 무엇인가를 미리 알고서 그 이름에 따라서 남에게 어질게 대한다. 예를 들면 제비 다리를 고쳐주는 것이 어짊에 속한다는 원칙을 미리 외우고 제비를 보살펴준다. 이런 점에서 그냥 아무 개념 없이 제비를 도와준 흥보와는 다르다. 상인은 모범생이라면, 상덕은 자유인이다. 그렇지만 상인은 남에게 베풀 뿐, 남의 호응을 기대하지는 않기 때문에, 남의 호응을 기대하는 하덕과는 다르다. 타인의 보답을 기대한다면 어질다는 말이 성립할 수 없을 것이다. 그리고 남들의 호응을 기대하지 않으므로, 남의 호응이 없어도 아무런 대응을 하지 않을 것이다. 상인은 상덕과 하덕의 사이에 있는 중덕中德이라고 볼 수 있다(〈표 12〉 참조).

최고로 의로운 사람인 상의上義는 의義라는 이름에 집착하여 무언가를 하면서도, 늘 시비를 판단하여 행동하므로 항상 자신의 행위에 의미를 부여하며 자신의 의로운 행위에 타인이 호응하기를 기대한다. 그러므로 상의도 하덕에 속한다. 한편 상의는 남들이 자신의 행위에 호응하지 않는다고 서운하게 생각할지는 모르지만, 타인에게 자신의 행

〈표 12〉 상덕, 하덕, 상인, 상의, 상례 비교

구분		행위원칙	호응 기대	불호응시 대응
상덕		무위無爲	하지 않음	없음
중덕	상인	유위有爲	하지 않음	없음
하덕	상의	유위有爲	함	소극적
	상예	유위有爲	함	적극적

위를 따라하라고 강요하지는 않는다. 만약 강요한다면 그 사람이 의롭다고 말할 수 없을 것이다. 예를 숭상하며 최고로 잘 지키는 사람인 상례上禮는 예라는 이름에 집착하여 의도적으로 무언가를 한다. 이런 사람은 타인이 자신의 행위에 동의하고 호응하지 않으면, 팔을 걷어붙이고 그 사람을 끌어당겨서 같이 하자고 우긴다. 이런 사람은 자기 행위에 대한 타인의 호응을 기대할 뿐만 아니라, 호응하지 않을 때에는 자신의 행위를 적극적으로 권유한다. 상례도 당연히 하덕에 속한다.

그러므로 사람들이 길(道)을 잃은 다음에야 덕을 쓰고, 그 덕德마저 잃은 다음에는 인仁을 쓰며, 인을 잃은 다음에는 의義를 쓰고, 의를 잃은 다음에는 예禮를 쓴다. 이 예라는 것은 충성과 믿음이 얄팍하다는 증거요, 혼란의 상징일 뿐이다. 예를 다른 사람보다 앞서 잘 알고 있다는 것은, 길을 따르지 않으면서도 따르는 것처럼 겉으로 치장하는 것에 지나지 않으며, 어리석음의 시초이다. 그러므로 대장부는 길의 후함을 추구하고 예의 얄팍함에 머물지 않으며, 길의 실질을 추구하고 예의 겉치레에 관심을 두지 않는다. 따라서 예 등의 얄팍함과 겉치레를 피하고, 길의 후함과 실질을 취한다.

39장

옛날에 하나를 얻은 것 중에

옛날에 하나(길)를 얻은 것 중에,
하늘은 하나를 얻어 맑아졌으며,
땅은 하나를 얻어 안정되었고,
신神은 하나를 얻어 영험해졌으며,
골짜기는 하나를 얻어 풍성해졌고,
만물은 하나를 얻어 생겨났으며,
왕은 하나를 얻어 천하 축이 되었다.
저마다 하나로서 자기 것을 이룬다.
하늘이 하나를 얻어 맑아지지 않으면
무너지지 않을까 걱정될 것이다.
땅이 하나를 얻어 안정되지 않으면
솟아나지 않을까 걱정될 것이다.
신이 하나를 얻어 영험해지지 않으면
없어지지 않을까 걱정될 것이다.
골짜기가 하나를 얻어 채워지지 않으면
고갈되지 않을까 걱정될 것이다.

만물이 하나를 얻어 생겨나지 않으면
소멸되지 않을까 걱정될 것이다.
왕이 하나를 얻어 귀해지지 않으면
물러나지 않을까 걱정될 것이다.
그래서 귀함은 천함을 본으로 삼고,
높음은 낮음을 기반으로 삼는다.
그러므로 왕은 자기를 낮추어
고孤나 과寡나 불곡不穀이라 부른다.
천함을 근본으로 삼음이 아니겠나?
그렇지 않은가?
그러므로 명예를 자주 이루면
명예를 지닐 수가 없기 때문에,
성인은 옥처럼 반짝거리고
암벽처럼 높기를 바라지 않는다.

昔之得一者
天得一以淸 地得一以寧 神得一以靈 谷得一以盈
萬物得一以生 侯王得一以爲天下貞 其致之
天無以淸 將恐裂 地無以寧 將恐發 神無以靈 將恐歇
谷無以盈 將恐竭 萬物無以生 將恐滅 侯王無以貴高 將恐蹶
故貴以賤爲本 高以下爲基
是以侯王自謂孤寡不穀 此非以賤爲本耶 非乎
故致數輿無輿 不欲琭琭如玉 珞珞如石

문법과 용어 풀이

- 昔之得一者는 天, 그리고 地, 神, 谷, 萬物, 侯王과 동격이다.
- 天得一以淸에서 一은 길을 가리킨다. 以 다음에 之가 생략되었고, 之는 一을 받는다.
- 谷得一以盈에서 盈은 풍만豊滿의 뜻도 있다.
- 其致之에서 其는 天 地 등을, 之는 淸 寧 등을 받는다. 致는 이루다이다.

- 天無以淸에서 無以淸은 以淸의 부정이다. 以 뒤에 之가 생략되었고, 之는 一을 받는다.
- 致數輿에서 致는 다 이루다, 數는 자주이고, 輿는 譽와 같다.
- 琭琭如玉 珞珞如石에서 琭琭은 빛남(燦然)을, 珞珞은 높고 큼(塊然)을 가리 킨다(『御定道德經註』, 文淵閣四庫全書電子版).

昔석 옛날, 之지 의, 得득 얻다, 一일 하나, 者자 것, 天천 하늘, 以이 그것으 로서, 淸청 맑아지다, 地지 땅, 寧녕 안정되다, 神신, 靈령 신령해지다, 谷곡 계곡, 盈영 풍요로워지다, 萬物만물, 生생 생겨나다, 侯王후왕 제후, 爲위 되다, 天下천하, 貞정 바른 축, 其기 그것, 致치 이루다, 之지 그것, 無무 갖 지 않다, 以淸이청 그것으로서 맑아짐, 將장 장차(미래 조동사), 恐공 염려되 다, 裂열 무너지다, 發발 일어나다, 歇헐 없어지다, 竭갈 고갈되다, 滅멸 소 멸되다, 貴高귀고, 蹶궐 물러나다, 故고 그러므로, 貴귀 귀한 것, 以이 으로 서, 賤천 천함, 爲위 삼다, 本본 근본, 高고 높은 것, 下하 낮춤, 基기 기초, 是以시이 그러므로, 自자 스스로, 謂위 부르다, 孤고 외로운 사람, 寡과 부 족한 사람. 不穀불곡 좋지 않은 사람, 此차 이것, 非비 아니다, 耶야 의문사, 乎호 의문사, 數삭 자주, 輿여 명예로움, 無무 갖지 않다, 輿여 명예, 不불 아 니, 欲욕 바라다, 琭琭록록 화려함, 如여 와 같다, 玉옥, 珞珞락락 높고 큼, 石석 바위

천함을 근본으로 삼고

옛날에 하나를 얻는 것들이 하늘, 땅, 신, 골짜기, 만물, 왕이다. 그 하나란 길이다. 이 길은 높지도 않고 낮지도 않다. 높음과 밝음이라는 생각 자체가 없다. 길은 스스로 살지 않으며, 모든 것을 스스로 그러함 에 따라서 할 뿐이다. 사람이 이 길을 따르려면 자기의 이름과 싫음을 다 버리는 것이다. 이것은 고귀함과 천함을 떠나는 것이지만, 억지로 이런 말들을 가지고 표현하자면 고귀함보다는 천함을 중히 여기는 것

에 가깝다.

　하늘은 천함을 중시하는 이 길 하나를 얻어서 맑아졌다. 그러나 일부러 맑아지려고 한 것은 결코 아니다. 땅은 이 길 하나를 얻어서 안정되었으며, 신神은 이 길 하나를 얻어서 영험해졌고, 골짜기는 이 길 하나를 얻어서 풍성해졌으며, 만물은 이 길 하나를 얻어서 생겨났고, 그 천자와 왕은 이 길 하나를 얻어서 천하의 바른 축이 되었다. 하늘과 땅, 신, 골짜기, 만물, 왕이 천함까지 수용하는 그 길 하나를 얻었기에 자기 나름의 위업偉業을 이루었다.

　하늘이 그 길 하나를 얻어서 맑지 않고 흙탕물로 채워진다면 무너질 가능성이 클 것이다. 땅이 그 길 하나를 얻어서 안정되지 않고 움직인다면 어딘가는 솟아나고 어딘가는 가라앉을 것이다. 신이 그 길 하나를 얻어서 영험하지 않고 보통 사람들과 똑같다면 더 이상 신이 아닐 것이다. 골짜기가 그 길 하나를 얻어서 물을 채우지 않는다면 사막처럼 말라버릴 것이다. 만물이 그 길 하나를 얻어서 새롭게 생겨나지 않는다면 결국 소멸될 것이다. 임금이 미천함을 받아들이는 그 길 하나를 얻어서 고귀하지 않고 도덕적 권위를 잃으면 자리에서 물러나게 될 것이다.

　그러므로 진정으로 귀한 것은 천한 것을 본으로 삼고, 진정으로 높은 것은 낮은 것을 기반으로 삼는다. 그래서 왕은 자신을 고孤(외로운 사람)나 과寡(모자란 사람), 불곡不穀(좋지 않은 사람)이라고 부른다. 이것은 천함을 본으로 삼는 뜻이 아닌가? 그렇지 않은가? 그러므로 자기를 낮추지 않고 자주 명예를 얻으면 명예스럽지 않게 되기 때문에, 길을 따르는 사람은 옥처럼 반짝이고, 큰 바위처럼 높기를 바라지 않는다.

40장

되돌아감이 길의 움직임이고

되돌아감이 길의 움직임이고,
부드러움이 길의 쓰임새이다.
천하의 만물은
형체를 가진 것(有)에 기대어 살고,
가진 것은 안 가진 것(無)에 기대어 산다.

反者 道之動 弱者 道之用
天下萬物生於有 有生於無

---------- 문법과 용어 풀이 ----------

- 反者에서 反은 返과 같으며, 회귀하다이다.
- 弱者에서 弱은 부드럽다이다.
- 天下萬物生於有에서 於는 '~에 의지해서'라는 개사이다. 有의 객어는 형체를 가진 만물이다.
- 有生於無에서 無의 객어도 형체 등일 것이다. 이 無는 형체는 물론 이름과 싶음까지도 가지지 않는 길을 지칭할 것이다. 有와 無는 타동사이므로 자동사의 동명사인 존재存在나 부존재不存在로 해석하면 무리가 따른다. 길은 결

코 없는 것이 아니다. 만물과 다른 방식으로 존재할 뿐이다.

反반 돌아가다, 者자 것, 道도 길, 之지 의, 動동 움직임, 弱약 부드럽다, 用용 쓰임새, 天下천하, 萬物만물, 生생 낳아 살아가다(生長), 於어 ~에 의지해서, 有유 가짐, 無무 가지지 않음

부드러운 것이 길의 쓰임새

되돌아가는 것이 길의 운동이라고 하는데, 길은 과연 스스로 돌아가는 것일까? 길은 항상 텅 빈 상태로 언제나 모든 곳에 머물 뿐이다. 길이 돌아간다면 한때는 이곳에 있다가 시간이 지나면 다른 곳으로 이동해야 할 것이다. 그렇다면 길이 매 순간마다 있는 곳도 있고 없는 곳도 있다는 말이 된다. 이것은 말이 되지 않는다. 길은 항상 모든 곳에 있기 때문이다. 따라서 길이 돌아가는 것이 아니다. 그러나 인간의 눈으로 보면 길은 항상 높으면서도 낮은 곳으로 되돌아가는 것처럼 보인다. 이름과 싫음을 가진 적이 없는 길은 높음과 낮음을 모르고, 높지도 않고 낮지도 않다. 길과는 달리 인간은 높음과 낮음을 가리므로, 길을 높다고 여기지만 그 길은 항상 높음과 낮음을 따진 적이 없어서 그것을 마치 낮게 처신하는 것으로 보게 된다. 사람은 길이 항상 낮은 곳으로 계속 되돌아간다고 여기며, 이것을 길의 운동이라고 부른다.

그 길은 모든 것을 포용하는 비움이고 빳빳하기보다 부드럽다. 그래서 만물이 그 비움과 부드러움을 활용하여 삶을 영위한다. 예컨대 나뭇잎이 봄에 새로 나와서 가을에 그 뿌리로 되돌아가고, 바다의 물이 수증기가 되어 하늘로 올랐다가 바다로 되돌아가는 것은, 간섭하지 않고 스스로 그러하기를 묵묵히 지켜보면서 돕는 길이 있기 때문이다.

길의 이런 부드러움이 길의 쓰임새이다.

　천하의 만물은 결국 이미 우리가 눈 귀 코 혀 살로 확인할 수 있는 형체를 가지고 있는 것들 사이에서 낳아 살아간다. 예컨대 만물이 이미 형체를 가지고 있는 어미와 아비 사이에서, 그리고 햇볕과 공기를 마시며 스스로 그러함에 따라서 태어나 삶을 누린다. 그런데 만물의 생성과 변화의 계기들인 그 어미와 아비, 햇볕과 공기 따위도 누가 만든 것이 아니라 이미 형체를 가지고 있는 것들 사이에서 스스로 그러함으로 이루어져 간다. 그 스스로 그러함을 지켜보며 도와주는 것이 길이다. 이 길은 눈 귀 코 혀 살로 확인할 수 있는 형체 따위를 가지고 있지 않다. 그러나 결코 실체가 없는 것은 아니다. 그러므로 만물은 이미 형체 따위를 가지고 있지 않는 것들에 기대어 살아가고, 이미 형체 따위를 가지고 있는 것들은 형체 따위를 가지고 있지 않은 길에 기대어 삶을 누린다. 가지미(有)는 안가지미(無)에 기대어 낳아 살아간다.

41장

최고의 선비가
길을 들으면

상사上士가 길을 들으면 열심히 실천하고
중사中士가 길을 들으면 믿을 듯 말 듯하며,
하사下士가 길을 들으면 크게 비웃는다.
하사가 길을 비웃지 않으면
그것이 길이 될 수가 없다.
그래서 이런 격언이 있다.
밝은 길은 어두운 듯,
앞선 길은 뒤처진 듯,
평탄한 길은 가파른 듯,
높은 덕은 궁색한 듯,
큰 결백은 욕되는 듯,
후한 덕은 모자란 듯,
떳떳한 덕은 구차한 듯,
순박한 참은 더러운 듯.
큰 바름은 지조가 없고,
큰 그릇은 더디게 차며,

큰 음音은 소리가 작고,
큰 형상은 형체가 없다.
길은 숨어 있어서 이름이 없지만,
무릇 길만이 잘 베풀며 이룬다.

上士聞道 勤而行之 中士聞道 若存若亡
下士聞道 大笑之 不笑 不足以爲道
故建言有之
明道若昧 進道若退 夷道若纇 上德若谷
大白若辱 廣德若不足 建德若偸 質眞若渝
大方無隅 大器晚成 大音希聲 大象無形
道隱無名 夫唯道 善貸且成

문법과 용어 풀이

- 不足以爲道에서 以는 어세를 고르는 조사이다.
- 若存若亡에서 若은 듯하다, 存은 유념하다, 亡은 의심하다이다.
- 建言有之에서 之는 有의 객어로서 建言을 받는다. 建言은 옛 사람이 정한 격언을 뜻한다(『道德經註』, 文淵閣四庫全書電子版). 建言은 明道若昧에서 大象無形까지이다.
- 上德若谷에서 谷은 궁하다이다.
- 大白若辱에서 辱은 욕되다이다.
- 建德若偸에서 建은 높고 밝다(健)이다.
- 質眞若渝에서 質眞은 자연 그대로의 모습이다.
- 大方無隅에서 方은 方正(바름), 隅는 廉隅(절조)이다.

上士상사 최고 선비, 聞문 듣다, 道도 길, 勤근 열심히, 而이 조사, 行행 행하다, 之지 그것, 中士중사 중간 수준의 선비, 若약 듯하다, 存존 유념하다, 亡망 의심하다, 下士하사 낮은 수준의 선비, 大대 크게, 笑소 비웃다, 不부 아니, 足족 할 수 있다(can), 以이 조사, 爲위 되다, 故고 그러므로, 建言건언 격언, 有유 가지다, 明명 밝은, 昧매 어둡다, 進진 앞선, 退퇴 뒤지다, 夷

이 평탄한, 頗뢰 가파르다(不平), 德덕, 谷곡 궁하다, 大대 큰, 白백 결백, 辱욕 욕되다, 廣광 관대한, 不足부족 부족하다, 建건 떳떳한, 偸투 구차하다, 質 질 순박한, 眞진 참됨, 渝투 더럽다, 方방 바름, 無무 안 갖다, 隅우 절조, 器 기 그릇, 晩만 늦게, 成성 이루어지다, 音음, 希희 미약하다, 聲성 소리, 象상 형상, 形형 형체, 隱은 숨다, 名명 이름, 夫부 조사, 唯유 오직, 善선 잘, 貸대 베풀다, 且차 그리고, 成성 이루다

암행어사 박문수는 지조가 없네

공부를 잠시 접어두고 산에 가서 걸으면, 머리에 산소가 공급되고 마음이 안정되어 공부의 집중력이 커진다. 천성이 게으른 내가 그나마 공부를 지금까지 지속하면서 작은 성취라도 얻을 수 있었던 것은 주말이면 산을 오른 덕이라고 생각한다. 나는 이런 체험을 박사과정 학생인 조용운 군에게 이야기해주면서 산행을 권한 적이 있다. 조군은 매우 열심히 공부하는 학생이었다. 그는 빨리 이루고자 하는 마음으로 쉬지 않고 책상에만 앉아 있었고, 밥도 자주 연구실로 시켜먹었고 연구실에서 밤을 새웠다. 이렇게 함으로써 그는 공부를 했다는 위로는 받을 수 있었지만, 몸무게가 점점 불어나고 체력이 약해지면서, 공부가 잘 되지 않는다는 것을 느끼고 있었다. 그러던 중에 우연히 길에서 나의 주말 산행 제안을 받고, 함께 산행을 하기 시작했다. 처음 산행을 한 다음날에는 몸이 힘이 들었지만 마음이 안정되고 공부의 집중력이 크게 향상되는 것을 느꼈다. 꾸준히 산행을 하자, 먹는 것을 예전처럼 다 먹는데도 몸무게가 서서히 줄어들고 공부의 효과는 놀라울 정도로 향상되었다. 나는 그의 얼굴에 맑은 기운이 도는 것을 보았다. 얼마 후에는 필기시험과 혹독한 면접시험을 무난히 통과하여 좋은 직장까지 얻었다. 이제는 그가 산행을 주도하는 사람이 되어, 옛날의 자기처럼

주중 주말을 가리지 않고 학교에서 공부만 하는 주변 학우들에게 산행을 권하는데, 그 반응들이 대개 세 가지라고 한다. 하나는 좋다고 생각하고 당장 산행을 따라가겠다는 것이고, 둘은 좋기는 하겠지만 공부가 더 급하다는 것이고, 셋은 자기 말을 전혀 믿지 않은 것이라고 한다. 열심히 공부해야 한다는 생각을 하는 사람들은 공부만 하려고 들지 운동의 중요성을 알아듣지 못한다. 이런 사람들은 황금 주말을 낭비하면서 등산을 하자는 제안을 가당치 않게 여기기 쉽다. 주말에 공부를 쉬고 등산을 가자는 말이 주말에도 공부하라는 말보다는 훨씬 어리석게 들릴 것이다.

최고의 선비인 상사上士는 길에 대해서 들으면 열심히 실천하고, 중간 수준의 선비인 중사中士는 길에 대해서 들으면 믿고 따르려 하면서도 의심하기도 한다. 낮은 수준의 선비인 하사下士는 길에 대해서 들으면 말도 되지 않는다고 크게 비웃는다. 하사下士가 길에 대한 말을 듣고서 비웃지 않으면 그 길은 결코 길이 될 수가 없다. 그래서 옛날부터 내려오는 말들이 있다.

> 밝은 길은 어두운 것 같고,
> 앞선 길은 뒤진 것 같으며,
> 평탄한 길은 가파른 듯하고,
> 높은 덕은 궁색한 듯하며,
> 큰 밝음은 욕된 듯하고,
> 넉넉한 덕은 부족한 듯하며,
> 당당한 덕은 구차한 듯하고,
> 질박한 진솔함은 변덕스러운 듯하다.
> 큰 바름에는 지조가 없다.

어사 박문수가 경상 해면 순찰하다
가구가 둥둥 떠오는 것을 보고
관북지방 물난리를 알아차리고
쌀 삼천 석을 곧 보내라 명령하니
조정의 명령 없이 곡식을 보냈다가
문책을 당할 것을 걱정하는 부하에게
내가 문책 당하는 것은 작은 문제고
백성이 굶는 것은 큰 문제라 말을 했다.
어사 박문수의 웅대한 바름에는
조잔한 법률가의 지조가 없다.
큰 그릇은 늘 더디게 채워지며,
큰 음音은 언제나 소리가 미약하고,
길의 큰 모습은 형체가 없다.
길은 숨어 있어서 이름이 없지만
잘도 베풀면서 이루어낸다.

42장
길은 하나를 낳고

길은 하나를 낳고,
하나는 분화되어 둘을 낳고,
둘은 섞여서 셋을 낳고,
셋은 뒤섞여서 만물을 낳는다.
만물은 음陰을 지고 양陽을 품어서,
기운을 순케 하여 조화를 이룬다.
사람들이 하나같이 꺼리는 것이
고孤, 과寡와 불곡不穀이지만,
왕공王公은 그것들로 자기를 부른다.
그러므로 만물이 모두 저마다
무언가 덜어내서 오히려 보태고,
무언가를 보태서 오히려 잃는다.
남들이 나에게 가르쳐준 것을
내가 마땅히 그대로 가르친다.
굳센 자는 제명에 죽지 못하는데,
나는 그를 마땅히 스승으로 삼는다.

道生一 一生二 二生三 三生萬物
萬物負陰而抱陽 沖氣以爲和
人之所惡 唯孤寡不穀 而王公以爲稱
故物或損之而益 或益之而損
人之所敎 我亦敎之 强梁者不得其死 吾將以爲敎父

--------- 문법과 용어 풀이 ---------

- 道生一 一生二 二生三 三生萬物은 길에 의해서 만물이 형성되는 과정을 은유적으로 표현한 것으로 보인다. 一 二 三에 대해서 하늘 땅 사람 등과 같은 의미를 찾는 것은 무리일 듯하다.
- 沖氣以爲和에서 沖은 온화하게 하다, 以는 연사이다.
- 唯孤寡不穀에서 唯는 雖(though)와 같다.
- 物或損之而益에서 物은 만물, 或은 그 중의 일부, 之는 그것(it)이다.
- 人之所敎 我亦敎之에서 之는 人之所敎를 받는다. 亦은 그저(只是)이다.
- 强梁者不得其死에서 强梁은 굳세다, 死는 자연사이다. 직역하면 굳센 자는 그 죽음을 얻지 못한다가 된다.
- 我將以爲敎父는 ㉠以㉡爲(㉠을 ㉡으로 삼다)의 문형이다. 以 뒤에는 强梁者를 받는 之가 생략되었다.

道도 길, 生생 낳다, 一일, 二이, 三삼, 萬物만물, 負부 지다, 陰음, 而이 연사, 抱포 품다, 陽양, 沖충 온화하게 하다, 氣기, 以이 함으로써, 爲위 이루다, 和화 조화, 人인 사람, 之지 의, 所所 바, 惡오 싫어하다, 唯유 지라도, 孤고, 寡과, 不穀불곡, 而이 그러나, 王公왕공 천자와 제후, 以이 그것으로, 爲위 삼다, 稱칭 호칭, 故고 그러므로, 物물 만물, 或혹 그 중 일부, 損손 덜다, 益익 보태다, 敎교 가르쳐주다, 我아 나, 亦역 그저, 强梁강량 굳세다, 者자 놈, 不부 아니, 得득 얻다, 其기 그, 死사 죽음, 吾오 나, 將장 마땅히, 敎父교부 스승

완고한 사람도 노자의 스승

길은 하나를 낳고 하나는 둘을 낳고 둘은 셋을 낳고 셋은 만물을 낳는다. 비유컨대 길이 스스로 그러함(自然)에 따라 땅이 만들어지게 돕는다. 길은 땅을 만든 것이 아니라 낳았을 뿐이다. 이것은 남녀가 자식을 만든 것이 아니라 낳은 것과 같다. 땅은 낮은 곳과 높은 곳으로 나누어진다. 땅은 하나이고, 낮은 곳과 높은 곳은 둘이 된다. 하나가 둘을 낳는다. 낮은 곳은 높은 곳의 물을 받아들여 물풀과 물고기가 자라게 한다. 낮은 곳과 높은 곳, 이 둘이 결합하여 호수와 물풀과 물고기를 낳았다. 이 셋이 또 나뉘고 섞여서 온갖 생명체들을 낳는다. 이렇게 만들어진 만물이 서로 의지하여 어울려 살아간다. 도움을 주고 도움을 받을 수밖에 없는 만물은 강하기도 하고 약하기도 하다. 개구리는 곤충을 잡아먹지만, 뱀의 밥이 되고, 뱀은 개구리를 잡아먹지만, 결국 죽어서는 식물의 거름이 된다. 이처럼 만물은 모두 매 순간마다 자기 나름대로 예컨대 강한 양의 측면과 약한 음의 측면을 동시에 갖는다. 양만 가진 것도 아니고 음만 가진 것도 아니다. 자기 양기는 남의 음기와, 자기의 음기는 남의 양기와 화합한다. 이를 통해 만물 각자는 자기의 양기를 자기의 음기로, 자기의 음기를 자기의 양기로 보완하는 셈이다. 음과 양의 기를 다 가지는 것이 기氣를 부드럽게 하는 것이다. 양기만 가진 것도, 음기만 가진 것도 기를 딱딱하게 하는 것이다. 기가 딱딱하면 주변과 어우러져 함께 살아갈 수가 없다. 기를 부드럽게 하여야 남들과 조화를 이루며 살아갈 수 있다. 만물은 음陰을 등에 지고 양陽을 가슴에 품고, 기氣를 부드럽게 하여 조화를 이루어낸다.

그렇다면 만물을 모두 음양의 원리로 다 이해할 수 있는 것인가? 음양도 1장에서 말한 이름일 뿐이다. 음양이 이름인 한, 만물의 일부 속성을 반영한 인간의 생각을 표현한 것에 지나지 않는다. 그것은 결코 만물의 참이름이 아니다. 여기서 음과 양은 유연함의 중요성을 설명하기 위해서 동원한 어쩔 수 없는 이름, 달을 가리키는 손가락이다. 아무튼 만물은 본래 음과 양을 동시에 가지고 있는 부드러운 것이다.

왕이 자기를 높이기만 하면 이것은 결국 양기만을 가지는 것과 같아서, 왕의 지위를 오래 유지할 수가 없다. 그러므로 왕들이 자기를 낮추곤 한다. 예컨대 세상 사람들이 싫어하는 것이 고孤(외로운 사람), 과寡(부족한 사람), 불곡不穀(착하지 못한 사람)이지만, 왕은 이것들로 자신의 호칭을 삼는다. 자기를 낮추려 하기 때문이다. 자기를 낮추어야, 왕의 자리를 더 무난히 유지할 수 있다. 이와 같이 어떤 경우에는 손해를 봄으로써 결국 이익을 얻는다. 이와는 달리 어떤 경우에는 이익을 얻음으로써 손해를 보기도 한다.

노자는 다른 사람들이 가르쳐준 것을 자기가 마땅히 가르친다고 말한다. 노자에게 가르침을 주는 사람들은 누구인가? 그들은 자기를 낮추지 못하는 완고한 지도자이다. 이들은 대부분 제명에 죽지 못한다. 왜냐하면 다른 사람들의 저항에 부딪히거나, 병을 얻을 가능성이 크기 때문이다. 완고한 자는 당장 많은 것을 얻기도 하지만, 결국에는 크게 잃는다. 이들로부터 노자는 굳세서는 일찍 죽는다는 사실과 굳세게 살지 않아야 한다는 교훈을 배우므로, 이들을 스승으로 여긴다.

43장
천하에서 가장 유연한 것이

천하에서 가장 유연한 것이
천하에서 가장 굳센 것을 부린다.
형체 따위를 안 가진 것이
틈이 없는 곳에도 드는 걸 보고,
나는 함 안 가짐의 이익을 배운다.
말하지 않고서 가르침을 주고
함을 갖지 않고서 이익을 주는,
그런 사람이 천하에도 드물다.

天下之至柔 馳騁天下之至堅
無有入無間 吾是以知無爲之有益
不言之敎 無爲之益 天下希及之

――――――――――――― 문법과 용어 풀이 ―――――――――――――

- 馳騁은 부리다(役使)는 의미이다(『御定道德經註』, 文淵閣四庫全書電子版).
- 無有入無間에서 無有는 有의 부정으로서 가지지 않음(沒有), 間은 틈이다.

- 吾是以知無爲之有益에서 是以는 그러므로, 之는 조사이다. 직역하면, 그러므로 나는 무위의 유익을 안다가 된다.
- 不言之敎는 '말 안 함의 가르침'이다.
- 天下希及之에서 天下는 천하의 사람, 希는 부사, 及은 동사, 之는 객어로서 不言之敎와 無爲之益을 가리킨다. 직역하면 천하의 사람들이 그것에 드물게 미친다가 될 것이다.

天下천하, **之**지 의, **至**지 지극히, **柔**유 부드러운 것, **馳騁**치빙 말을 몰 듯 부리다, **堅**견 딱딱한 것, **無有**무유 갖지 않음, **入**입 들어가다, **間**간 틈, **吾**오 나, **是以**시이 그러므로, **知**지 알다, **無爲**무위, **有益**유익, **不**불 아니, **言**언 말하다, **敎**교 가르침, **益**익 이익, **天下**천하, **希**희 드물게, **及**급 미치다, **之**지 그것

형체가 없으니 어디라도 들어가네

천하에서 가장 부드러운 것이 천하에서 가장 단단한 것을 몰고 다니며 부린다. 몹시 화가 나서 행패를 부리려는 힘센 사내를 힘으로 제압하기는 어렵다. 제압했다 하더라도 원한을 품을 것이다. 그러나 오히려 겸손하게 대하면서 그의 말을 들어주면, 그가 화를 서서히 풀고 눈물을 흘리면서 자기 잘못을 뉘우치고는 자기 말을 들어준 사람에게 순응하는 경우가 있다. 부드러움이 단단함을 부린다는 것은 이와 같다. 노자가 말하는 길이란 지극히 부드러운 것이다. 이것이 단단한 것을 포함한 만물을 잘 부린다고 볼 수 있다.

된장 항아리 뚜껑에 가는 금이 가 있으면, 나뭇잎은 안으로 들어가지 않지만 빗물은 들어간다. 물은 나뭇잎보다 유연하여 형체가 없는 것에 가깝기 때문이다. 빗물이 새는 뚜껑을 새것으로 바꾸면 하늘에서 내리는 빗물도 들어가지 않는다. 그런데 아무리 항아리의 입구를 비닐

과 고무줄로 단단히 막아도 공기는 항아리 안으로 들어간다. 항아리가 숨을 쉬므로 된장의 유익한 미생물이 죽지 않고 된장의 구수하고 신선한 맛을 오래 유지해준다. 항아리를 현미경으로 확대해서 보면 미세한 구멍들이 있는데 물은 그것을 통과하지 못해도 공기는 스며들 수 있다. 공기는 물보다 부드러워서 형체가 없음에 가깝기 때문이다. 고무테두리가 달린 뚜껑을 덮은 사각형의 작은 옹기에 된장을 담고 냉장고에 넣어두어도 된장의 맛이 쉽게 변하지 않지만, 이 된장을 플라스틱 그릇에 넣고 밀폐하여 냉장고에 넣어두면 맛이 오래가지 못한다. 공기가 플라스틱 그릇의 미세한 틈을 뚫고 들어가지는 못하기 때문이다. 나뭇잎은 물보다, 물보다는 공기가 형체가 없는 것에 가깝기 때문에 더욱 좁은 틈으로 들어갈 수 있다. 그러나 공기도 형체가 없는 것이 아니기 때문에 틈이 극도로 미세하거나 전혀 틈이 없는 곳으로는 침윤할 수 없다. 그러나 길은 형체가 없기 때문에 심지어 틈이 전혀 없는 곳으로도 들어갈 수 있다.

　노자는 이를 통해 이름과 싶음에 따라 하지 않음의 유익함을 알 수 있다고 말한다. 사람이 자기의 이름과 싶음을 갖지 않는 것을 텅 비어 있거나 형체가 없음에 비유할 수 있을 것이다. 이름과 싶음을 버리면, 자기 주관이나 자존심마저도 버리고, 남들과 자연스럽게 조화를 이룰 수 있다. 대개 이른바 '잘 나가는' 똑똑한 남자는 자기의 주관과 자존심이 강하다. 이런 남자들은 새로운 사람과 잘 사귀지 못하여 새로운 환경에 잘 적응하지 못한다. 그러나 평범한 주부로 살아가는 여성들은 새로운 사람들과도 아주 자연스럽게 대화를 잘 나누면서 바뀐 상황에 잘 적응한다. 남성들에 비하면 자기의 이름과 싶음에 따라 함이 적기 때문이다. 지도자들이 자기의 마음을 털고서 백성의 마음을 따르면 이루어지지 않음이 없을 것이다. 이것은 마치 형체가 없는 길이 스며들어가지 못하는 곳이 없는 것과 같다.

　그러나 이름과 싶음을 버리고, 말없이 가르치면서, 하지 않음으로써 만물을 이롭게 해주는 경지에 이른 사람이 이 세상에는 드물다.

44장

이름과 몸 중에

이름과 몸 중에 어떤 것이 참된가?
몸과 돈 중에 어떤 것이 소중한가?
얻음과 잃음 중에 어떤 것이 문제인가?
그래서 아주 아끼면 톡톡히 잃고,
많이 쟁여두면 크게 망한다.
만족할 줄 알면 욕당하지 않고
멈출 줄 알면 위태롭지 않다.
그러면 길이길이 누릴 수가 있다.

名與身孰親 身與貨孰多 得與亡孰病
是故甚愛必大費 多藏必厚亡
知足不辱 知止不殆 可以長久

문법과 용어 풀이

- 名與身孰親에서 名은 관직 따위의 명예로운 호칭일 것이다. 親은 헛되지 않고 확실하다(准, 眞切) 등의 의미도 있다.

- 身與貨孰多에서 多는 중요하다(重)는 뜻이다(『御定道德經註』, 文淵閣四庫全書電子版).
- 多藏必厚亡에서 厚는 많다는 뜻이다.
- 知足은 현재의 名과 貨가 내 몸을 유지하는 데 충분하다는 것을 아는 것이고, 知止는 더 많은 名과 貨를 얻기 위한 노력을 멈출 줄 아는 것이다.

名명 이름, 與여 과, 身신 몸, 孰숙 어떤 것, 親친 참되다, 貨화 재화, 多다 중요하다, 得득 얻음, 亡망 잃음, 病병 문제가 되다, 是故시고 그러므로, 甚심 심히, 愛애 아끼다, 必필 반드시, 大대 크게, 費비 잃다, 多다 많음, 藏장 쟁이다, 厚후 톡톡히, 亡망 손해를 보다, 知지 알다, 足족 만족, 不불 아니, 辱욕 욕을 당하다, 止지 그침, 殆태 위태롭다, 可以가이 할 수 있다(can), 長久 장구 오래가다

살아 있음이 기적이다

대통령, 장관, 국회의원, 회장, 박사와 같은 호칭이 아무리 명예롭다고 해도 그것은 이름에 불과하다. 그런 호칭과 몸 중에서 어떤 것이 더 우리의 삶에 긴요한가? 영예로운 이름을 갖지 않고도 건강한 몸을 유지하면서 행복하게 살 수 있다. 그러나 몸이 없거나 병이 들면 그런 이름이 무슨 소용이 있을까? 나의 결혼 주례인 이상주 선생은 강원도 산골의 오두막에 의지하고 나물을 뜯어 먹으며 자연과 벗 삼아 홀로 노년을 보낸다. 낮에는 산에 오르고 밤에는 짐통(컨테이너)에 가득한 수천 권의 책 가운데 읽고 싶은 것을 꺼내 읽는다. 그는 명예도 권력도 돈도 없지만, 먼 곳에서 벗이 술을 들고 찾아오면 흔쾌히 더불어 마시고 "떠나가는 김삿갓"을 카랑카랑한 목소리로 골짜기가 쩌렁쩌렁 울리도록 부르며, 젊은 날 교통사고로 이제는 봉통이가 져서 구부러진 몸으로 너울너울 춤을 춘다. 만약 이 노인과 한날 한시에 태어나서, 한

때 대단한 권력자였고 이미 수년 전에 죽었는데도 여전히 숭상받고 있는 사람, 그리고 세계적인 부자로서 명예를 가지고 있으면서도 아파서 겨우 생명만 부지扶持하고 있는 사람이 있다면, 이 세 사람 중에서 누가 가장 행복한가? 여기서 우리는 몸이 영예로운 이름보다 실질적으로 긴요하다는 것을 알 수 있다. 그러나 많은 사람들은 허망한 이름을 쫓다가 몸을 다친 경우가 적지 않다. 노자는 바람직한 정치란 백성들의 마음은 비워주고 배는 튼실하게 해주는(虛其心 實其腹)(3장) 것이라고 하는데, 영예로운 이름은 마음만 복잡하게 채워주고, 배를 실하게 하지는 못한다.

그리고 몸과 돈 중에서 어떤 것이 소중한가? 몸이 있어야 돈이 필요하지만 몸이 없으면 한 푼의 돈도 필요하지 않다. 물론 자본주의 사회에서는 돈이 있어야 몸을 유지할 수 있다. 『장자』(대종사大宗師)에는 우리 몸을 "다양한 사물들로부터 필요한 물질을 빌려다가 한 몸에 의탁한(假於異物 託於同體)" 상태로 묘사한다. 이 말은 원래 생사에 대한 집착마저도 가질 필요가 없다는 논지를 펴는 맥락에서 사용했다. 그러나 우리는 이것이 우리 몸의 취약성을 말해준다고도 볼 수 있다. 우리 몸이란 다양한 사물들에서 빌려온 여러 물질로 이루어진 수많은 기관들로 구성되어 있다. 예컨대 나로도에서 쏘아올린 인공위성이 10만 개의 부품으로 이루어졌고, 각 부품이 고장 날 확률이 1/10만이라고 하자. 개별 부품이 고장 날 가능성은 거의 없지만, 인공위성이 고장 날 가능성은 10만×1/10만×100=100이 되므로 100%이다. 인공위성이 고장 나지 않는다는 것이 오히려 비정상이다. 수많은 부품으로 이루어진 우리 몸이 살아 있다는 것이 비정상이고 죽는 것이 정상이다. 인류가 생긴 이래 죽은 사람이 많은가, 살아 있는 사람이 많은가? 죽은 사람들에 비하면 살아 있는 사람은 거의 없는 것이나 마찬가지다.

살아 있음은 기적이다. 건강하게 살아 있음은 더욱 기적이다. 우리가 이 기적을 누릴 수 있다는 것은 축복祝福이다.

그러나 참으로 다행인 것은 이 몸을 살리는 것이 매우 어려운 것임에도 불구하고, 그것을 유지하는 데 필요한 것들은 그리 많지 않다는 점이다. 『장자』 소요유逍遙遊 장에는 "뱁새가 깊은 숲속에 둥지를 틀더라도 불과 한 가지만 필요하고, 수달이 강물을 마신다 해도 불과 배를 채울 정도면 충분하다(鷦鷯巢於深林不過一枝 偃鼠飮河不過滿腹)"는 말이 있다. 물론 뱁새에게는 나무 한 가지(一枝), 수달에게는 배를 채울 물은 절대적으로 필요하다. 이 나무 한 가지와 배를 채울 물과 같은 생필품을 사는 데 필요한 돈은 절실하다. 세상 욕심을 다 버리고 해남의 산속에 살았던 초의草衣선사도 나무 한 가지와 같은 거처인 일지암一枝庵은 가졌어야 했다. 그러나 우리 현대인에게도 생필품 구입에 필요한 것 이상의 돈이 생명 유지에 필요한 것이 아니다.

우리가 몸, 곧 생명에 마음을 두지 않고, 돈에 마음을 팔면, 집을 지을 나무 가지와 마실 물을 마련하는 일에는 소홀히 하고, 쓸모없는 허영과 사치를 추구하게 된다. 요즈음 경제를 살린다고 국가가 나서서 도박장과 사치품을 만드는 것을 장려하고, 부자들도 도박과 사치로 재산은 물론 몸까지 낭비한다. 이런 세상에서 사람들의 마음은 헛된 바램과 불안으로 가득하다. 그러나 배에는 몸에 이로운 음식이 들어가기가 어렵다. 가난한 사람은 돈이 없어서 먹을 수 없고, 부자들은 음식을 먹는 것이 아니라 '돈을 먹을' 가능성이 크기 때문이다. 많은 사람들이 진정한 삶(실존)을 잃었다고 보아야 한다.

명예와 돈을 얻은 것과 잃은 것 중에서 어떤 것이 더 문제가 되는가? 흔히 잃은 것이 문제라고 생각한다. 그러나 명예롭다는 이름과 돈을 가지면 그것을 지키기가 쉽지 않다. 탐내고 노리는 사람들이 많을 뿐만 아니라 시간이 지나고 상황이 바뀌면 명예롭다는 이름과 돈, 그 소유자마저도 흩어지고 사라지기 마련이다. 그래서 그것들을 잃지 않을까 걱정하게 되고, 실제로 잃으면 더욱 큰 모욕감과 실망으로 고통을 받는다. 그러나 잃어서 더 이상 잃을 것이 없으면, 잠시는 괴로울 수 있어도, 마음을 정리하면 잃을까 염려할 필요가 없다. 그러다 다시 얻으면 잠시 즐겁기도 한다. 그래서 얻어서 가지고 있는 것이 잃은 것보다 오히려 더 근심거리가 된다.

그러므로 명예에 집착하면 그만큼 크게 잃게 되고, 돈을 너무 쌓아두면 그만큼 톡톡하게 손해를 본다. 산이 높으면 골이 깊은 것과 같다. 명예를 기대하지 않으면 잃을 것이 없고, 필요 이상의 돈을 모아두지 않으면 손해 볼 것이 없다.

현재의 명예와 돈이 내 몸을 유지하는 데 충분하다는 것을 알면 모욕을 당하지 않고, 명예와 돈을 한없이 가지려는 노력을 멈출 줄 알면 위태롭지 않다. 만족을 알고 멈출 줄 알면, 몸을 오래 보존할 수 있다.

45장
큰 이룸은
모자란 듯

큰 이룸은 모자란 듯하나,
그 쓰임새가 다됨이 없고,
큰 충만은 텅 빈 듯하나,
그 쓰임새가 끝남이 없다.
큰 곧음은 굽은 듯하고,
큰 기교는 서툰 듯하며,
큰 변론은 눌한 듯하다.
움직여야 추위를 이길 수 있고,
고요해야 더위를 이길 수 있다.
맑고 고요함이 천하 정도正道다.

大成若缺 其用不弊 大盈若沖 其用不窮
大直若屈 大巧若拙 大辯若訥
躁勝寒 靜勝熱 淸靜爲天下正

---- 문법과 용어 풀이 ----

- 其用不弊에서 弊는 닳아서 없어지다(竭盡)이다.
- 躁勝寒에서 躁는 뛰면서 움직이다(跳動)이다.

大대 크게, 成성 이루다, 若약 과 같다, 缺결 모자라다, 其기 그, 用용 쓰임, 不불 아니, 弊폐 닳아 없어지다, 盈영 채워짐, 沖충 비다, 窮궁 다하다, 直직 바름, 屈굴 굽다, 巧교 기교, 拙졸 서툴다, 辯변 변론, 訥눌 어눌하다, 躁조 뛰며 움직임, 勝승 이기다, 寒한 추움, 靜정 고요함, 熱열 더위, 淸청 밝음, 爲위 이다, 天下천하, 正정 바른 기준

균들과 같이 사는 것이 좋다

1950년대에 미국에서 공부하고 돌아온 사람이 고향집에 돌아와서 비위생적이라고 장독대의 된장과 고추장 그릇부터 없앴다는 전설 같은 이야기를 들은 적이 있다. 된장과 고추장은 위생처리를 하지 않은 것임에는 틀림이 없다. 그 안에는 수많은 균들이 득실거린다. 그것을 먹는 것은 그 많은 균을 먹는 것이다. 그런데 내가 존경하는 미국인 교수는 지병이 있어서 항생제를 상용해왔는데 어느 날 배가 많이 아파서 병원에 갔으나 그 이유를 찾지 못했다. 그러다가 어느 자연 치유 전문가를 만나서 유산균을 먹으라는 권유를 받고 유산균을 먹으면서 건강을 되찾았다고 한다.

우리의 몸은 수많은 균들을 데리고 산다. 그 균이 없으면 소화도 잘 시킬 수 없다. 물론 우리 몸을 해치는 균이 지나치게 많아서는 안 되겠지만, 그런 균도 적절하게 있어야 면역력이 생긴다. 된장과 고추장은 위생에 문제가 있는 듯이 보이지만, 우리 몸을 건강하게 해주는 균들이 들어 있고, 영양도 풍부하며, 온갖 채소의 맛을 내주어서 그 쓰임새

가 매우 크다. 한국 사람들이 매우 많은 종류의 채소를 즐겨먹을 수 있는 것도 이런 장들이 있기 때문이다. 우리가 길을 따라 이름과 싶음을 버리고 이루어낸 것은 된장과 고추장처럼 모자란 듯이 보인다. 그러나 이것이 진정으로 큰 이룸이고, 그 쓰임새가 결코 닳아서 없어지지 않는다.

나는 풍수가들이 집터와 묏자리에 따라 길흉을 점치는 것은 좋아하지는 않으나, 바람과 물, 햇빛과 같은 자연 조건을 중요시하는 것은 좋아한다. 그런데 풍수이론에는 묘의 정면이 앞산(案山)의 꼭대기를 바로 향하지 않고 그곳에서 약간 벗어나게 한다는 원칙이 있다. 달이 차면 기우는 것처럼 정점에 오르면 내려갈 수밖에 없기 때문에 조금 비워두는 것이라고 한다. 이것은 저수지가 넘치지 않도록 문행기를 설치하는 것을 연상시킨다. 이처럼 길을 따라서 채운 것은 조금 비어 있는 것과 같으나, 그것이 진정으로 큰 채움이고, 그 쓰임새는 끝이 없다.

큰 곧음은 굽은 것 같고, 큰 기교는 서툰 것 같으며, 위대한 변론은 어눌한 것 같다.

뭇 사람들은 추우면 움츠러 든다. 그러나 추울수록 빠르게 뛰면서 움직이는 것이 추위를 이기는 길이다. 흔히 사람들이 더우면 허겁지겁 움직인다. 그러나 더울수록 고요함을 유지해야만 더위를 이길 수 있다. 이와 같이 참으로 지혜로운 처신은 보통 사람들이 생각하는 것과는 반대이다. 찬란한 이름으로 사람의 싶음을 자극하여 시끄럽게 만드는 사람이 세상을 지배하는 듯이 보이지만, 결코 세상의 올바른 중심이 될 수는 없다. 맑고 고요함이 천하의 바른 중심이 된다.

46장
천하에 길이 있으면

천하에 길이 있을 때에는
사람들이 틈틈이 말을 몰아서
논밭으로 거름을 실어 나르고,
천하에 길이 없을 때에는
교외의 밭에서 군마가 자란다.
만족을 모름보다 큰 재앙이 없고
얻으려 함보다 큰 허물이 없으니,
만족 알아 만족함이 참 만족이다.

天下有道 卻走馬以糞 天下無道 戎馬生於郊
禍莫大於不知足 咎莫大於欲得 故知足之足常足矣

---------- 문법과 용어 풀이 ----------

- 卻走馬以糞에서 以는 而와, 卻은 隙(틈틈이)과 통한다. 走는 말 등을 몰다, 糞은 똥거름을 주다이다.
- 戎馬生於郊에서 戎馬는 전투 말, 生은 자라다(生育), 郊는 성 밖, 교외郊外이다.

- 知足之足에서 之는 '~의'이다. 직역을 하면 만족을 아는 것의 만족이다.
- 常足은 참 만족이다.
- 禍莫大於不知足, '莫㉠於㉡'은 '㉡보다 ㉠지 않다'는 문형이다.

天下천하, 有유 가지다, 道도 길, 卻극 틈, 走주 몰다, 馬마 말, 以이 연사, 糞 분 똥거름을 주다, 無무 갖지 않다, 戎馬융마 전마, 生생 자라다, 於어 에, 郊 교 성밖, 禍화, 莫막 아니, 大대 크다, 於어 보다, 不불 아니, 知지 알다, 足족 만족, 咎구 허물, 欲욕 하려 하다, 得득 얻다, 故고 그러므로, 之지 의, 常足 상족 참 만족, 矣의 조사

싫음을 억누르면 만족을 모른다

천하에 길이 있으면 모든 것이 잘 다스려져서, 천하에 다툼이 없고, 다툼이 없으면 나라에서 전투 말을 동원하지 않으므로 사람들은 틈틈이 말을 몰아 논밭으로 똥을 날라서 거름으로 뿌린다. 이 세상에 똥과 오줌만큼 좋은 비료가 없다. 나는 마당에 해마다 오이를 기른다. 아무리 밑거름을 넉넉하게 주었더라도 오이를 한두 번 따먹고 나면 오이가 작아지고 꼬인다. 그때 열심히 받아 모은 오줌을 물에 타서 뿌리 근처에 부어주면 다시 튼실한 오이가 주렁주렁 열린다. 말이 똥을 논밭으로 날라주면 온갖 곡식과 채소와 과일이 풍성하게 되어 사람들이 배불리 먹고 살 수 있을 것이다. 그러나 천하에 길이 없으면, 지도자들이 넓은 영토와 재물을 차지하기 위해서 항상 전쟁을 준비할 것이므로, 농사를 지어야 할 성 밖의 땅에서도 전마戰馬를 기르게 할 것이다. 그곳에서 전마가 태어나서 자라면 백성들이 주림을 면치 못할 것이다.

이 재앙은 지도자들이 자기의 끝없는 싫음을 채우려고 하기 때문이다. 따라서 재앙은 만족을 모르는 것보다 큰 것이 없고, 허물은 더 많

이 얻고자 하는 것보다 큰 것이 없다. 이름을 버리면 싫음이 사라지고 진정한 만족이 무엇인가를 알 수 있다. 이런 만족은 이름을 버리지 않은 채 생겨난 싫음을 억지로 줄여서는 얻을 수 없다. 싫음을 억누르면 일시적인 만족감을 느낄 수 있을지 몰라도 억누른 만큼 불만이 커져갈 것이기 때문이다. 이름을 버려서 싫음을 사라지게 하는 것이 진정으로 만족을 아는 것이다. 만족을 아는 것이란 싫음 자체를 없애는 것이다. 만족을 알아서 얻은 만족이 오래도록 삶을 누릴 수 있는 참 만족이다.

47장
사립을 나서지 않아야

사립을 나서지 않아야, 천하를 알고,
창문을 열지 않아야, 하늘 길을 본다.
멀리 나아갈수록, 더욱 모른다.
그러므로 성인은 안 나가고 알고,
안 보고서 이해하며, 안 하고서 이룬다.

不出戶知天下 不闚牖見天道 其出彌遠 其知彌少
是以聖人不行而知 不見而名 不爲而成

문법과 용어 풀이

- 不出戶知天下에서 不出戶는 주어, 知는 알게 해주다(使知)는 타동사다. 직역하면 '사립을 나가지 않음이 천하를 알게 해주다'이다. '사립을 나서지 않고 천하를 안다'로 번역하면, 성인이 주어가 되어 뒤의 是以聖人 이하의 내용과 중복된다.
- 不闚牖見天道에서 見은 '드러내 보여주다(顯示)'는 뜻이다. 직역하면 '창문을 내다보지 않는 것이 하늘의 길을 보여준다'가 된다.

- 其出彌遠 其知彌少에서 ~彌~彌는 ~할수록 더욱 ~하다는 숙어이다. 其는 불특정인을 가리키는 대명사이다.
- 不行而知 不見而名 不爲而成에서 不行而知는 앞의 不出戶知天下와, 不見而名은 不闚牖見天道와 대응되며, 不爲而成은 두 문장의 의미에 따른 실천을 나타내는 것으로 보인다.
- 不見而名의 不見은 不闚牖와, 名은 見天道와 대응될 것이다. 明과 통용되는 名은 하늘의 길을 '이해하다'일 것이다.
- 不爲而成에서 不爲는 이름과 싶음에 따라 하지 않음을 뜻한다.

不 불 아니, 出 출 나가다, 戶 호 사립, 知 지 알게 하다, 天下 천하, 闚 규 열고 보다, 牖 유 창, 見 견 보다, 天道 천도 하늘의 길, 其 기 그것, 出 출 나감, 彌 미 더욱, 遠 원 멀어지다, 知 지 앎, 少 소 적어지다, 是以 시이 그러므로, 聖人 성인, 不 불 아니, 行 행 나가다, 而 이 연사, 名 명 이해하다, 爲 위 하다, 成 성 이루다

보지 않아야 하늘 길을 안다

요즈음 주변 사람들의 참신기(참신한 전화기, 스마트폰)를 얼핏 보면 끊임없이 좋은 음식과 경치 사진이 올라온다. 그것을 보고 사람들은 좋은 음식과 경치에 대한 이름을 알고, 그 이름에 따라 싶음을 갖는다. 먹고 싶고, 보고 싶은 것들이 무한히 증가하지만, 돈과 시간이 유한하므로 그 많은 음식과 경치를 다 먹어보고 다 가볼 수가 없다. 불만이 차곡차곡 쌓이게 된다. 특히 돈이 없어서 어쩔 수 없는 사람들의 불만은 더욱 커질 것이다. 그러면서도 정녕 자기 동네에 널려 있는 좋은 음식은 알지 못하고 자기 고을의 아름다운 경치는 보지 못한다. 창고에 쓰레기가 가득하면 겨울날 음식을 저장할 수 없는 것처럼 우리의 마음에 환상이 덮여 있으면 우리를 행복하게 해주는 실질 정보를 받아들일 수가 없기 때문이다. 참신기를 보면 오히려 세상을 잘 알 수가 없다.

이와 마찬가지로 사람들이 집 밖에 나아가서 잡다한 이름들을 알고 싶음을 가지면, 천하를 알 수가 없다. 천하란 매우 복잡한 것 같아도, 스스로 그러한 것(自然)의 일부일 뿐이므로, 너저분하게 많이 보고 들었다고 해서 잘 알 수 있는 것이 아니다. 오히려 아는 것이 적어야 제대로 볼 수 있다. 그러므로 사립문을 나서지 않는 것이 천하를 아는 법이다. 우리가 멀리 나가서 많이 알수록 반대로 천하를 더 모르게 된다.

방안에서 호기심을 가지고 창문으로 밖을 내다보면 이것저것이 보인다. 이것은 마치 참신기를 들여다보는 것과 같다. 많이 보고 이름과 싶음을 많이 가지면 정녕 하늘의 길을 이해할 수가 없다. 하늘의 길이 대단한 것 같아도 이름안가짐(無名)과 싶음안가짐(無欲)을 묵묵하게 지키는 스스로 그러함일 뿐이다. 이런 것들은 많이 배워서 넓게 안다고 이해할 수 있는 것이 아니다. 잡다한 것을 알면 뒤엉켜서 이것들을 명쾌하게 보지 못하고 깨닫지 못한다. 그러므로 집 안에서 창문마저도 내다보지 않고 마음을 순수하게 유지하여야만, 간명한 하늘의 길을 오히려 더 잘 이해할 수가 있다. 그래서 불가에서는 산사의 수도승들에게 신문도 보지 말라고 한다.

성인은 집밖으로 나가지 않고 천하를 잘 알고, 창문이나 참신기로 많은 것들을 보지 않고 하늘의 길을 이해한다(不見而名). 그는 자기의 이름과 싶음을 갖지 않으므로 자기의 이름과 싶음에 따른 일을 벌이지 않고, 만물이 스스로 잘 어울려 살아가게 하므로 위대한 업적을 이룬다. 이것이 하지 않고 이루는(不爲而成) 것이다.

48장

배움을 이루려면
날마다 보태지만

배움을 이루려면 날마다 보태지만,
길을 닦으려면 날마다 덜어낸다.
덜어내고 또 다시 덜어내어서
함을 아니 가짐(無爲)에 곧이 이르고,
함을 아니 가져도 못하는 게 없다.
천하는 일 벌이지 않아야만 얻나니,
일을 벌인다면 천하를 얻을 수 없다.

爲學日益 爲道日損
損之又損以至於無爲 無爲而無不爲
取天下常以無事 及其有事 不足以取天下

―――――――――――― 문법과 용어 풀이 ――――――――――――

- 損之又損에서 之는 而와 같은 연사이다.
- 取天下常以無事는 원래 常以無事取天下인데, 取天下를 강조하기 위해서 도치한 것이다(하영휘 선생의 가르침). 직역하면 '천하를 얻기는 항상 일을 벌

- 이지 않음으로써 한다'가 될 것이다.
- 及其有事에서 及은 若(if)과 같다. 其는 불특정인을 가리키는 대명사이다.
- 不足以取天下에서 足는 '~하기에 충분하다'이다. 직역하면 천하를 취하기에는 충분하지 않다가 될 것이다.

爲위 위해서, 學학 배움, 日일 날마다, 益익 더하다, 道도 길, 損손 덜어내다, 之지 연사, 又우 또, 以이 그럼으로써, 至지 이르다, 於어 에, 無爲무위, 不불 아니, 爲위 하다, 取취 취하다, 天下천하, 常상 항상, 以이 으로서, 無무 갖지 않다, 事사 일, 及급 이면, 其기 그것, 有유 가지다, 不足以부족이 할 수 없다

덜어내고 또 덜어내고

배운다는 것은 지식을 날마다 늘려나가는 것이다. 그러나 길을 닦는 것이란 날마다 이름과 싶음을 덜어내는 것이다. 사람들은 살아가면서 자기도 모르는 사이에 이름과 싶음을 쌓아가는 경우가 많기 때문이다. 요즈음 나는 조금 걱정이 되는 것이 있다. 얼마 있으면 손녀가 태어날 텐데, 참신기(참신한 전화기, 스마트폰)를 아이에게 보이지 않게 사용하기가 어려울 것이라는 생각이 들기 때문이다. 집집마다 참신기가 여러 개가 있어서 갓 태어난 아이들이 그것의 화려하고 현란한 형색에 노출되기 쉽다. 심지어 어떤 어른들은 참신기를 어린아이에게 장난으로 보여주고, 우는 아이를 그것으로 달래기도 한다. 하얀 화선지 같은 아이들의 마음에 참신기의 현란함이 물들 것이다. 이렇게 되면 아이들은 현실을 제대로 아는 기회마저 잃고, 가상 세계의 이름과 싶음을 자기도 모르게 배울 것이다. 노자가 살던 시대는 지금보다는 단순하였을지라도 수많은 학설이 참신기의 화면처럼 난무했다. 지도자는 항상 이런 학설들의 유혹에 노출되어 있기 때문에 그의 마음에는 이름과 싶음

이 설거지통 하수구멍에 음식물 찌꺼기처럼 자기도 모르는 사이에 쌓이고 쌓였을 것이다.

  길을 닦는 것이란 이런 이름과 싶음을 날마다 덜어내는 것이다. 지도자가 덜어내고 또 덜어냄으로써만 이름과 싶음에 따라서는 어떤 것도 전혀 하지 않음(無爲)의 상태에 이르게 된다. 이름과 싶음에 따라 함이 없으면, 만물이 잘 돌아가기 마련이므로 해내지 못하는 것이 없다. 그러므로 이처럼 항상 이름과 싶음에 따라 일을 벌이지 않음(無事)으로써 천하를 취하게 된다. 자기의 이름과 싶음에 따라 일을 벌이면, 세상이 잘 돌아가는 것처럼 보이지만 결국 혼란에 빠지게 된다. 그러므로 일을 벌이는 것으로는 천하를 취할 수가 없다.

49장

성인은 정해놓은 마음이 없으니

성인은 정해놓은 마음이 없으니,
백성의 마음으로 마음을 삼는다.
나를 좋아해도 내가 좋아하고,
나를 싫어해도 내가 좋아하니,
모든 백성의 호감好感을 얻는다.
나를 믿어도 내가 믿어주고,
나를 안 믿어도 내가 믿어주니,
모든 백성의 믿음을 얻는다.
성인이 천하를 보살피면서,
받아들이고 받아들이며,
천하 향한 마음을 흐리게 하고,
모든 백성을 아이로 대한다.

聖人無常心 以百姓心爲心
善者吾善之 不善者吾亦善之 德善
信者吾信之 不信者吾亦信之 德信

聖人在天下歙歙 爲天下渾其心 聖人皆孩之

문법과 용어 풀이

- 善者吾善之에서 善은 좋아하다(愛好)이다. 之는 善者를 받는다.
- 德善에서 德은 얻다(得)이다. 직역하면 (백성의) 좋아함을 얻다가 될 것이다.
- 聖人在天下에서 在는 '~살피다(審察)'이다.
- 歙歙에서 歙은 거두다, 받아들이다이다.
- 爲天下渾其心에서 爲는 개사介詞로서 '~에 대해서'의 뜻일 것이다.
- 聖人皆孩之에서 之는 天下를 받는다. 직역하면 성인은 그것을 모두 아이로 대한다가 된다.

聖人성인, 無무 가지지 않다, 常心상심 고정된 마음, 以이 으로서, 百姓백성, 心심 마음, 爲위 삼다, 善선 좋아하다, 者자 놈, 吾오 나, 之지 그 사람, 不불 아니, 亦역 역시, 德덕 얻다, 善선 호감, 信신 믿다, 信신 믿음, 在재 살피다, 天下천하, 歙흡 받아들이다, 爲위 에 대해서, 渾혼 흐리게 하다, 其기 그, 心심 마음, 皆개 모두, 孩해 어린이로 대하다

백성의 마음으로 내 마음을 삼으려면

나는 요즈음 이것저것 많이 읽고 듣고 생각하다 보면 할 말이 많아진다는 것을 느낀다. 그러나 내가 하고 싶은 말을 흔쾌히 들어줄 사람은 점점 줄어들어간다. 맨 정신일 때는 하고 싶은 말이 있어도 잘 참는 편인데, 술이 많이 들어가면 말이 많아진다고 한다. 심지어 한 말을 또 하기도 한다는 것이다. 그래서 멋진 술판을 벌이고 싶은 때는 삼우당三愚堂 이태주 그리고 칠곡七谷 형과 산을 오른다. 나의 스승이기도 한 이 두 형들과 산에서 나누는 이야기는 대개 하나마나, 들으나마나 한 것들이다. 결론은 있어도 좋고 없어도 좋다. 두 형은 내가 이야기를 독점

해도 말을 가로채는 일도 없고, 한 소리 또 해도 막아서는 일이 없다. 그저 늘 방긋이 웃으며 들어준다. 이럴 수 있는 것은 아마도 마음을 비웠기 때문일 것이다. 말을 해도 들어주기만 하는 것은 두 형만이 아니다. 산도 그렇고 하늘도 그렇다. 산과 하늘이 어떤 마음이 있겠는가? 이름과 싫음을 가진 적도 없고 버린 적도 없다. 그러니 나의 헛소리를 들어줄 수밖에 없지 않는가?

성인은 이런 산과 하늘을 닮아 아무런 이름과 싫음을 가지지 않는다. 이름과 싫음이 없으니 원칙도 지조도 없다. 정해놓은 마음(常心)이 없다. 텅 비어 있다. 그러므로 백성의 마음을 자기 마음으로 삼을 수 있다.

성인은 자기를 좋아하는 사람도 좋아하고, 자기를 좋아하지 않는 사람도 좋아하니, 모든 백성이 자기를 좋아한다. 자기를 믿지 않는 사람도 자기가 믿어주고, 믿지 않은 사람도 믿어주니, 모든 백성이 자기를 믿어준다. 미운 놈에게도 떡을 주는 것과 같아서 모든 사람들이 그 성인을 좋아하고 믿어준다.

성인은 천하의 모든 사람들의 뜻을 받아들이고 또 받아들이며, 천하의 모든 것들을 분별 없이 받아들이기 위하여 천하에 대한 자기 마음을 딱 부러지게 정하기보다는 흐릿하게 한다. 천하의 모든 것들을, 천진난만한 어린아이들처럼 사랑스럽게 여기면서 잘 자라도록 후원해준다. 이것은 부모들이 아픈 아이와 건강한 아이, 미운 아이와 예쁜 아이를 따지지 않고 다 사랑으로 보살피는 것과 같다.

50장
이해의 다툼에서 나오면 살고

죽고 죽이는 싸움판에서
나오면 살고, 들어가면 죽는다.
나와서 사는 무리 열에 셋이고,
들어가서 죽는 무리 열에 셋이다.
잘 살다가 흔히 사지로 가는데,
그런 무리 역시 열에 셋이다.
도대체 어찌하여 그러는 것일까?
풍족한 삶을 누리려 하기 때문이다.
듣자 하니, 섭생을 잘하는 이는
들길과 산길을 넘나들어도
외뿔소나 호랑이를 만나지 않고,
군대에 들어가도 적의 병기가
몸까지 미치지 않는다고 한다.
외뿔소가 찌를 자리 내주지 않고,
호랑이의 발톱 댈 틈 짓지 않으며,
창칼날이 미칠 거리를 만들지 않는다.

도대체 어째서 그럴 수 있을까?
아예 사지(死地)에 들지 않기 때문이다.

出生入死
生之徒十有三 死之徒十有三 人之生動之死地 亦十有三
夫何故 以其生生之厚
蓋聞善攝生者 陸行不遇兕虎 入軍不被甲兵
兕無所投其角 虎無所措其爪 兵無所容其刃
夫何故 以其無死地

--- **문법과 용어 풀이** ---

- 出生入死에서 出이란 초연超然하고 벗어난(脫離) 것이고 入이란 홀려서 어리석고(迷昧) 골몰汨沒한 것이다(『御定道德經註』, 文淵閣四庫全書電子板). 出生은 이해利害의 지경(地)에서 빠져나와 살아가는 것이고 入死는 그것에 함몰되어 죽어가는 것이다(『道德經註』, 文淵閣四庫全書電子板).
- 生之徒十有三에서 有는 가운데, 중中을 뜻한다.
- 人之生動之死地에서 앞의 之는 조사, 뒤의 之는 가다, 動은 자주(往往)이다. 직역하면 사람이 살다가 흔히 사지로 가다가 될 것이다.
- 以其生生之厚에서 以는 때문이다(because)이고, 앞의 生은 구하다(『老子道德經』, 文淵閣四庫全書電子板), 生之厚는 객어客語이다.
- 陸行은 육지로 가다이므로 산이나 들로 가다로도 볼 수 있다.
- 兵無所容其刃에서 容은 사용하다이다. 직역하면 병기는 그 날을 사용할 바를 가지지 않는다가 된다.

出출 나오다, 生생 살다, 入입 들어가다, 死사 죽다, 生생 삶, 之지 의, 徒도 무리, 十십, 有유 가운데, 三삼, 死사 죽음, 人인 사람, 動동 흔히, 之지 가다, 死地사지, 亦역 역시, 夫부 대체로, 何故하고 왜, 以이 때문이다, 其기 그 사람, 生생 구하다, 厚후 후함, 蓋개 대개大概, 聞문 듣다, 善선 잘, 攝섭 보양하다, 者자 놈, 陸육 육지, 行행 가다, 不불 아니, 遇우 만나다, 兕시 외뿔소, 虎호 호랑이, 軍군 군대, 被피 닫다, 甲兵갑병 병기, 無무 갖지 않다, 所소 바, 投투 받다, 其기 그, 角각 뿔, 措조 대다, 爪조 발톱, 兵병 병기, 容용 사

용하다, 刃인 날.

검소함은 삶의 길

　성균관대학교 교문에는 조선 시대 영조가 유생들에게 당파싸움을 해서는 안 된다는 것을 깨우쳐주기 위해서 세운 탕평비蕩平碑가 지금까지도 반듯하게 서 있다. 탕평은 탕탕평평蕩蕩平平의 줄인 말로 관대하고 공평하다는 뜻이다. 이 비석의 앞면에는 "두루 친하고 파벌 짓지 않는 것은 군자의 공공公共스런 마음이요, 파벌 짓고 두루 친하지 않는 것은 소인의 사사私私로운 뜻이다(周而不比 乃君子之公心 比而弗周 寔小人之私意)"라고 적혀 있다. 영조의 아버지인 숙종은 노론과 소론의 당쟁 때문에 여러 차례 정변(환국換局)을 치르면서 많은 사람을 고문하고 가두고 귀양 보내고 죽였다. 숙종이 죽자 장희빈의 아들로서 소론의 지지를 받는 경종이 왕이 되었으나, 여전히 치열한 당쟁의 비극에서 벗어나지 못하고 즉위 4년 만에 죽자, 경종의 동생인 영조가 노론의 지지를 받아 왕위에 올랐다. 그는 당쟁의 폐해를 깊이 깨닫고 당쟁을 없애려고 탕평비까지 세워가며 갖은 노력을 다했지만, 그도 당쟁에서 자유로울 수는 없었다. 이렇게 당쟁은 끈질기게 지속되었다. 당쟁은 목숨을 걸고 한다. 이기면 권세를 누리고, 지면 죽거나 병신이 된다. 그러나 한 번 이겼다고 계속 이기는 것이 아니다. 이겼다가도 지고 졌다가도 이긴다. 권력이 바뀔 때마다 많은 사람들이 희생된다. 그러므로 당쟁의 관계 속으로 들어가면 살아도 산 것이 아니다. 죽은 것이나 마찬가지다. 이 관계에서 벗어나는 것이 사는 길이다. 이해利害의 지경(地)에서 나오면 살고, 그곳으로 들어가면 죽는다.

　노자는 이해관계의 소용돌이에서 벗어나서 삶의 길을 가는 무리가 열 명 중에 세 명 정도라고 한다. 그리고 이 소용돌이에서 벗어나지 못하고 죽음의 길을 가는 무리도 열 명 중에 세 명 정도라고 한다. 노자의 시대와는 달리 지금은 사람들을 직접 죽이는 경우는 없지만, 죽음의 길이 사라진 것은 아니다. 많은 사람들이 돈과 자리를 놓고 벌이는 경쟁 속으로 자기도 모르게 빨려 들어가서 인생을 낭비하고 있다. 예컨대 지자체 선거 때마다 줄서기를 강요당하고, 선거 결과에 따라 희비가 엇갈리는 공무원들이 중압감으로 건강을 잃고 죽음에 이르는 경우가 적지 않다. 노자는 살고 죽음을 떠나서 이런 극한 다툼의 관계 속에 있는 사람들을 죽음의 무리로 분류하는 것 같다. 노자는 삶의 길을 가다가 죽음의 땅으로 들어가는 사람 또한 열 명 중 세 명가량이라고 말한다. 이해관계의 소용돌이에서 벗어나서 살다가 왜 그 안으로 들어가는가? 보다 풍요로운 삶을 살고자 하고, 경쟁의 승리가 그런 삶을 보장해준다고 믿기 때문이다. 그러나 그 승리가 풍요를 가져다줄 수 있을지 모르나, 삶을 보장하지는 않는다. 그 이유는 승리가 영원할 수만 없으므로 삶 자체를 잃기도 할 뿐만 아니라, 풍요가 죽음의 길이기 때문이다. 풍요란 이름에서 만들어진 싶음을 쫓아가는 것이다. 풍요란 좋은 가마나 차를 타고 기름진 음식을 먹는 것 따위이다. 이것이 비만과 온갖 질병의 원인이다. 세종대왕도 이런 풍요 때문에 천수를 누리지 못했다. 검소함이 삶의 길이다.

   삶을 잘 건사하는, 곧 섭생攝生을 잘하는 사람은 이해관계에 휘말리지 않는다. 이런 사람은 산을 다녀도 외뿔소나 호랑이가 있는 곳을 절묘하게 피해 다니고, 군대에 가서도 공을 세우려 하지 않으므로 적의 병기에 몸을 노출시키지 않는다. 그래서 외뿔소가 뿔을 찌를 데가 없고, 호랑이가 발톱을 댈 틈이 없으며, 병기의 날이 미칠 만한 곳이 없다. 그는 죽을 수 있는 위험 상황을 아예 만들지 않는다.

51장
길은 낳아주고

길은 낳아주고 덕은 살펴주며
물질은 형체를 만들어주고
기세氣勢는 잘 이루어준다.
그래서 만물이 길을 존중하고
덕도 숭상하지 않을 수 없다.
길을 존중하고 덕을 숭상하라고,
안 시켜도 항상 스스로 그리 한다.
본래 길은 낳아주고 덕은 살펴준다.
몸을 키워주고 자질을 길러주며,
얼마나 자랐는지 헤아려주고
쓰임새를 알아서 자리를 주며,
몸 조화를 지켜주고 치료해준다.
만물을 낳아주고도 소유하지 않고,
베풀어주고도 기대지 않으며,
길러주고도 부려먹지 않는다.
이것을 가물대는 덕(玄德)이라 한다.

道生之 德畜之 物形之 勢成之
是以萬物莫不尊道而貴德 道之尊 德之貴 夫莫之命而常自然
故道生之 德畜之 長之育之 亭之毒之 養之覆之
生而不有 爲而不恃 長而不宰 是謂玄德

문법과 용어 풀이

- 道生之 德畜之 物形之 勢成之에서 之는 만물을 가리킬 것이다.
- 道之尊에서 之는 객어인 道를 앞으로 빼면서 넣은 조사이다.
- 夫莫之命에서 夫는 무릇이다. 之는 命의 객어로서 원래는 命 뒤에 있어야 하나, 부정어 莫 때문에 앞으로 나왔다.
- 故道生之 德畜之에서 生은 禀其精(정교한 이치를 줌), 畜은 含其氣(기氣를 넣어 줌)이다(『道德經註』, 文淵閣四庫全書電子版).
- 長之育之亭之毒之養之覆之에서 長은 遂其形(형체를 이루어줌), 育은 字其材(자질을 키워줌), 亭은 權其成(성장 정도를 헤아려줌), 毒은 量其用(쓰임새를 판정해줌), 養은 保其和(몸의 조화를 지켜줌), 覆은 護其傷(상처를 치료해줌)이다(『御定道德經註』, 文淵閣四庫全書電子版).

道도 길, 生생 낳아주다, 之지 그것, 德덕, 畜휵 보살펴주다, 物물 물질, 形형 형체를 이루어주다, 勢세, 成성 이루어주다, 是以시이 그러므로, 萬物만물, 莫막 아니, 不불 아니, 尊존 존중하다, 道도 길, 而이 연사, 貴귀 귀히 여기다, 之지 의, 夫부 무릇, 命명 시키다, 常상 항상, 自然자연 스스로 그러하다, 故고 본래, 長장 형상을 이루다, 育육 자질을 키워주다, 亭정 성장을 헤아리다, 毒독 쓰임새를 판단해주다, 養양 몸을 조화롭게 유지해주다, 覆복 치료해주다, 有유 소유하다, 爲위 위해주다, 恃시 기대다, 長장 길러주다, 宰재 지배하다, 是시 이것, 謂위 이르다, 玄德현덕 현묘한 덕

시키지 않아도 만물이 존중하네

길은 만물을 낳아주고, 그 덕은 길러주며, 물物은 형체를 만들어주고,

세勢는 자라게 해준다. 비유하면 길이 화초의 씨를 틔워서 자랄 수 있게 하는 원리라면, 덕은 온도와 습도와 햇볕을 제공해주는 어머니와 같다. 물物은 만물의 구성하는 물질이라면, 세勢는 물질들이 상호작용을 통해서 더욱 커지는 힘의 경향, 동력(dynamics)을 말할 것이다. 길, 덕, 물과 세, 그 중에서도 특히 길과 덕의 도움으로 만물이 자라나므로, 만물이 길을 존중하고 덕을 귀하게 여기지 않을 수가 없다. 그러나 길과 덕이 그러라고 시킨 적이 없다. 만물이 스스로 그러한 것이다.

  본래 길과 덕은 만물의 몸을 키워주고 각각의 자질을 길러주며, 만물이 얼마나 자랐는지를 헤아려주고, 각각의 쓰임새를 알아서 자리를 나누어주며, 만물의 몸이 기의 조화를 이루어 건강하게 살아가도록 지켜주고, 아픈 곳을 치료해준다. 예컨대 길과 그 덕은 나무와 벌의 몸을 자랄 수 있게 해주고, 나무는 굳건하게 서 있게 하고 벌이 날아다닐 수 있는 자질을 키워주며, 그것들의 몸과 자질이 얼마나 자랐는지 헤아려주고, 나무는 꿀이 묻은 꽃을 피게 하면 벌이 꿀을 따면서 수정을 시켜 열매를 맺게 하며, 그것들의 기 순환을 조화롭게 해서 건강하게 살아가게 해주고, 몸에 상처가 나면 새살을 돋게 한다.

  길과 그 덕은 만물을 낳아주지만 소유하지 않고, 보살펴주지만 보답을 기대하지 않으며, 키워주지만 부려먹지 않는다. 이런 길과 덕의 위대함을 보통 사람들은 쉽게 알아차리기가 어렵다. 대부분의 사람들은 낳아주면 소유하려 하고, 보살펴주면 보답을 기대하며, 키워주면 부리려 하기 때문이다. 그래서 길과 그 덕을 합하여 가물거리는 덕, 곧 현덕玄德이라 부른다.

52장
천하의 근본

천하의 근본이 있는 것이니,
그것을 천하의 어미로 삼고,
그 어미를 터득擴得하여 아들을 알며,
아들을 알고는 어미에게 돌아가서
어미를 오롯이 지켜 나가면,
죽을 때까지도 위험하지 않다.
동네의 통로를 막고 문을 닫으면
평생토록 수고롭지 않을 수 있으나,
통로를 열어서 일을 늘리면
평생토록 고달픔을 면치 못한다.
작음을 보는 것을 밝다고 하고,
유연함을 지키는 것을 강하다고 한다.
그 빛을 써서, 밝음으로 돌아가면
아무런 몸 재앙을 입지 않는다.
이것이 참길 익혀 간직함(習常)이다.

天下有始 以爲天下母 旣得其母 以知其子
旣知其子 復守其母 沒身不殆
塞其兌 閉其門 終身不勤 開其兌 濟其事 終身不救
見小曰明 守柔曰強 用其光 復歸其明 無遺身殃
是爲習常

문법과 용어 풀이

- 以爲天下母에서 以뒤에는 始를 받는 대명사 之가 생략되어 있다. 직역하면 그것을 천하의 어미로 삼다가 될 것이다.
- 旣得其母 以知其子에서 旣는 절대적인 과거 시제가 아니라, 뒤의 내용보다 먼저임을 나타낸다. 得은 '깨닫다', 以는 그럼으로써이다.
- 塞其兌에서 兌는 길(通行之處)이고(『道德經註』, 文淵閣四庫全書電子版), 其는 자기 자신과 공동체를 가리킨다.
- 濟其事에서 濟는 늘리다(增加)이다.
- 是爲習常에서 常은 참이다. 習常은 길을 오랜 연습을 통해 체득한 상태이다.

天下천하, **有**유 가지다, **始**시 근본, **以**이 그것으로, **爲**위 삼다, **母**모 어미, **旣** 기 먼저, **得**득 깨닫다, **其**기 그, **以**이 그럼으로써, **知**지 알다, **子**자 아들, **復** 복 돌아가다, **守**수 지키다, **沒身**몰신 죽을 때까지, **不**불 아니, **殆**태 위태롭 다, **塞**색 막다, **兌**태 통로, **閉**폐 닫다, **門**문, **終身**종신 죽을 때까지, **勤**근 수 고하다, **開**개 열다, **濟**제 늘리다, **事**사 일, **救**구 구제받다, **見**견 보다, **小**소 작은 것, **曰**왈 라고 하다, **明**명 밝음, **柔**유 부드러움, **強**강 강함, **用**용 쓰다, **光**광 빛, **復歸**복귀 되돌아가다, **無**무 아니, **遺**유 남기다, **殃**앙 재앙, **是**시 이 것, **爲**위 이다, **習常**습상

자기 마음에 귀 기울이고

천하의 근본은 아무런 인간의 손때가 묻지 않은 상태이다. 아무런 이름도 싫음도 없으며, 그것들이 있는지 없는지도 생각하지 않는 상태

이다. 오직 스스로 그러할 뿐이다. 이것이 길이다. 이 길에 따라 만물이 스스로 자기의 본성대로 생겨나서 자란다. 어미가 아이를 만든 것이 아니라 낳아주는 것처럼 길은 만물을 그렇게 해준다. 그러므로 우리는 길인 천하의 근본을 천하의 어머니로 여길 수 있다. 천하의 어머니가 이미 무엇인지를 알았으므로 그 아들인 만물이 어떤 것인지를 알 수 있다.

영조는 비천한 후궁의 아들로 태어나 어렵게 왕위에 올랐다. 무려 52년간 재위할 정도로 매우 건강하고 똑똑했지만, '태생적인' 한계 때문에 열등의식도 있었고, 그것을 극복하려는 신념도 강했다. 그래서 오랜만에 겨우 얻은 아들을 위대한 왕으로 키워보고 싶어서, 말도 제대로 할 수 없는 어린아이를 세자로 책봉하고 유명한 학자들을 불러다가 어려운 공부를 시켰다. 사도세자는 처음에는 아버지의 뜻에 부응하여 잘 따라 했다. 잘 따라 할수록 신이 난 아버지 영조의 기대는 커져서 더 많은 것을 요구했다. 부담감을 느낀 사도세자는 실수를 하기도 했고, 그러면 아버지의 질책이 뒤따랐다. 공부에 대한 싫증과 아버지에 대한 중압감이 커지면서 아버지의 눈 밖에 나기 시작했고, 아버지의 분노와 아들의 두려움이 점점 커져갔다. 사도세자는 미쳐서 사람을 죽이는 일까지 일어났다. 이에 영조는 아들을 뒤주에 여드레 동안 가두어 굶겨 죽였다. 사도세자가 도저히 왕통을 이을 수 없으므로 영조가 아들을 죽이는 '이성적인' 조치를 했는지, 감정적인 실수를 했는지는 알 수가 없다. 만약 영조가 자신의 이름과 싶음을 버리고 함이 없는 교육과 말 없는 교육을 했다면 이런 비극이 일어났을 것인가? 천하의 근본인 길은 영조처럼 자식을 낳아 기르지 않는다. 그러므로 영조를 알면 그 자식인 사도세자를 이해할 수 있고, 만물의 어머니인 길을 알면 만물을 이해할 수 있다. 길이 스스로 그러하도록 '냅둬서' 기른 만물은 몸도 마음도 건강하다.

만물의 건강함을 우리가 이미 알았다면, 그 어미로 다시 관심을 돌려 그 어미를 잘 지키고 따르는 것이 좋지 않겠는가? 우리가 그 어미인 길을 잘 따르면, 늙어 죽을 때까지 위태로움을 겪지 않는다. 이름도 싶음도 갖지 않은 천하의 근본을 천하의 어미로 삼고, 그 어미를 잘 이해함으로써 그 자식을 알며, 그 자식을 알고 나서 되돌아가 그 어미를 지키면, 죽을 때까지 위태롭지 않다.

그 길인 어미, 천하의 근본을 지키는 것이란 헛된 이름과 싶음을 자기의 마음과 공동체 안에서 발생하지 않도록 하는 것이다. 그것은 결국 관심을 자기 마음이나 공동체의 밖에 두는 것이 아니라 안에 두는 것이다. 그러기 위해서는 밖으로 통하는 길을 막고 문을 닫아야만, 자신과 공동체의 성원들이 외부에 널려 있는 이름과 싶음에 휘말리지 않게 되어 자족하면서 평생 수고롭지 않게 살 수 있다. 외부로 통하는 길을 열면 이름과 싶음이 따라 들어와 잡스런 일들이 늘어날 것이므로, 그 일들을 감당하느라 평생 동안 편한 날이 없게 된다.

외부로 눈을 돌려 큰 것을 보는 것보다 내부의 작은 것에 귀 기울이고 만족할 줄 아는 것을 밝음이라고 한다. 이름과 싶음에 집착하여 굳세어지기보다는 이름과 싶음을 버리고 유연해지는 것을 진정한 강함이라 부른다. 작은 것을 보고 부드러움을 지키는 것은 마치 밤길을 밝힐 등불을 켜는 것과 같다. 이 빛을 비추어서 길의 밝은 세계로 돌아간다면, 몸에 재앙을 입지 않을 것이다. 이것이 진정으로 길을 체득하는 것, 습상習常이다. 습상은 참길을 가슴에 잘 간직하고 있는 것과 같다.

53장
지식을 확고하게 지니고서

내가 확고하게 이름 지식 지니고
큰 길로 으스대며 행진한다면,
백성은 깃발조차도 두려워한다.
큰 길은 매우 평탄하지만
백성은 좁은 길을 오히려 좋아한다.
조정이 잘 정리되어 있으면,
밭에는 잡초가 무성해지고
백성의 창고는 텅 비게 된다.
무늬 있는 비단 옷을 차려 입고서
날카로운 칼을 허리에 차고
싫도록 먹고 마셨는데도
재화가 궁궐에 넘쳐흐르면,
이것은 도둑놈의 사치일 뿐이지
결코 길이 아니라고 한다.

使我介然有知 行於大道 唯施是畏 大道甚夷 而民好徑
朝甚除 田甚蕪 倉甚虛
服文綵 帶利劍 厭飮食 財貨有餘 是謂盜夸 非道也哉

----- 문법과 용어 풀이 -----

- 使我介然有知에서 使는 이면(if)와 같다. 介然은 '고집스럽게(專一, 堅定不動搖)'이다. 知는 동명사이고, 知의 객어는 名일 것이다.
- 唯施是畏에서 唯는 '~조차도', 施는 깃발의 흔들리는 모양, 是는 이다(is)이다.
- 而民好徑에서 徑은 좁은 길(小路)이다.
- 朝甚除에서 朝는 조정, 除는 '깨끗하게 청소되다'이다.
- 是謂盜夸를 직역하면 '이것이 도둑의 사치라고 일러진다'가 된다.

使사 이면(if), **我**아 나, **介然**개연 확고하게, **有**유 가지다, **知**지 지식, **行**행 가다, **於**어 로, **大**대 큰, **道**도 길, **唯**유 조차도, **施**시 깃발, **是**시 이다(is), **畏**외 두려운 것, **甚**심 매우, **夷**이 평탄하다, **而**이 연사, **民**민 백성, **好**호 좋아하다, **徑**경 좁은 길, **朝**조 조정, **甚**심 매우, **除**제 청소되다, **田**전 밭, **蕪**무 무성하다, **倉**창 창고, **虛**허 비다, **服**복 입다, **文綵**문채 무늬채색옷, **帶**대 차다, **利**리 날카로운, **劍**검 칼, **厭**염 싫도록, **飮**음 마시다, **食**식 먹다, **財貨**재화, **有餘**유여 여유가 있다, **是**시 이것, **謂**위 이르다, **盜**도 도둑, **夸**과 사치, **非**비 아니다, **道**도 길, **也哉**야재 감탄사

백성이 뒷골목을 좋아하는 이유

지도자가 이름과 싶음을 버려야만 백성의 마음으로 자기 마음을 삼을 수가 있다. 이것이 노자가 말하는 최상의 지도자이다(17장). 지도자가 자기 나름의 이름에 관한 지식, 곧 신념을 확고하게 가지고 있으면 어떻게 될까?

그 신념이 백성의 마음을 매료시킬 수 있다면 백성의 열렬한 지지를 받을 것이다. 그렇더라도 그는 이등급 지도자이다. 흔히 특정한 이념을 내걸고 다른 나라와 전쟁을 일으키면서 일시적으로 민심을 장악하기도 한다. 전쟁이 여의치 않으면 스포츠의 광풍으로 민심을 모으기도 한다. 대부분의 독재자들이 잘 사용하는 수법이다. 그러나 이런 짓으로는 민심을 오랫동안 장악할 수 없기 때문에 독재자의 말로는 대부분 비참하다.

지도자의 확고한 신념이 백성의 마음을 매료시키지 못한다면 어떻게 될까? 그가 강력한 무력을 가지고 있다면 두려워할 것이다. 이것이 삼등급 지도자이다. 이런 지도자는 나름의 이름에 의한 지식을 확고하게 무장했으므로, 남들이 속으로는 비웃는데도 자기가 위대하다고 생각하기 쉽다. 온갖 희한한 치장을 하고 큰 도로를 행진할 수도 있다. 그는 안데르센 동화 속의 한 왕처럼 재봉사들이 지어준 옷을 싫다고 하면서 계속 특이한 옷을 구하다가 결국에는 사기꾼에게 속아서 벌거벗고 거리를 행진할지도 모른다. 깃발을 휘날리며 '똥폼'을 잡고 대로를 활보하면, 그런 깃발조차도 백성에게는 두려운 것임에 틀림이 없다. 그래서 그가 지나가는 그 큰 길은 매우 평평하여 걷기가 좋음에도 불구하고, 백성은 그 평탄한 길을 피해서 좁은 길로 가기를 좋아 할 것이다. 서울 종로구에는 피마避馬골이란 지명이 있다. 피마골은 종로의 큰 길로 고관대작들이 말을 타고 다니므로, 그 말을 피해 서민들이 걸어 다니던 뒷골목이라고 한다.

화려하게 행차하기를 좋아하는 왕이라면 머물러 사는 조정朝廷을 자기 마음대로 잘 치장하고 정리할 것이다. 그러기 위해서는 백성을 동원하여 일을 시키고 많은 세금을 거두어들여야 할 것이므로, 농사를 지을 사람이 없는 밭에는 잡초가 무성하고, 세금으로 털려 나간 백성의 창고는 텅 비어 있을 것이다.

  그러므로 큰 위엄을 부린답시고, 품이 많이 들어가는 화려한 채색 무늬의 옷을 입고, 날카로운 칼을 차고, 실컷 먹고 마시며, 궁궐 창고에 재화가 넘친다면, 이것은 도둑놈의 사치이지, 결코 길을 따르는 것이 아니다.

54장
잘 세운 것은

잘 세운 것은 뽑히지 않고
잘 안은 것은 뺏기지 않아,
자손들의 제사가 끊이지 않는다.
몸을 다듬으면 자기 덕이 참되고,
집안을 다듬으면
집안의 덕이 여유롭고,
마을을 다듬으면
마을의 덕이 오래 가고,
나라를 다듬으면
나라의 덕이 풍요롭고,
천하를 다듬으면
천하의 덕이 광대하다.
그러므로 몸을 몸으로 보고,
집안을 집안으로 보며,
마을을 마을로 보고,
나라를 나라로 보며,

천하를 천하로 본다.
천하가 그럴 것을 내가 어찌 알겠는가?
이렇게 보아서 아는 것이지.

善建者不拔 善抱者不脫 子孫以祭祀不輟
修之於身 其德乃眞 修之於家 其德乃餘 修之於鄕 其德乃長
修之於國 其德乃豐 修之於天下 其德乃普
故以身觀身 以家觀家 以鄕觀鄕 以國觀國 以天下觀天下
吾何以知天下然哉 以此

---------- 문법과 용어 풀이 ----------

- 子孫以祭祀不輟에서 以 뒤에는 자손을 받는 之가 생략되었다. 직역하면 '자손들에 의해서 제사가 끊이지 않다'이다.
- 修之於身에서는 之於는 어세를 골라주는 조사이다(하영휘 교수님의 가르침).
- 何以는 '어떻게', '어찌'이다.
- 以身觀身에서 앞의 身은 직접 경험할 수 있는 것, 뒤의 身은 추론해야만 알 수 있는 것이다. 그렇다면 앞의 身은 현재의 것이고, 뒤의 身은 과거나 미래의 것이 되지 않을까?

善선 잘, 建건 세우다, 者자 것, 不불 아니, 拔발 뽑히다, 抱포 껴안다, 脫탈 빼앗기다, 子孫자손, 以이 그들에 의해서, 祭祀제사, 輟철 그치다, 修수 닦다, 之於지어 조사, 身신 몸, 其기 그, 德덕, 乃내 이다(is), 眞진 진실되다, 家가 집안, 餘여 여유롭다, 鄕향 마을, 長장 오래 이어지다, 國국 나라, 豐풍 풍요롭다, 天下천하, 普보 광대하다, 故고 그러므로, 以이 으로서, 觀관 보다, 吾오 나, 何以하이 어떻게, 知지 알다, 然연 그렇다, 哉재 조사, 此차 이것

몸을 닦으니 그 덕이 참되고

요즈음 조경을 한다고 많은 돈을 들여서 뿌리와 가지가 잘려 나간

큰 나무를 옮겨 심는다. 그런 나무는 지주를 세우고 약을 주어서 억지로 살리더라도 큰 바람이 불면 쉽게 뽑힌다. 뽑히지 않고 겨우 살아남더라도 제명을 누리지 못한다. 세월까지도 훔치려는 자본주의적인 인간의 싶음이 나무를 쉽게 뽑히거나 죽게 만든다. 그렇게 큰 나무를 옮겨 심지 않고 자그마한 나무를 잘 조성한 터에 심어두면, 당장은 초라할지 몰라도 세월이 가면 단단히 뿌리를 내리고 가지와 잎이 무성할 것이다. 이렇게 잘 가꾼 나무는 바람에 쉽게 뽑히지도 않고 잘 죽지도 않는다.

잘 세운 것은 뽑히지 않는다. 몸도 가정도 마음도 나라도 천하도 잘 세우면 뽑히지 않는다. 잘 껴안은 것은 빼앗기지 않는다. 잘 껴안은 것이란 내 손으로 단단히 잡는 것이 아니다. 내 손이 아무리 단단해도 껴안은 것이 싫다고 떠나려 하면 결국 놓아주지 않을 수 없다. 온 세상의 물이 바다로 흘러 들어가므로 바다는 손이 없어도 온갖 물을 단단히 껴안을 수 있다. 몸도 가정도 마음도 나라도 천하도 잘 껴안으면 남들이 빼앗을 수 없다. 그리되면 자손들이 계속 이어지기 마련이므로 잘 세우고 잘 껴안아 온 조상들을 기리는 제사가 끊이지 않는다.

몸을 다듬으면 자신의 덕이 참되고, 집안을 다듬으면 그 집안의 덕이 여유롭고, 마을을 다듬으면 그 마을의 덕이 오래 이어지고, 나라를 다듬으면 그 나라의 덕이 풍요롭고, 천하를 다듬으면 그 천하에 덕이 광대해져 두루 두루 미친다.

그러므로 몸에서 풍기는 덕의 풍성한 정도로 몸을 어떻게 닦았는지를 관찰하고, 한 집안에 흐르는 덕의 여유로운 정도로 집안을 어떻게 닦았는지를 관찰하며, 한 마을에 나타난 덕의 장구함의 정도로 그 마을을 어떻게 닦았는지를 관찰하고, 한 나라에 드러나는 덕이 풍성한 정도로 그 나라를 어떻게 닦았는지를 관찰하며, 천하에 미치는 덕의 광활함의 정도로 천하를 어떻게 닦았는지를 관찰한다. 이것들은 몸, 가정, 나라, 천하의 현재 덕으로 과거를 살피는 것이다.

한편 현재 몸과 가정, 나라, 천하를 어떻게 닦고 있는가를 보면서 그것들의 미래 덕이 어떠할지를 가늠할 수 있다.

내가 옛날에 천하가 어떻게 했으며, 앞으로 천하가 어찌 될지를 어떻게 알겠는가? 지금의 현재 천하를 보고서 아는 것이다.

이 장은 유교의 경전『대학大學』에서 말하는 수신修身 제가齊家 치국治國 평천하平天下를 떠올린다.

"옛날에 밝은 덕을 천하에 밝히고자 하는 사람은 먼저 자기 나라를 잘 다스리고, 자기 나라를 잘 다스리고자 하는 사람은 먼저 자기 집안을 가다듬으며, 자기 집안을 가다듬고자 하는 사람은 먼저 자기 몸을 닦고, 자기 몸을 닦고자 하는 사람은 먼저 자기 마음을 바르게 하며, 자기 마음을 바르게 하고자 하는 사람은 먼저 자기의 뜻을 진실하게 하고, 자기의 뜻을 진실하게 하고자 하는 사람은 먼저 자기의 앎을 지극하게 이룬다. 앎을 지극하게 하는 것은 사물의 이치를 터득함에 달려 있다. 사물의 이치를 터득한 이후에, 앎이 지극해지고, 앎이 지극해진 이후에 뜻이 진실해지며, 뜻이 진실해진 이후에 마음이 바르게 되고, 마음이 바르게 된 이후에 몸이 닦여지며, 몸이 닦여진 이후에 집안이 가다듬어지며, 집안이 가다듬어진 이후에 나라가 잘 다스려지며, 나라가 잘 다스려진 이후에 천하가 화평해진다(古之欲明明德於天下者 先治其國 欲治其國者 先齊其家 欲齊其家者 先修其身 欲修其身者 先正其心 欲正其心者 先誠其意 欲誠其意者 先致其知 欲致其知者 先致其知 致知 在格物 物格而后 知至 知至而后 意誠 意誠而后 心正 心正而后 身修 身修而后 家齊 家

齊而后 國治 國治而后 天下平)."

　이처럼 유교에서는 사물의 이치를 터득함을 기반으로 앎을 지극하게 하고, 뜻과 마음을 바르게 하여 자기의 몸, 가정, 나라를 잘 다스리고 결국에 천하를 화평하게 할 것을 주장한다. 이것은 사물과 자연의 이치를 배워서 마음을 바르게 하고 자기의 몸, 가정, 나라를 바로 세우고 결국 천하를 태평하게 해야 함을 주장하고 있는, 이 54장과 내용 및 형식의 차원에서 유사한 것처럼 보인다. 그러나 다음 두 가지 점에서 차이가 있다. 첫째, 유교에서는 사물의 이치 터득으로부터 천하를 화평하게 하는 것까지를 계단 오름으로 설명하고 있는 것에 반해, 이 장에서는 그런 계단을 전제로 삼지 않는다. 이것은 무엇보다도 노자가 이름에 근거한 원칙 따위를 좋아하지 않기 때문일 것이다. 둘째, 유교에서는 사물을 궁구하여 앎을 지극하게 이루려고(致知) 한 반면, 노자는 자연으로부터 앎을 갖지 않음(無知)을 배우려 한다. 어느 것이 언제 어떻게 좋은가? 답은 스스로 구해보는 것이 좋을 듯하다.

55장
두텁게 덕을 품은 사람

두텁게 덕을 품은 사람은
벌거숭이 아이와 다름이 없다.
곤충과 독사에게 쏘이지 않고,
사나운 짐승에게 덮치지 않으며,
독수리에게도 채이지 않는다.
뼈와 근육이 유연하나 세게 잡는다.
암수의 합궁을 모르면서도
고추를 온전히 이룰 정도로,
기氣가 지극히도 순수(精)하구나.
종일토록 울어도 목쉬지 않을 만큼,
기가 지극히도 조화롭구나.
기의 조화(和) 아는 것을 참(常)이라 하고,
참을 아는 것을 밝음(明)이라 하며,
삶을 늘리는 것을 복(祥)이라고 한다.
마음이 기氣를 부리면 굳세다고 하는데,
모든 것이 견고堅固하면 쉬 늙는다.

이것을, 길 따르지 않음(不道)이라 하는데,
길을 안 따르면 일찍 죽는다.

含德之厚 比於赤子
蜂蠆虺蛇不螫 猛獸不據 攫鳥不搏
骨弱筋柔而握固
未知牝牡之合而全作 精之至也 終日號而不嗄 和之至也
知和曰常 知常曰明 益生曰祥
心使氣曰强 物壯則老 謂之不道 不道早已

--------- **문법과 용어 풀이** ---------

- 赤子는 벌거숭이 어린아이와 같이 순진한 사람이다.
- 蜂蠆虺蛇不螫에서 蠆는 전갈, 虺蛇는 독사이다.
- 骨弱筋柔에서 弱은 부드럽다이다.
- 未知牝牡之合而全作에서 全은 온전히, 또는 朘최(어린아이 고추)이다.
- 精之至也에서 精은 순수純粹일 것이다.
- 益生曰祥에서 祥은 길상, 또는 재앙이다. 따라서 이 문장은, 생명을 늘림이 길상이다(『道德經注』, 文淵閣四庫全書電子版)와 생명을 억지로 늘림은 재앙(妖孼)이다(『御定道德經注』, 文淵閣四庫全書電子版)로 해석된다. 후자를 따르면 논리의 징검돌이 많이 필요하다. 『장자莊子』 덕충부 장에 나오는 益生은 '생명을 억지로 늘리다'는 의미이다.
- 物壯則老에서 壯은 견고하다이다.

含함 품다, 德덕, 之지 조사, 厚후 후한 사람, 比비 비유되다, 於어 에, 赤子 적자 갓난이, 蜂봉 벌, 蠆채 전갈, 虺蛇훼사 독사, 不불 아니, 螫석 쏘이다, 猛獸맹수, 據거 덮치다, 攫鳥확조 독수리, 搏박 채이다, 骨골 뼈, 弱약 연하다, 筋근 근육, 柔유 부드럽다, 而이 연사, 握固악고 단단히 잡다, 未미 아직 아니, 知지 알다, 牝牡빈모 암수, 之지 의, 合합 합치다, 全전, 作작 이루어지다, 精정, 至지 지극함, 也야 조사, 終日종일, 號호 울다, 嗄사 목이 쉬다, 和화 조화, 曰왈 라고 하다, 常상 참, 明명 밝음, 益익 늘리다, 生생 삶, 祥상

복, 心심 마음, 使사 부리다, 氣기, 强강 굳세다, 物물, 壯장 견고하다, 則즉 면, 老노 늙다, 謂위 이르다, 之지 그것, 道도 길을 따르다, 早조 일찍, 已이 그치다

굳세면 빨리 늙는다

덕을 두텁게 품은 사람은, 어떤 이름과 싶음에도 아직 물들지 않고 기가 원활하게 순환하는 갓난아이와 같다. 아이는 벌, 전갈, 독사, 맹수, 독수리 등에 대해서 아무런 생각이 없기 때문에 구태여 그런 것들의 옆에 가지도 않고 자극하지도 않는다. 그러므로 쏘이거나, 덮침을 당하거나, 채일 가능성은 거의 없다. 마찬가지로 덕을 두텁게 품은 사람은 아무런 싶음을 지니고 있지 않으므로, 다른 사람들의 생각과 삶을 그대로 두고 보며 결코 침해하지 않기 때문에 남의 공격을 받을 가능성이 없다. 그는 갓난아이처럼 외부와 조화를 잘 이루며 살아간다.

갓난아이는 뼈가 연하고 근육이 부드러우나, 무엇이든 단단하게 잡아 쥘 수 있다. 암수의 합궁을 알지 않고도 고추를 잘 세울 수 있을 정도로 기가 지극히 순수하고, 하루 종일 울어도 목이 쉬지 않을 정도로 기가 지극히 온화하다. 만약 기가 혼탁하고 차디차게 굳어 있다면 죽은 것과 다르지 않다. 덕을 두텁게 품은 사람은 마음은 비우고 배를 튼실하게 하며, 뜻은 약하게 하고 뼈는 강하게 하며, 마음은 고요하게 하고 몸은 움직이므로, 어린아이처럼 마음과 몸이 평온하고 유연하여, 기가 순수하고 조화롭다.

기의 조화로움(和)을 아는 것을 참(常)이라 하고, 참을 아는 것을 길에 밝음(明)이라 한다. 이 밝음에 이르면 마음이 텅 비어 있기 때문에 자기 생명의 기운이 스스로 그렇게(自然) 저절로 움직인다. 이것이 삶

을 오래도록 누리게 해줄 것이다. 이렇게 삶을 이롭게 하는 것을 복이라고 한다.

　이름에 집착하여 싶음이 크고 그것을 실현하려는 의지가 확고한 사람을 굳세다고 한다. 이런 사람은 싶음의 충족을 위해 '기를 쓴다'. 이것을 마음이 생명의 기氣를 부린다고 한다. 싶음이 크고 의지가 굳세면 주변 사람과 갈등하기 쉽고, 갈등하면 기가 막혀서 소화가 되지 않고 위장병 등이 생겨서 쉬이 늙을 수 있다. 예컨대 재산 학벌 위신을 따지면서 자식의 결혼을 반대하다가 망신까지 당하고 마음 앓이를 하여 바싹 늙는 경우를 자주 본다. 모든 것이 굳세면 빨리 늙는다. 굳센 것을 길을 따르지 않는다(不道)고 한다. 길을 따르지 않으면 일찍 죽는다.

56장

아는 사람은 말하지 않고

길을 아는 사람은 말하지 않고,
말하는 사람은 길을 알지 못한다.
참으로 길을 아는 사람이라면
동네의 통로를 막고 문을 닫고서,
날카로움 뭉겨주고, 얽힘을 풀어주며,
빛은 흐리게 하고, 먼지는 고르게 한다.
이것이 현묘한 하나됨(玄同)이니,
아무에게도 가깝게나, 멀리 할 수 없고,
이익도, 손해도 줄 수 없으며,
천대도, 존대도 할 수가 없다.
그러므로 천하의 귀인이 된다.

知者不言 言者不知
塞其兌 閉其門 挫其銳 解其分 和其光 同其塵 是謂玄同
故不可得而親 不可得而疎 不可得而利 不可得而害
不可得而貴 不可得而賤 故爲天下貴

-------- 문법과 용어 풀이 --------

- 知者不言 言者不知에서 知의 객어는 길, 言의 객어는 이름과 싶음에 매인 견해 따위일 것이다.
- 塞其兌 이하의 其는 자기가 관장하는 소공동체일 것이다. 이 책 80장의 소국과민小國寡民과 연관시킬 수 있다.
- 解其分에서 分은 오자이다. 4장에는 解其紛으로 되어 있다.
- 玄同은 범인들이 이해하기 어려운 어울림, 하나됨이다.
- 不可得而는 '할 수 없다'이다.

知지 알다, 者자 놈, 不불 아니, 言언 말하다, 塞색 막다, 其기 그, 兌태 길, 閉폐 닫다, 門문, 挫좌 꺾다, 銳예 날카로움, 解해 풀다, 分분 나눔, 和화 부드럽게 하다, 光광 빛, 同동 고루게 하다, 塵진 먼지, 是시 이것, 謂위 이르다, 玄현 가물거린, 同동 어울림, 故고 그러므로, 不可得而불가득이 할 수 없다, 親친 친하다, 疎소 소원하게 대하다, 利이 이익을 주다, 害해 해를 주다, 貴귀 귀히 대하다, 賤천 천시하다, 故고 그러므로, 爲위 되다, 天下천하, 貴귀 귀인

말하는 봄은 봄이 아니다

봄이 내 집 마당에까지 와서 꽃을 피게 해주면서도, 아무 말도 하지 않는다. 만약 봄이 말을 한다면 그것은 봄이 아니다. 길을 알고 따르는 사람은 아무런 이름과 싶음, 신념과 견해를 가지지 않는다. 그는 봄처럼 다른 사람이 스스로 그러하도록 도와줄 뿐, 어떠한 주장도 가르침도 말하지 않는다. 다른 사람을 이끌려고 말을 하는 사람은 이름과 싶음을 버리지 못한 사람이므로 길을 아는 사람이 아니다. 봄은 말하지 않고, 말을 하면 봄이 아닌 것처럼, 길을 아는 사람은 말하지 않고, 말하는 사람은 길을 모른다.

경험 많은 농부가 새봄에 쟁기질을 할 때는 신선한 풀 맛을 본 소가

마른 볏짚을 먹지 않는 것을 예방하려고 그물로 소입을 막는다. 마찬가지로 무릇 길을 아는 지도자는 허망한 이름이 자기 마음으로 들어와서 싫음을 가지게 되고, 주변 사람들을 차별하는 생각이 일어나는 것을 막으려고 마음의 길과 문을 막고 닫는다. 뿐만 아니라 자기가 사는 작은 마을 공동체의 외부로 통하는 길을 막고 문을 닫는다. 그렇지 않으면 외부에서 허접한 이름과 싫음의 정보가 들어와서 화목하게 살던 마을 사람들이 이해관계로 분열되고 대립하는 일이 벌어질 수 있기 때문이다. 우리는 대대로 화목하던 마을에 개발 바람이 불어서 사람들이 원수가 되고 가슴앓이를 하다가 불행한 최후를 맞는 이야기를 주변에서 많이 듣는다. 그러므로 길을 아는 지도자는 길을 막고 문을 닫아서 이해대립을 누그러뜨리고, 분노로 흐트러진 인간관계를 풀어준다. 그는 일부러 어떤 사람도 빛나게 하지 않으며, 천하고 수고스런 것마저도 고르게 해준다. 이것을 현묘한 하나됨(玄同)이라 한다.

지혜로운 농부는 일을 잘하는 소를 다른 소들이 보는 데서 칭찬하며 여물을 더 주지도, 일 못한 소라고 꾸지람을 하며 여물을 덜 주지도 않는다고 한다. 다른 사람들과 현묘한 하나됨을 이룬 마을의 지도자는 누구에게도 더 친하게 대할 수 없고, 누구에게도 더 소원하게 대할 수 없으며, 누구에게도 이익을 줄 수 없고 누구에게도 손해를 줄 수 없으며, 누구도 천시할 수 없고 누구도 귀하게 여길 수 없다. 이미 모든 분별分別이 사라졌기 때문에 친함과 소원함의 생각조차 생기지 않는데, 어떻게 친하게 대하고 어떻게 소원하게 대하겠는가? 이익과 손해, 천시함과 귀히 여김도 모두 이와 마찬가지다. 그러므로 그가 모든 이의 존경을 받아 천하의 귀인이 된다.

57장
엄정함으로써는
나라를 다스리고

엄정함으로써는 나라를 다스리고
기발함으로써는 군사를 부리지만,
일 벌이지 않음으로써는 천하를 얻는다.
내가 그런 줄을 어떻게 알겠는가?
다음의 예들 보고 아는 것이지.
천하에 금기가 많아질수록
백성이 더욱 가난해지고,
백성의 술수가 많아질수록
국가는 더욱 혼란해지며,
사람들의 기교가 많아질수록
괴이한 물건들이 더 불어나고,
법령의 공포가 증가할수록
도적들이 더욱 많이 생긴다.
그러므로 성인이 이리 말한다.
내가 조금도 함을 갖지 않으니
백성이 스스로 나를 따르고,

내가 고요함을 언제나 좋아하니
백성이 스스로 바르게 되며,
내가 헛된 일을 벌이지 않으니
백성이 스스로 부유해지고,
내가 싫음을 아니 품으니
백성이 스스로 착해진다고.

以正治國 以奇用兵 以無事取天下
吾何以知其然哉 以此
天下多忌諱 而民彌貧 民多利器 國家滋昏
人多伎巧 奇物滋起 法令滋彰 盜賊多有
故聖人云
我無爲而民自化 我好靜而民自正
我無事而民自富 我無欲而民自樸

---------- 문법과 용어 풀이 ----------

- 以正治國 以奇用兵 以無事取天下에서 以正治國 以奇用兵는 종속문이고, 그 다음이 주문이다. 正는 엄정한 원칙을 가리키며, 奇는 기발한 변칙이다.
- 以此에서 此는 그 아래 문장들을 가리킨다.
- 國家滋昏에서 滋는 더욱이다.
- 天下多忌諱에서 忌諱는 금기禁忌이다.
- 民多利器에서 利器는 권모權謀를 비유한다(『道德經註』, 文淵閣四庫全書電子版).
- 盜賊多有은 수동형이나, 객어와 술어가 도치된 문장으로도 볼 수 있다.

以이 으로서, 正정 원칙, 治치 다스리다, 國국 나라, 奇기 기이한 변칙, 用용 쓰다, 兵병 군대, 無무 갖지 않다, 事사 일, 取취 취하다, 天下천하, 吾오 나, 何以하이 어떻게, 知지 알다, 其기 그것, 然연 그러함, 哉재 조사, 此차 이것, 多다 많이 가지다, 忌諱기휘 금기, 而이 연사, 民민 백성, 彌미 더욱, 貧빈 가난해지다, 利器이기 권모술수, 國家국가, 滋자 더욱, 昏혼 혼란해지다, 人인 사람, 伎巧기교 기예, 奇기 기이한, 物물, 起기 생기다, 法令법령, 彰창 공포

되다, 盜賊도적, 多다 많이, 有유 가져지다, 故고 그러므로, 聖人성인, 云운 말하다, 我아 나, 無爲무위, 而이 연사, 自자 스스로, 化화 동화하다, 好호 좋아하다, 靜정 고요함, 正정 바르게 되다, 富부 부유해지다, 欲욕 싶음, 樸박 질박해지다

법이 찬란할수록 늘어나는 도둑

엄정한 원칙으로는 나라를 다스릴 수 있고 기발한 변칙으로는 군대를 운용運用할 수 있다. 그러나 엄정한 원칙과 기발한 변칙으로는 천하를 얻을 수는 없다. 오히려 원칙과 변칙과 같은 것으로 일을 벌이지 않아야만 천하를 얻을 수 있다.

왜 그런가? 엄정한 원칙과 기발한 변칙은 모든 것을 관리하고 통제하는 것을 전제로 한다. 이것은 모든 것을 인간이 다 해낼 수 있다는 일종의 근대주의와 유사하다. 천하는 매우 복합적이어서 몇 가지 원칙과 변칙으로 관리하면 처음에는 잘 되는 것 같지만 결국에는 오히려 혼란해지기 마련이다. 예컨대 인간이 원자력 기술을 발전시켜 전기를 사용하자 모두가 행복해지는 것 같았다. 그러나 인간의 실수나 천재지변으로 발전소가 고장이 나자 주변이 오염되어서 사람이 살 수 없게 되었다. 그리고 지난 100년간의 세계사만 되돌아보자. 예컨대 소련에서는 사회주의자들이 혁명에 성공하여 간단한 몇 가지 엄정한 사회주의 원칙으로 사회를 기획하여 관리하기 시작했다. 처음에는 나라가 잘 다스려지는 것처럼 보였고, 그래서 천하가 다 자기들을 따르리라는 확신을 갖기도 했다. 그러나 사회의 복합성이 무시됨에 따라 여기저기 문제가 누적되어 결국 사회주의를 포기할 수밖에 없었다. 한편 독일 나치 지도자들과 일본의 군국주의자들은 기발한 변칙으로 군대를 운

용하면서 전쟁을 일으켰다. 처음에는 승승장구했고 천하를 곧 손에 쥘 수 있다고 믿었다. 그러나 다른 나라의 공격을 받아서 결국 패망하고 말았다.

노자는 엄정한 원칙과 기발한 변칙으로는 천하를 얻을 수 없다는 것을, 천하에 금기하는 일(忌諱)이 많이 일어날수록 백성이 더 가난해지고, 백성이 권모술수를 많이 가질수록 국가는 더 혼란해지며, 사람들의 기술이 많아질수록 기이한 무기들이 더 많이 생겨나고, 법령이 많이 공포될수록 도적이 많아지는 것을 보고 알 수 있다고 한다.

엄정한 원칙을 세워서 나라를 다스리면(以正治國), 백성에게 규제를 많이 할 수밖에 없다. 이것은 학생들의 용모를 엄격하게 규정할수록 머리에서 발끝까지 금지하는 조항이 많아지는 것과 같다. 금지하는 것들이 많아지면(天下多忌諱) 백성의 창의성과 생산의욕을 떨어뜨리게 되므로 백성이 가난해지기 마련이다. 가난해진 백성이 지도자를 따를 리가 없다. 백성이 따르지 않는데 어떻게 천하를 얻을 수 있겠는가? 엄정한 원칙으로 다스려서는 천하를 얻을 수 없다.

기발한 변칙으로 군대를 활용하면(以奇用兵) 사람들이 권모술수와 무기를 경쟁적으로 개발하도록 하는 장려책을 사용할 것이다. 백성의 권모술수가 많아지면(民多利器) 백성이 국가를 농락하기 쉬울 것이다. 사람들이 무기를 만드는 기술이 많아지면(人多伎巧) 기이한 무기들이 늘어나서 서로 경계하는 마음이 커질 것이다. 따라서 기발한 변칙으로 군대를 활용하는 것으로는 천하를 얻기 어려울 것이다.

엄정한 원칙으로 백성에게 많은 것을 금기하며, 기발한 변칙을 위해 권모술수와 기발한 무기를 개발하도록 조장하려면 더 많은 법령들을 만들어서 공표할(法令滋彰) 것이다. 이런 법령에서는 포상과 처벌을 분명하게 규정할 것이다. 포상 규정은 사람들의 욕망은 키우지만, 처벌

규정은 그 욕망을 달성할 수단을 제한하기 마련이다. 하고는 싶은데 법이 막으면 사람들이 그 법을 어기게 된다. 미국의 머튼이라는 사회학자는 이것을 아노미(anomie, 無規範) 상태라고 부른 적이 있다. 이런 상태에서는 도적이 많아질 것이다. 엄정한 원칙과 기발한 변칙을 사용해서는 결코 천하를 얻을 수 없다.

그러므로 성인은 다음과 같이 말했다. 내가 이름과 싶음에 따라 함이 없으면 백성이 스스로 동화되고, 내가 고요함을 좋아하면 백성이 스스로 바르게 되며, 내가 원칙과 변칙 따위로 일을 만들지 않으면 백성이 스스로 부유해지고, 내가 싶음(欲)을 가지지 않으면 백성이 스스로 소박해진다. 결국 이름과 싶음을 버리고, 일을 벌이지 않는 것이 천하를 얻는 길이다.

58장
정치가 어벙하면

그 정치 어벙하면 그 백성 똘망똘망,
그 정치 깐깐하면 그 백성 어리버리.
잘못됨(禍)이 잘됨(福)의 의지처依支處라면,
잘됨은 잘못됨의 은신처이다.
누가 잘됨의 뒤끝을 알겠는가?
그 뒤끝에는 바름이 없다.
바름은 다시 그름이 되고,
좋음은 다시 나쁨이 된다.
사람들이 홀린 지가 오래됐구나.
그러므로 성인은 원칙을 통일해도
어떤 손해도 끼치지 않으며,
원칙의 집행을 엄정히 해도
어떤 상처도 입히지 않고,
자기 품행을 올곧게 해도
언제나 남에게 건방지지 않으며,
덕을 저절로 빛나게 하면서도

번쩍 번쩍거리게는 하지 않는다.

其政悶悶 其民淳淳 其政察察 其民缺缺
禍兮福之所倚 福兮禍之所伏
孰知其極 其無正 正復爲奇 善復爲妖 人之迷其日固久
是以聖人 方而不割 廉而不劌 直而不肆 光而不燿

문법과 용어 풀이

- 悶悶은 사리에 어두운 모양이다.
- 淳淳은 잘 흘러 돌아가는 모양이다.
- 察察은 꼼꼼하고 자세하게 살피다이다.
- 缺缺은 슬기가 모자라고 언행이 어리숙한 모양을 가리킨다.
- 正復爲奇에서 奇는 간사奸邪이다.
- 人之迷其日固久에서 其는 人之迷를 가리킨다. 직역하면 사람들의 홀림당한 그 날들이 참으로 오래 지속되었다가 될 것이다.
- 方而不割에서 方은 원칙 따위가 통일되어 있다(一齊)는 뜻이다. 割은 손해를 입히다.
- 廉而不劌에서 廉은 엄정하다(廉隅)이고, 劌는 상처를 입히다이다.

其기 그, 政정 정치, 悶悶민민, 民민 백성, 淳淳순순, 察察찰찰, 缺缺결결, 禍화, 兮혜 조사, 福복, 之지 의, 所소 바, 倚의 의지하다, 伏복 숨어 있다, 孰숙 누가, 知지 알다, 極극 뒤끝, 無무 없다, 正정 바름, 復복 다시, 爲위 되다, 奇기 요망하다, 善선 착한 것, 妖요 부정不正, 人인 사람, 迷미 홀림, 其기 그, 日일, 固고 확실히, 久구 오래되다, 是以시이 그러므로, 聖人성인, 方방 가지런하다, 而이 연사, 不불 아니, 割할 해를 입히다, 廉렴 엄정하다, 劌귀 상처를 입히다, 直직 곧다, 肆사 건방지다, 光광 빛나다, 燿요 번쩍거리다

번쩍거리지 않은 빛남

그 정치가 어벙하면 그 백성이 스스로 알아서 하면서, 오히려 똘망똘망해지고 고분고분해진다. 그 정치가 깐깐하면, 그 백성은 윗사람의 눈치만 보면서, 어리버리해지고 뺀질뺀질해진다. 무슨 말인가?『논어』에는 이런 말이 있다.

> "백성을 인도하기를 법으로 하고, 백성을 다스리기를 형벌로서 하면, 백성은 형벌만 피하고 잘못을 하고도 부끄러워하지는 않는다. 백성을 인도하기를 덕으로서 하고, 백성을 다스리기를 예로서 하면 백성이 잘못한 것을 부끄러워하면서 바르게 살게 된다(道之以政 齊之以刑 民免以無恥 道之以德 齊之以禮 有恥且格)(『論語』, 爲政).

법으로 백성의 길을 정해주고 그 길을 벗어난 사람에게 형벌을 내리면, 백성은 그 형벌을 피하려고만 할 뿐 길을 벗어나고도 부끄러워할 줄 모른다. 백성은 그 길을 스스로 찾아서 가는 것이 아니라, 형벌을 면할 묘책만 찾아서 억지로 가거나 가는 척만 하게 되며, 결국에는 스스로 길을 가는 방법도 잊어버리게 될 것이다. 정치가 깐깐하면 백성은 벌을 피하는 실력이 커져서 뺀질뺀질해지지만, 정녕 해야 할 일을 하는 능력이 줄어서 어리버리해진다.『논어』에서는 덕과 예로서 백성을 다스리면 이런 문제가 해결된다고 한다. 그러나 노자는, 예禮마저도 인위적인 것이므로 포기할 것을 주장한다. 백성을 가만히 두면 스스로 똑똑해질 뿐만 아니라 자연스런 질서에 순응하며 잘 살아가기 때문이다. 이것은 일일이 간섭하고 심지어 숙제까지도 다 해주는 부모 밑에서 자란 아이들이 처음에는 잘하는 것 같지만 결국에는 바보가 되고, 모든 것을 알아서 하게 하는 부모 밑에서 자란 아이들은 실수를 거듭하면서도 문제를 해결하는 능력을 키워서 인재가 되는 것과 같다.

정치가 어벙하면 처음에는 질서가 없는 것 같아서 나라가 크게 잘못된 것(禍)처럼 보이지만, 백성들이 스스로 알아서 잘하므로 나중에는 나라가 잘 다스려지게 된다. 이와는 달리 깐깐한 정치는 일시적으로 모든 것을 잘 해결해내므로 복인 것처럼 보이지만, 백성들이 뺀질거리면서도 무능해지므로 결국에 나라 일이 꼬이는 화로 이어진다. 잘못됨 속에 잘됨이 깃들어 있는 것처럼, 잘됨 속에 잘못됨이 숨어 있다. 누가 처음 잘됨의 뒤끝이 잘됨이라고 단정할 수 있겠는가? 그 잘됨의 뒤끝에는 바름이 없다. 바름이 다시 그름이 된다. 좋음은 요망함이 된다. 그럼에도 사람들이 처음 잘됨에만 홀려서 허둥댄 지가 참으로 오래되었다.

따라서 성인은 나름대로 정치의 원칙을 반듯하게 하면서도 누구에게도 손해를 입히지 않는다. 많은 지도자들은 백성의 마음은 고려하지 않고 자기가 정한 원칙에 따라 백성을 끌고 가려고 한다. 그러면 그 원칙을 따르기 어렵거나 싫은 사람은 피해를 보게 된다. 성인이 정한 원칙은 백성의 마음을 존중하는 원칙, 자기 원칙이 없는 원칙이므로 그 원칙이 어리버리한 것처럼 보이지만, 모든 것이 잘 다스려지고 누구도 그러한 정치의 피해자가 되지 않는다.

성인은 그 원칙의 집행을 엄정하게 하면서도 누구에게 상처를 입히지 않는다. 백성이 원하는 길을 스스로 가게 하는 원칙을 엄정하게 지키므로, 백성들을 형벌로 다스릴 필요가 없기 때문이다.

그리고 그는 자신의 품행을 매우 올곧게 유지하려고 하지만, 결코 건방짐이 없다. 깐깐한 정치를 하는 사람도 자기가 정한 기준에 따라 자신의 품행을 올곧게 할 수 있다. 그러면서 자신이 남과 다른 품행을 가졌다고 자만하고 남을 깔보곤 한다. 백성이 순응할 리가 없다. 이와는 달리 성인의 품행은 백성의 마음을 따르며 존중하는 품행이므로, 자만하기보다는 겸손할 수밖에 없다. 겸손하므로 백성이 고분고분해진다.

　성인은 자신의 덕을 빛나게 하면서도 번쩍거리게 하지 않는다. 백성을 소중하게 여기므로 백성으로부터 존경을 받아 빛이 나지만, 그것은 온갖 치장을 일삼는 정치꾼들의 휘황찬란한 빛과는 거리가 멀다.

59장

사람을 다스리고

사람을 다스리고 하늘을 섬길 때에
아낌보다 중요한 건 하나도 없다.
무릇 아끼고 아끼는 것을,
자원을 빨리 갖춤(早服)이라 한다.
자원을 빨리 갖추는 것을,
덕(virtue)을 두텁게 쌓는다 한다.
덕을 두텁게 쌓고 쌓으면
못 이길 것이 하나도 없고,
못 이길 것이 하나도 없으면
백성이 그 덕 끝을 알지 못한다.
백성이 그 덕 끝을 알지 못하면
마땅히 나라를 가질 수 있다.
나라의 어미를 이미 가졌으니
오래도록 나라를 지킬 수 있다.
이를 일러, 잔 뿌리를 깊게 하면서
큰 뿌리도 더욱 튼실케 하여

나라를 길이길이 활기 넘치게
쉬이 보존하는 길(道)이라 한다.

治人事天莫若嗇
夫唯嗇是謂早服　早服謂之重積德
重積德則無不克　無不克則莫知其極
莫知其極　可以有國　有國之母　可以長久
是謂深根固柢長生久視之道

문법과 용어 풀이

- 治人事天莫若嗇에서 嗇은 절약하다이다.
- 夫唯嗇에서 夫는 일반적으로, 唯嗇은 '오직 아끼다'이다.
- 早服에서 服은 몸에 가까이 두다는 의미로서 객어에 따라 다양하게 해석된다. 객어가 옷이면 입다, 칼이면 차다, 기능이면 익히다가 된다. 여기서는 생계 자원이므로 갖추다(備)가 될 것이다.
- 早服謂之重積德에서 주어는 생략되어 있고, 早服이 객어인데 강조하기 위해서 앞으로 내고 그 자리에 之를 넣었다. 직역하면 조복 그것을 거듭 덕을 쌓음이라 이른다가 된다.
- 深根固柢에서 柢는 굵은 뿌리를 뜻한다.
- 長生久視에서 視는 생존生存하게 하다이다. 生과 視의 객어는 國이다.

治치 다스리다, 人인 사람, 事사 섬기다, 天천 하늘, 莫若막약 과 같은 것이 없다, 嗇색 검약, 夫부 무릇, 唯유 조사, 是시 이것, 謂위 이르다, 早조 빨리, 服복 갖추다, 之지 그것, 重중 두텁게, 積적 쌓다, 德덕 덕, 則즉 면, 無무 없다, 不불 아니, 克극 이겨내다, 莫막 아니, 知지 알다, 極극 끝, 可以가이 할 수 있다, 有유 가지다, 國국 나라, 之지 의, 母모 어미, 長久장구 오래 가다, 深심 깊게 하다, 根근 잔 뿌리, 固고 확고하게 하다, 柢저 굵은 뿌리, 長장 오래, 生생 살리다, 久구 오래, 視시 살리다, 道도 길

절약이 나라의 어머니

　사람을 다스리고 하늘을 섬기는 일에서 물자를 아끼는 것만큼 중요한 것이 없다. 많은 권력자와 부자들은 남과는 색다른 삶을 추구한다. 많은 사람들의 시중을 들어가며 화려한 집과 옷, 특이한 음식을 즐기기를 원한다. 물론 이런 삶이 행복한 것은 아니다. 운동부족과 영양과잉으로 몸에는 병이 들고, 끝없는 싫음의 증가로 마음에는 불만과 우울함이 쌓이기 쉽다. 그렇더라도 그들이 원하는 사치품을 만드는 데 수많은 사람들이 수고할 것이다. 강제로 일을 시키든, 품삯을 주면서 시키든, 물건들을 사들이든, 소수의 헛된 욕망을 채워주기 위한 노동에 매달리는 사람이 많아질수록, 전체 백성이 먹고 자고 입을 기본 자원의 생산이 줄어들 수밖에 없다. 이것이 아무리 정당하게 얻은 부라고 하더라도 조금이라도 함부로 써서는 안 되는 이유이다. 내 돈을 내가 쓰더라도 어디에 쓰느냐가 중요하다. 사치에 쓰면 사치산업이 커지고 유기농 식품을 사먹으면 친환경 농업이 늘어난다. 아무튼 모든 백성이 삶에 필수적인 자원을 만들어내게 하려면 권력자와 부자들이 사치를 하지 않고 물자를 아껴야 한다. 이것이 백성의 생계 자원을 빨리 갖추는(조복早服) 길이다.

　빨리 갖추는 것을 덕을 두텁게 쌓는다고 한다. 쌀독에서 인심이 나온다고 하지 않던가? 흉년이 들 때마다 쌀을 풀어서 이웃을 살려준 부자들은 좌우로 나뉘어 죽고 죽이는 6·25 내전 속에서도 살아남았다. 재난이 있을 때 풀 수 있는 쌀의 두터움이 덕의 두터움이다. 덕이 두터우면 이겨내지 못할 어려움이 없고, 이겨내지 못할 어려움이 없으면 사람들이 그 덕이 얼마나 큰가를 알 수가 없으며, 그 덕의 크기를 알지 못하면, 사람들이 믿고 따르게 되므로 국가를 가질 만하다. 이런 덕은 마치 국가를 지켜주는 어머니를 얻은 것과 같다. 이런 어머니가 있으면 그 나라를 오래 유지할 수 있다. 그러므로 절약하는 것을 일러 잔뿌리를 깊게 하고 큰 뿌리를 튼튼하게 하며, 나라를 오래도록 활기차게 보존하는 길이라 한다.

60장

큰 나라를
잘 다스리는 건

큰 나라를 잘 다스리는 건
작은 생선을 요리함과 같다.
지도자가 길로서 천하를 다스리면,
이름 따라 생겨난 환상이 사라지니,
도깨비가 조금도 신통神通치 않고,
도깨비가 신통하지 않은 것도 아니며,
신령이 사람을 해치지 않고,
신령이 해치지 않는 것도 아니다.
성인은 남을 해치지 않는다.
성인과 남이 서로를 안 해치니
그 덕의 혜택이 서로에게 돌아간다.

治大國若烹小鮮
以道莅天下 其鬼不神 非其鬼不神 其神不傷人 非其神不傷人
聖人亦不傷人 夫兩不相傷 故德交歸焉

━━━━━━━━━━━━━━━━ 문법과 용어 풀이 ━━━━━━━━━━━━━━━━

- 烹小鮮, 작은 생선을 요리할 때에는 휘젓지 않는다고 한다(蘇轍, 『老子解』, 文淵閣四庫全書電子版).
- 以道莅天下에서 莅는 다스리다이다.
- 其鬼不神에서 其는 그(the)라는 관형사이고, 神은 신통하다이다.
- 其神不傷人, 신안주씨新安朱氏에 따르면 장자張子가 鬼는 음의 혼령, 神은 양의 혼령이다(鬼者陰之靈也 神者陽之靈也)라고 했다(『禮記雜說』, 文淵閣四庫全書電子版).
- 聖人亦不傷人에서 亦은 '마땅히'이다.
- 德交歸焉에서 交는 서로(相互), 焉은 어미 조사이다. 歸의 객어는 덕德의 혜택이 될 것이다. 직역하면 덕들이 서로 혜택을 돌려준다가 된다.

─────

治치 다스리다, **大**대 큰, **國**국 나라, **若**약 과 같다, **烹**팽 요리하다, **小**소 작은, **鮮**선 생선, **以**이 ~로서, **道**도 길, **莅**리 다스리다, **天下**천하, **其**기 그, **鬼**귀 도깨비, **不**불 아니, **神**신 신령하다, **非**비 아니다, **神**신 신령, **傷**상 상하게 하다, **人**인 사람, **聖人**성인, **亦**역 마땅히, **夫**부 이, **兩**양 둘, **相**상 서로, **故**고 그러므로, **德**덕, **交**교 서로, **歸**귀 돌아가다, **焉**언 조사

━━

도깨비가 신통한 까닭

노자가 살던 시대에는 작은 생선을 요리할 때 손에 그대로 넣고 서서히 익힐 뿐 칼질을 하거나 뒤적거리지 않았던 모양이다. 그래야 생선이 부서지지 않아서 보기도 좋고 먹기도 좋기 때문이었을까? 그러나 우리나라 강촌에서는 작은 생선으로 어죽을 끓일 때 휘저어서 생선을 부셔버리는 것과는 많이 다르다. 아무튼 큰 나라를 잘 다스리는 것은 작은 생선을 일부러 칼로 자르거나 휘젓지 않고 그대로 요리하는 것과 같다고 노자는 말한다. 특히 큰 나라는 이름과 싶음을 갖지 않는 길을 따라서, 함안가짐(無爲)과 일안가짐으로 다스리는 것이 좋다는 뜻

이다.

　이러한 길을 가지고 천하를 보살피면, 온갖 요망한 것들이 사라지기 마련이다. 이미 1장과 2장에서 살펴본 것처럼 요망한 것들은 결국 사람들의 마음에서 생기고, 그 마음은 이름의 지배를 받는다. 도깨비의 예를 들어보자. 전기가 없던 시절 어떤 부인이 이웃 마을에서 일을 마치고 캄캄한 밤에 길을 나섰다. 다른 사람에게 들은 바가 있어서 귀신이 나타날 것을 두려워하면서 걷고 있을 때, 하늘에서 불빛이 내리더니 시커먼 물체가 흔들리기 시작했다. 분명한 도깨비였다. 머리가 쭝긋 섰고, 잡혀 죽겠다는 생각이 들어 뒤돌아 도망을 가는데, 도깨비는 더 빨리 따라오고 걸음은 더디기만 했다. 결국 남의 집에서 신세를 지고 날이 새서야 집으로 돌아왔다. 며칠 후 어린 아들을 데리고 또 어두운 밤에 같은 길을 가야 했다. 아이가 무서워할까봐 지난 번의 일을 말하지 않고 아이를 보호하겠다고 다짐하면서 아이의 손을 꼭 잡고 걸었다. 아이는 엄마에게 의지해 즐겁게 따라왔다. 전번과 같은 곳에 이르렀을 때 또 도깨비가 나타났다. 도깨비불이 현란해지고 도깨비의 거대한 손이 움직이기 시작했다. 놀라서 아이를 껴안았다. 아이가 말했다. "엄마, 별똥이 흔들리는 소나무 가지 쪽으로 떨어졌어." 그 여인은 도깨비란 이름과 그 이름이 만들어낸 생각에 사로잡혀 헛것을 보았던 것이다. 도깨비를 아직 알지 못하는 아이에게는 도깨비가 없다.

　인간이 사는 이 세상에는 이런 도깨비 같은 헛것들이 참으로 많다. 옥이나 금 그 자체는 우리가 삶아먹을 수도, 입을 수도, 덮고 잘 수도 없다. 그럼에도 불구하고 우리가 그 돌과 쇠에 특별한 이름과 의미를 부여하는 순간, 사람들은 그것을 탐하고 숭배하며, 오히려 그것이 사람을 지배하게 된다. 그러나 실제로는 그것이 사람을 지배하는 것이 아니라 사람들이 그렇게 생각하면서 지배당하고 있는 것이다.

이런 상태狀態를 리외離畏(alienation, die Entfremdung)라고 할 수 있다. 이것을 소외疎外라고도 하는데, 우리 사회에서 소외는 따돌림만을 의미하므로 혼선을 피하기 위해서 리외라고 부르고자 한다. 리외란 사람으로부터 나온(外化) 것이, 사람으로부터 독립하여(自立), 거꾸로 사람을 지배하는(顚倒) 상태를 말한다. 쉽게 말하면 사람이 만든 것이 사람으로부터 분리되어 그 창조주인 사람을 지배하는 상태이다(Marx, 『독일 이데올로기』, 서문). 맑스가 이야기하는 리외의 사례를 들어보자.

"사람이 물건을 볼 때는, 외부外部의 대상對象인 그 물건으로부터 나온 빛이 눈이라는 다른 물건에 실제로 가 닿는다. 이것은 두 물건들이 물질적 관계關係를 맺는 것이다. 이와는 달리 인간이 물품을 상품으로 취급함에 따라 그 물품에 부여한 상품형태商品形態들과, 이 상품형태들을 만들어내는 노동생산물勞動生産物들 간의 가치관계價値關係는, 그 노동생산물들의 물질적인 속성屬性 및 그 속성으로부터 생겨나는 물질적인 관계와는 전혀 상관相關이 없다. 이 가치관계가 사람들에게는 물건들 사이의 물질적 관계라는 환상幻想 형태로 나타나지만, 실제로는 사람들 사이의 특정特定한 사회적인 관계, 즉 물건들을 상품으로 교환하는 인간관계, 그 자체일 뿐이다. 우리는 이와 비슷한 예를 찾아보기 위해서는 종교적宗敎的 세계의 안개지역으로 숨어들어가야만 한다. 이곳에서는 사람 머리의 산물産物들이 각자 고유한 자기 생명을 부여받고, 자기들끼리 그리고 인간들과 관계를 형성하는 자립自立적인 자태姿態를 보이고 있다. 상품의 세계에서는 사람 손의 산물들이 그와 같은 자태를 보인다. 나는 이것을 물신주의物神主義(Fetischismus)라고 부른다. 그런데 이것은 노동생산물이 상품으로 생산되자마자 그 노동생산물에 달라붙으며, 그래서 상품생산과는 분리分離될 수 없다(Marx, 『자본』, 1권 1장 4절)."

우리는 우리와 다른 종교를 가진 사람들이 어리석게도 희한한 것들을 신들로 여기고 숭배하거나 두려워하는 것을 자주 본다. 이러한 신들을 자기들이 혹은 그들의 조상들이 머리로 지어낸 것임에도 불구하고, 자기들의 의지와는 무관하게 신들이 서로 다양한 관계 속에서 살아가면서 사람들을 사랑하거나 미워한다고 생각한다. 그러나 신들이 정말로 알아서 스스로 그렇게 하는 것이 아니라 사람들이 그렇게 믿고 있을 뿐이다. 그것은 실제가 아니라 환상일 뿐이다. 이와 마찬가지로 사람들이 자기들이 만든 물건을 상품으로 사고팔면서, 그 물건들이 스스로 알아서 교환되며, 자기들을 지배한다고 생각한다. 원래 자기가 쓰기 위해서 만든 물건, 예컨대 스스로 만들어 사용하는 책상에 대해서는 이런 생각을 하지 않는다. 그러나 자기가 만든 책상으로 쌀을 교환하여 먹으려고 하면, 사람들은 책상으로 얼마나 좋은 쌀을 얼마나 많이 가져올 것인가에 골몰한 나머지, 책상과 쌀의 교환관계와 교환비율(가치관계)을 자기들이 만들었음에도 불구하고 그 책상과 쌀이 스스로 알아서 정했다고 착각하게 된다. 이런 상품 제도가 더 진행되어 교환수단으로 돈을 만들어내면, 책상과 쌀과 같은 상품과 돈이 사람들을 지배한다고 사람들은 생각한다. 이때 상품과 돈은 물신物神이 된다. 사람이 그렇게 믿는 것일 뿐, 상품도 돈도 사람들을 지배하지 않는다. 스스로 움직일 줄도, 말할 줄도 모르는 상품이 어떻게 사람을 지배하겠는가? 물신은 환상일 뿐이다. 이것은 사람들이 스스로 만든 상품과 화폐라는 이름과 그에 대한 생각에 매여서 만들어낸 도깨비와 같은 것이다.

이와 같이 세상에는 온갖 가치관과 주의 주장에 의해서 만들어진 귀신들이 참으로 많다. 그 귀신에 홀려서 분노하고 즐거워하고 싸우고 좋아한다.

만약 우리가 이름과 싶음을 버리고 길을 따르면, 차라투스트라(Zarathustra)의 말처럼 유일신(Gott)도 죽고, 도깨비들도 죽을 것이다. 도깨비가 환상에 지나지 않는다는 것을 알면, 도깨비는 신통하지도 않고 신통하지 않는 것도 아니다. 도깨비가 있어야 신통하거나 말거나 할 것이다. 죽고 없는 사람은 나를 사랑하지 않고, 사랑하지 않는 것도 아니다. 나를 미워하지 않고, 나를 미워하지 않는 것도 아니다. 길을 따르는 사람에게는 귀신이 없다. 그러므로 귀신은 사람을 해치는 것도 아니고, 해치지 않는 것도 아니다.

성인은 이름과 싶음을 버렸으므로 도깨비나 신령, 그리고 그 어떤 이념 따위의 노예가 되지 않는다. 그는 모든 판단의 기준을 해체하였으므로, 남들을 귀하게 여기지도, 천하게 여기지도 않는다. 미워하지도 않고, 애착하지도 않는다. 그러므로 마땅히 남을 해치지 않는다. 그는 해치지 않는다는 생각조차 해본 적이 없으니 해치지 않는 것도 아니다. 비유컨대 도박을 한 적이 없기 때문에 남의 돈을 딴 것도 아니고 따지 않는 것도 아니다. 성인이 남을 해치지 않으니 남이 성인을 해치지 않는다. 무릇 성인과 남이 서로 해치지 않으니, 양쪽 덕의 혜택이 서로에게 돌아간다.

61장

대국이란
하류下流이므로

대국이란 참다운 하류이므로
천하의 만남터, 천하의 암컷이다.
암컷은 고요함을 늘 지켜서
수컷을 잘 감당해 내고,
고요함을 지켜서 아래가 된다.
그러므로 대국은 대국으로서
소국에게 낮추어서 소국을 얻고,
무릇 소국은 소국으로서
대국 아래 들어가서 대국을 얻는다.
따라서 한쪽은 낮추어서 얻고,
다른 쪽은 아래로 들어가서 얻는다.
대국은 남을 안아 보살필 뿐이며,
소국은 남에게 안겨 섬길 뿐이니,
이 둘은 각기 바라는 바를 얻는다.
중요한 것은 당연히 낮추는 것이다.

大國者下流 天下之交 天下之牝 牝常以靜勝牡 以靜爲下
故大國以下小國 則取小國 小國以下大國 則取大國
故或下以取 或下而取
大國不過欲兼畜人 小國不過欲入事人 夫兩者各得其所欲
大者宜爲下

문법과 용어 풀이

- 天下之交에서 交는 교류하는 장소이다.
- 牝常以靜勝牡에서 勝은 감당하다이다.
- 以靜爲下에서 爲下는 낮춤을 하다일 것이다.
- 大國以下小國에서 大國은 주어, 以는 以之의 준말로서 以大國이다. 이 문장은 以貴下賤(귀족으로서 천인에게 낮춘다)과 같은 문형에 속한다.
- 故或下以取 或下而取에서 以는 而와 같은 연사이다.
- 夫兩者에서 夫는 이것(this)이다
- 大者宜爲下에서 大는 중요하다이다.

大대 큰, 國국 나라, 者자 라는 것은, 下流하류, 天下천하, 之지 의, 交교 교류처, 牝빈 암컷, 常상 항상, 以이 으로서, 靜정 고요함, 勝승 감당하다, 牡모 수컷, 爲위 하다, 下하 낮춤, 故고 그러므로, 以이 그것으로서, 下하 낮추다, 則즉 때문에, 取취 얻다, 或혹 어떤 경우는, 不過불과 할 뿐이다, 欲욕 하려고 하다(will), 兼겸 받아들이다, 畜휵 길러주다, 人인 남, 入입 들어가다, 事사 섬기다, 夫부 이것(this), 兩者양자, 各각, 得득 얻다, 其기 그, 所소 바, 欲욕 바라다, 大者대자 중요한 것, 宜의 마땅히

낮추면 얻게 되고

이른바 대국은 모든 시냇물과 강물이 모여드는 하류의 바다로서 천하의 물들이 만나는 곳이다. 그 바다는 어떤 물이 들어오는 것을 막지도 않고 수증기가 되어 떠나가는 물을 잡지도 않는다. 그저 모여 어울

리게 하여 수많은 생명을 낳고 키우는 것을 뒷바라지할 뿐이다. 대국도 이와 같아서 모든 것들을 수용하여 생명을 낳고 키우므로, 천하의 암컷이라 부를 수 있다. 그 암컷은 아무런 이름과 싶음을 갖지 않아서 항상 조용하게 머물며 설쳐대는 모든 수컷들을 받아들여 거둔다. 만약 이름과 싶음으로 충만하여 조용하게 머물지 못하고 자기 뜻대로 일을 벌인다면 수컷들을 감당할 수 없을 것이다. 천하의 암컷은 항상 조용함으로써 수컷을 감당한다. 그리고 조용함으로써 자기를 낮춘다.

이처럼 대국은 대국이면서도 낮추기 때문에, 소국들이 스스로 흘러 들어와 교류하며 만들어낸 풍요로움에 기대어 삶을 누린다. 소국은 소국으로서 마땅히 대국의 아래로 흘러 들어가기 때문에, 대국의 보호를 받고 다른 소국들 및 대국과 함께 풍요를 향유할 수 있다. 그러므로 큰 나라는 낮추기 때문에 작은 나라의 자원資源을 얻고, 작은 나라는 대국의 아래로 들어가서 머물기 때문에 대국의 보살핌을 얻는다.

대국은 다만 소국들을 받아들여 길러주고자 하며, 소국은 다만 대국에게 흘러내려 들어가서 섬기려 하므로, 언제나 대국과 소국은 각기 바라는 것을 얻는다. 큰 나라나 작은 나라나 자기가 원하는 것을 얻으려면, 무엇보다도 먼저 자기를 낮추어야 한다.

62장
길이란 만물의 안방

길이란 만물의 안방이로다.
잘하는 이에게는 보배가 되고,
못하는 이에게는 의지처가 된다.
아름다운 말은 유행할 수 있으며,
선행은 남에게 파급될 수 있으니,
못하는 사람인들 어찌 버려두겠는가?
그래서 천자와 삼공을 세워둔다.
그대가 아름드리 옥을 지니고,
사마駟馬를 앞세워 다닌다 해도,
앉아서 이 길을 닦느니만 못하리라.
옛날부터 이 길을 왜 중시하였던고?
이에 기대 원하는 것을 구해 얻었고,
이에 기대 죄 사면을 받았다지 않던가?
그러므로 길은 천하의 귀물이다.

道者萬物之奧 善人之寶 不善人之所保
美言可以市 尊行可以加人 人之不善 何棄之有
故立天子 置三公
雖有拱璧以先駟馬 不如坐進此道
古之所以貴此道者何 不曰 以求得 有罪以免耶 故爲天下貴

문법과 용어 풀이

- 道者萬物之奧에서 奧는 집 안의 가장 깊고 안온한 곳이다.
- 美言可以市에서 市는 팔리다(售)는 뜻인데(『御定道德經註』, 文淵閣四庫全書電子版), 유행을 비유한 것으로 보인다.
- 尊行可以加人에서 加는 남에게 영향을 미쳐서 따라 하게 하다이다(『御定道德經註』, 文淵閣四庫全書電子版).
- 何棄之有는 何有棄之가 도치된 것이다(하영휘 교수의 가르침).
- 有拱璧以先駟馬에서 拱璧은 아름드리 옥, 사마는 네 마리 말이 끄는 수레, 以는 而이다. 사마는 천자나 삼공보다 낮은 사람이 탄다(하영휘 교수의 가르침).
- 坐進此道에서 進은 노력하다(勉强)이다.
- 古之所以貴此道者何에서 所以~者는 까닭이다.
- 不曰 以求得 有罪以免耶에서 두 以는 모두 以之이고 之는 道를 받는다.

道도 길, 者자 라는 것, 萬物만물, 之지 의, 奧오 안방, 善人선인 잘하는 사람, 寶보 보배, 不善人불선인 잘 못하는 사람, 所소 바, 保보 의지하다, 美미 아름다운, 言언 말, 可가이 할 수 있다, 市시 팔리다, 尊존 고상한, 行행 행위, 加가 영향을 미치다, 人인 남, 人인 사람, 不善불선 잘못한 것, 何하 어찌, 棄기 버리다, 之지 그것, 有유 가지다, 故고 그러므로, 立입 세우다, 天子천자, 置치 두다, 三公삼공 삼정승, 雖수 비록, 有유 가지다, 拱璧공벽 아름드리 옥, 以이 연사, 先선 앞세우다, 駟馬사마 네 마리 말이 끄는 수레, 不如불여 보다 못하다, 坐좌 앉다, 進진 에 노력하다, 此차 이, 道도 길, 古고 옛날, 之지 의, 所以소이 ~ 者자 까닭, 貴귀 귀하게 여기다, 此차 이, 何하 무엇, 不불 아니, 曰왈 라고 말하다, 以이 그것으로서, 求구 구하다, 得득 얻다,

有유 가지다, 罪죄, 免면 면제받다, 耶야 의문사, 故고 그러므로, 爲위 되다,
天下천하, 貴귀 귀한 것

명품을 치장하기보다는

길(道)이란 만물의 안방과 같다. 만물을 보호해주는 이 길을 잘 알고 따르는 사람에게 그 길은 보배가 된다. 그러나 잘 알지 못하여 잘 따르지 않는 사람이라도 이것에 의지할 수는 있다. 아름다운 말은 유행할 수 있고, 고상한 행위는 사람들에게 퍼져 나갈 수 있기 때문에, 그런 말과 행동을 잘 할 줄 모르는 사람이라도 잘하는 사람을 본받아 대충은 따라 할 수 있다. 마찬가지로 길을 잘 실천하지 않는 사람이라도 잘 실천하는 사람을 자기도 모르게 따라 할 수 있으므로, 그에게 비록 길이 보배가 되지는 않을지라도 그것에 의지해 살아갈 수는 있다. 이것은 안방의 소중함을 모르더라도 그곳에서 기거할 수 있는 것과 같다. 그러므로 당장 길을 잘 실천하지 않는 사람이라도 결코 버려둘 수만은 없다. 이런 사람들이 조금이라도 길을 익혀서 잘 살아갈 수 있게 하기 위해서 본을 보일 천자를 세우고 삼공, 즉 영의정 좌의정 우의정을 둔다. 그런데 만약 천자와 삼공이 길을 따르지 않아서 다른 사람들마저 길을 익힐 수 없게 한다면, 길을 벗어난 그들은 자리에서 물러나거나 제 명을 누리지 못할 것이고, 다른 사람들도 자연스런 삶을 살아가기가 어려울 것이다.

그래서 이 길을 따르는 것이 바람직하다. 출세를 해서 아름다운 옥구슬(寶璧)을 몸에 지니고 네 마리 말이 끄는 수레(駟馬)를 타고 다닌다고 하더라도, 요즘 세상으로 치면 명품으로 치장을 하고 고급차로 '광빨'을 잡는다 하더라도, 행복한 삶을 보장받을 수는 없다. 그런 사치는

몸과 마음의 건강에 전혀 이롭지 않다. 사람이 죄를 지었을 때, 그런 사치를 누린다고 해서 죄를 면제받을 수는 없다. 괘씸죄로 오히려 더 무거운 벌을 받기 쉽다. 그러나 길을 따르면, 구하려는 것을 얻을 수 있다. 예컨대 큰 나라와 작은 나라가 다 같이 자기를 낮추는 길을 실천하여 풍요로운 삶을 누린다. 이 길을 따르면 심지어 죄를 짓고도 벌을 면제받을 수 있다. 길을 간직한 사람은 말 한 마디로 천냥 빚을 갚을 수도 있을 것이다. 사치스럽게 살기보다는 앉아서라도 이 길을 수행하는 것이 훨씬 낫다. 그러므로 옛날부터 이 길을 귀하게 여겼다. 길은 천하의 귀물이다.

63장
함을 갖지 않기(無爲)를 하고

성인은 함을 갖지 않음(無爲)을 하고,
일 벌이지 않음을 일로 삼으며,
맛이 없는 것을 맛있게 먹는다.
작은 것을 크게 보고
적은 것을 많게 보며,
원한을 오히려 덕으로 갚고,
어려워질 일은 쉬울 때 풀어내며
커질 일은 작을 때 이뤄낸다.
천하의 어려운 일은 쉬운 것에서 생겨나고,
천하의 큰 일은 작은 것에서 커져가니,
성인은 큰 일을 끝까지 하지 않아
진정으로 큰 일을 이루어낸다.
무릇 일 벌임을 경솔하게 허락하면
반드시 신뢰가 무너져 내리고,
쉬움이 많을수록 어려움이 많아진다.
그래서 성인은 어렵게 여기므로

마침내 어려움을 만나지 않는다.

爲無爲 事無事 味無味
大小多少 報怨以德 圖難於其易 爲大於其細
天下難事 必作於易 天下大事 必作於細
是以聖人終不爲大 故能成其大
夫輕諾必寡信 多易必多難 是以聖人猶難之 故終無難矣

문법과 용어 풀이

- 爲無爲에서 爲大於其細까지는 주어인 성인이 생략되었다.
- 大小多少에서 大는 크게 보다, 小는 객어, 多는 많게 보다, 少는 객어이다.
 (『道德經註』, 文淵閣四庫全書電子版).
- 終不爲大 故能成其大에서 앞의 大는 일반인들이 보는 큰 일이고, 뒤의 大는 길의 관점에서 본 큰 일이다.
- 難之에서 難은 어렵게 여기다이다. 之는 일을 벌이는 것을 받을 것이다.

爲위 하다, 無무 아니, 事사 일하다, 味미 맛있게 여기다, 大대 크게 여기다, 小소 작은 것, 多다 많게 여기다, 少소 적은 것, 報보 갚다, 怨원 원한, 以이 으로서, 德덕, 圖도 풀어가다, 難난 어려움, 於어 에서, 其기 그, 易이 쉬움, 爲위 이루어가다, 大대 큰 것, 細세 미미함, 天下천하, 難난 어려운, 事사 일, 必필 반드시, 作작 이루다, 大대 큰, 事사 일, 是以시이 그러므로, 聖人성인, 終종 마침내, 不불 아니, 大대 큰 일, 故고 그러므로, 能능 할 수 있다, 成성 이루다, 夫부 무릇, 輕경 경솔하게, 諾락 허락하다, 必필 반드시, 寡과 적게 하다, 信신 믿음, 多다 많이 하다, 易이 쉬운 것, 多다 많이 갖다, 猶유 오히려, 難난 어렵게 여기다, 之지 그것, 故고 그러므로, 終종 마침내, 無무 갖지 않다, 矣의 조사

불손한 말도 바람소리로 듣고

성인은 이름에 매여 어떤 것도 하지 않음을 실천하고, 이름에 매여 어떤 일도 벌이지 않음을 일로 삼는다. 이미 2장에서 살펴본 바와 같이 맛도 이름과 생각에 따라 크게 좌우된다. 음식 장사를 잘하려면 음식을 어떻게 만들 것인가 못지 않게 맛있게 느끼도록 하는 이름 붙이기와 개념의 조작이 중요하다. 아무튼 길을 따르는 성인은 이런 이름에 매이지 않으므로 이름의 노예가 된 사람들이 맛없다고 하는 것도 맛있게 먹는다. 그는 먹어서 해롭지 않은 것은 다 즐겨 먹을 수 있다. 그에게 혐오식품이란 없다.

모든 이름과 싫음에서 벗어나 있어서 그 어떤 기준으로도 남과 비교하지 않는 성인은 다른 사람들이 작다고 여기는 것을 크게 보고, 적다고 여기는 것을 오히려 많다고 본다. 오두막이라도 추위를 피할 수 있으면 크다고 여기고, 가난하더라도 배를 곯지 않으면 부자라고 생각한다. 반대로 큰 것도 작게 보고 많은 것도 적게 본다. 흔히 많은 사람들은 불손하다는 언행에 매우 대단한 모멸을 당했다고 생각하지만, 그에게 그런 것은 아주 작은 바람소리와 같다. 그러므로 보통 사람들이 원한으로 여기는 것도 하찮은 것에 지나지 않으므로, 오히려 덕을 베푸는 것으로 갚을 수 있다. 그는 다른 사람들이 어렵다고 하는 것의 원인을 쉬운 것에서 찾으므로 어려움을 쉬운 것에서 풀어 나가고, 큰 일은 작은 것에서 이루어 나갈 것이다.

천하의 어려운 일은 반드시 쉬운 것에서 생겨난다. 도요토미 히데요시의 작은 욕심에서 시작된 임진왜란은 일본과 조선, 명의 수많은 사람들을 죽음과 고통으로 집어넣은 큰 재앙으로 발전했다. 그는 조선 정도는 간단히 점령하여 손에 넣을 수 있을 것으로 여겼을 것이다. 그러나 일은 자기 뜻대로만 되지 않아 7년 전쟁으로 이어졌고 전쟁이 끝나기 전에 그가 먼저 죽었고, 그의 왕국도 망했다.

그리고 천하의 큰 일은 반드시 작은 것에서 이루어진다. 아름드리 나무도 작은 묘목에서 자란 것이다. 그러므로 성인은 끝까지 큰 일을 하지 않고 묘목을 보살피듯 작은 일을 잘 챙김으로써 진정으로 큰 일을 이루어낸다. 스스로 이름과 싶음을 버리고 주변의 작은 일부터 잘 살피기 시작하여 천하의 태평까지도 이루어낸다.

무릇 아랫사람이 함부로 일을 벌이는 것 등을 경솔하게 허락하면, 결국에는 일을 그르치기 마련이므로 신뢰를 잃게 된다. 일을 쉽게 처리한 것이 많으면 반드시 어려움이 많아진다. 성인은 얼핏 보면 쉬운 것이라도 오히려 어렵게 여기므로 마침내 어려움을 당하지 않는다.

64장

안정된 것은
보존하기 쉽고

안정된 것은 보존하기 쉽고,
위험 징조 없는 것은 처리하기 쉬우며,
취약한 것은 제거하기 쉽고,
기세가 미미한 것은 흩어버리기 쉽다.
성인은 징후마저 없을 때에 처리하고
어지럽지 않을 때에 미리 다스린다.
아름드리 나무도 털끝에서 자라나고,
구층의 누대라도 맨땅에서 세워지며,
천리 길도 언제나 발아래서 시작된다.
이름 따라 하는 이는 망치게 되고
싶음 갖고 잡는 이는 놓치게 되니,
성인은 하지 않아 망치지 않고
잡고 있지 않아서 놓치지 않는다.
백성이 시킴받아 하는 일들은,
이루어낼 듯하다 망치고 만다.
처음부터 끝까지 한결같이 신중하면

일을 결코 망치지 않는다.
그러므로 성인은 싫지 않고 싫어 하며,
얻기 어려운 재화를 귀하게 여기지 않고,
배우지 않기를 배우려 한다.
뭇 사람의 잘못들을 되돌려놓고,
만물이 스스로 그렇도록 보조할 뿐,
어떤 것도 감히 하지 않는다.

其安易持 其未兆易謀 其脆易泮 其微易散
爲之於未有 治之於未亂
合抱之木 生於毫末 九層之臺 起於累土 千里之行 始於足下
爲者敗之 執者失之 是以聖人 無爲故無敗 無執故無失
民之從事常於幾成而敗之
愼終如始 則無敗事 是以聖人欲不欲 不貴難得之貨 學不學
復衆人之所過 以輔萬物之自然 而不敢爲

─────────── 문법과 용어 풀이 ───────────

- 其安易持에서 其는 불특정한 것을 가리는 대명사이다.
- 其脆易泮에서 泮은 제거除去하다이다.
- 爲之於未有에서 之는 불특정한 문제를 받는 대명사, 於는 개사, 未有는 동명사이다. 有 뒤에 객어 之가 생략되어 있다.
- 合抱는 한 아름을 뜻한다.
- 累土는 평지平地이다(『御定道德經註』, 文淵閣四庫全書電子版).
- 爲者敗之에서 之는 爲의 생략된 객어를 받을 것이다.
- 民之從事에서 之는 조사, 從은 명령을 따르다이다. 직역하면 백성이 명령을 따라서 하는 일이다.
- 常於幾成而敗之에서 於는 幾成을 받는 개사, 幾成은 이루어지려 함(將成)(『御定道德經註』, 文淵閣四庫全書電子版), 而는 조사, 之는 앞의 從事를 받는 대명사이다.
- 復衆人之所過에서 復은 되돌리다, 구제하다는 뜻이다(『御定道德經註』, 文淵閣四庫全書電子版).

- 以輔萬物之自然에서 以는 而이다.

其기 그것, 安안 안정된 것, 易이 쉽게, 持지 지키다, 未미 아직 아니, 兆조 징조가 있다, 謀모 도모하다, 脆취 약한 것, 泮반 제거하다, 微미 미미한 것, 散산 흩어버리다, 爲위 하다, 之지 그것, 於어 에, 未有미유 아직 있지 않음, 治치 다스리다, 亂난 어지러움, 合抱합포 아름드리, 之지 의, 木목 나무, 生생 생기다, 毫末호말 털끝, 九層구층, 臺대, 起기 생기다, 累土누토 평평한 땅, 千里천리, 行행 감, 始시 시작하다, 足下족하 발아래, 者자 놈, 敗패 실패하다, 之지 그것, 執집 잡다, 失실 잃다, 是以시이 그러므로, 聖人성인, 無爲무위, 故고 그러므로, 無무 갖지 않다, 民민 백성, 之지 조사, 從종 명령에 따르다, 事사 일, 常상 항상, 於어 에, 幾기 거의, 成성 이룸, 而이 조사, 愼신 신중하다, 終종 끝, 如여 과 같다, 始시 시작, 則즉 면, 欲욕 하려하다, 不불 아니, 貴귀 귀히 여기다, 難난 하기에 어렵다, 得득 얻다, 之지 의, 貨화 재화, 學학 배우다, 復복 구제하다, 衆중 뭇, 人인 사람, 所소 바, 過과 잘못하다, 以이 연사, 輔보 돕다, 萬物만물, 自然자연 스스로 그러함, 而이 연사, 敢감 감히

억지로 시킨 일은 망치기 마련

안정되어 있는 것은 보존하기가 쉽다. 징조가 아직 나타나지 않는 문제는 처리하기가 쉽다. 마찬가지로 약한 것은 제거하기가 쉽고 기세가 미미한 것은 흩어버리기가 쉽다.

길을 따르는 지도자는 자신의 의지대로 어떤 일도 벌이지 않는다. 모든 문제는 사람들이 이름과 싶음에 매여서 일을 벌이는 순간부터 시작되기 때문이다. 헛된 일로 아직 문제의 징후조차도 나타나지 않을 때에 미리 그 일을 중단시켜 문제를 예방한다. 같은 방식으로 아직 질서가 어지럽혀지지 않을 때 미리 다스린다. 왜냐하면, 아름드리 나무도 터럭끝만한 작은 것에서부터 자라나고, 구층의 누대라도 맨땅에서부터 세워지며, 천리 길도 한 걸음부터 시작하는 것처럼, 모든 큰 문제

들이 아주 작은 일로부터 생기지만, 한 번 커진 문제는 해결하기가 매우 어렵기 때문이다.

그런데 흔히 위정자들이 자신의 뜻대로 일을 벌여 나가기를 좋아한다. 그러나 이름에 매여서 일을 하는 자는 실패하고, 싫음에 사로잡혀 뭔가를 굳게 쥐고 있는 자는 잃는다. 그러므로 성인은 자기 이름에 따라서는 어떤 것도 하지 않으므로 실패하지 않고, 자기 싫음에 따라서는 어떤 것도 잡고 있지 않으므로 잃지 않는다.

위정자가 자기의 뜻대로 백성을 부리면 백성은 기껏해야 시키는 대로만 할 뿐, 창의성을 발휘하지 않는다. 모든 세상사는 매우 복잡하여, 아무리 똑똑한 지도자라도 다 파악할 수 없으므로, 일이 진행되는 중에 어떤 문제가 어떻게 터질 줄은 누구도 알 수가 없다. 이런 문제들은 백성이 알아서 현장에서 풀어가지 않으면 안 되지만, 지시만 따르는 백성은 윗사람의 눈치만 살피면서 문제를 보려 하지도 않고 설령 보았더라도 방관할 것이다. 따라서 시켜서 하는 일은 처음에 잘 되어 가는 것 같지만 결국 망치고 만다. 그러므로 자기의 생각이 아무리 옳다고 믿더라도 함부로 일을 지시하지 않아야 하고, 어쩔 수 없이 지시하더라도 백성이 결정하여 스스로 일을 처리하도록 해야 하며, 일의 진행을 살피면서도 처음부터 끝까지 신중하게 백성의 마음을 따라야만 일을 망치지 않는다.

그러므로 성인은 자기의 싫음을 가지지 않으려고 하고, 얻기 어려운 재화를 귀하게 여기지 않으며, 이름으로 채워진 지식 따위를 배우지 않기 위하여 노력한다. 뭇 사람들이 만들어놓은 잘못된 문제까지도 해결하여 모든 것을 원래대로 되돌려놓는다. 그러면서도 만물이 스스로 그러하도록 보조할 뿐, 감히 자기의 의지에 따라서는 어떤 일도 하지 않는다.

65장

옛날에 길을 잘 실천함이란

옛날에 길을 잘 실천함이란
길로서 백성을 지혜롭게 해주잖고
오히려 어리석게 해주었던 것이다.
백성을 다스리기 어려운 것은
백성의 지략智略이 많기 때문이라,
지략으로 다스리면 나라에 해가 되고
지략으로 하잖으면 나라에 복이 된다.
이 둘을 아는 것이 마땅히 도리인데,
도리를 아는 것을 현덕玄德이라 부른다.
현덕은 심오하고 아득하구나.
남들과는 정반대로 다스려야만
백성의 큰 순응(大順)을 이루게 된다.

古之善爲道者 非以明民 將以愚之
民之難治 以其智多 故以智治國 國之賊 不以智治國 國之福
知此兩者亦稽式 常知稽式 是謂玄德

玄德深矣 遠矣 與物反矣 然後乃至大順

문법과 용어 풀이

- 非以明民에서 以는 以之를 줄인 것이다. 직역하면 '그것(道)으로서 백성을 밝게 하는 것이 아니라'가 될 것이다.
- 非以明民 將以愚之에서 '非~將~'은 '~아니라 ~이다'의 문형이다.
- 以其智多에서 以는 때문이다(because), 智는 지략智略이다.
- 國之賊에서 賊은 害라는 뜻으로 전용될 수 있다.
- 知此兩者亦稽式에서 稽式은 준칙을 뜻한다.
- 與物反矣에서 物은 남이다.
- 然後乃至大順에서 乃는 비로소, 至는 이루다이다. 직역하면 그런 다음에 비로소 대순을 이룬다가 될 것이다.

古고 옛날, 之지 의, 善선 잘, 爲위 하다, 道도 길, 者자 놈, 非비 아니다, 以이 그것으로서, 明명 밝게 하다, 民민 백성, 將장 오히려, 愚우 어리석게 하다, 之지 그것, 民민 백성, 之지 조사, 難난 ~하기에 어렵다, 治치 다스리다, 以이 때문이다(because), 其기 그, 智지 지혜, 多다 많다, 故고 그러므로, 以이 로서, 國국 나라, 之지 의, 賊적 해, 不불 아니, 福복, 知지 알다, 此차 이, 兩者양자, 亦역 당연히, 稽式계식 도리, 常상 항상, 是시 이것, 謂위 이르다, 玄德현덕, 深심 심오하다, 矣의 조사, 遠원 멀다, 與여 과, 物물 남, 反반 반대로 하다, 然後연후 그런 다음에, 乃내 비로소, 至지 이루다, 大順대순 큰 순응

책략을 버리면 저절로 다스려진다

옛날에 길을 잘 실천하는 것이란 길로써 백성을 뭔가에 밝게 해주는 것이 아니라 어리석게 해주었던 것이다. 무슨 소린가?

『맹자孟子』의 첫 머리에는 매우 긴장감 넘치는 이야기가 나온다. 맹

자가 양혜왕을 처음 찾아갔을 때, 왕이 이렇게 묻는다. "큰 학자께서 천리 길을 멀게 여기지 않고 찾아오셨으니, 제 나라를 이롭게 할 어떤 방안을 마땅히 가지고 계시겠지요?" 맹자는 곧바로 왕의 말에 꼬투리를 잡는다.

"왕께서는 어찌하여 이로움을 말씀하십니까? 저는 오직 어짊(仁)과 의로움(義)만을 생각할 뿐입니다. 왕께서 어떻게 내 나라를 이롭게 할까라고 말하면, 고관들이 어떻게 내 집을 이롭게 할까라고 말하고, 선비들과 서민들은 어떻게 내 몸을 이롭게 할까라고 말할 것입니다. 위아래가 서로에게서 이익을 얻으려 한다면 나라가 위험해집니다. 만 개의 수레를 관장하는 큰 나라(萬乘之國)의 임금을 살해하는 자는 천 개의 수레를 관장하는 집안(千乘之家)이요, 천 개의 수레를 관장하는 나라(千乘之國)의 임금을 살해하는 자는 백 개의 수레를 관장하는 집안입니다. 천 수레의 집안이 만 개 중에서 천 개를 가졌고, 백 수레의 집안이 천 개 중에서 백 개를 가졌으면, 많지 않은 것이 아닙니다만, 의로움을 뒤로하고 이로움을 앞세우면 서로가 빼앗지 않고서는 결코 만족할 수 없을 것입니다."

이 이야기 속에서는 리利(이익)와 인의仁義(어짊과 의로움)가 대립하고 있다. 리란 각자가 부나 권력을 더 많이 갖는 것이고, 인은 남을 사랑하는 것이고, 의는 남과 사회의 안녕을 먼저 생각하는 것이다. 인의를 실천하려면 자신의 이익을 포기하지 않으면 안 된다. 사람은 리에 집착하여 리에 밝을 수도 있고, 인의에 집착하여 인의에 밝을 수도 있다. 백성이 밝다는 것은 백성이 뭔가에 집착하여 그것에 민감하다는 것이다. 백성이 어리석다는 것은 백성이 어떤 것에 관심이 없어서 그것에 어둡다는 것이다. 백성이 리에 집착하지 않아서 리를 모르면 리에 어리석고, 인의에 집착하지 않아서 인의를 모르면 인의에 어둡다. 노자에게는 리나 인의나 모두 이름에 속하는 것이다. 그러므로 노자의 진정한 어리석음이란 모든 이름을 몰라서 모든 이름에 어둡다는 뜻일 것이다.

노자는 무슨 이름에라도 밝으면 문제가 있다고 생각한다. 그 중에서도 이익에 밝은 것을 특히 큰 문제라고 생각할 것이다. 맹자의 말처럼 모두가 이익을 앞세워서 이익에 밝아지면 아랫사람들이 자기의 분수를 모르고 윗사람을 시해하려 할 것이다. 그러므로 옛날에 길을 잘 실천하는 것이란 그 길로써 백성이 이익 따위에 밝게 하기보다는 오히려 어둡게 하는 것이다.

그런데 아랫사람이 윗사람을 넘보려면 그를 해칠 온갖 지략을 부려야 한다. 그 지략의 한 실례를 들어보자. 당나라 말기에 구사량仇士良이란 환관宦官(내시)이 있었다. 그는 20여 년간 여섯 황제의 총애를 받아 권력을 전횡했다. 심지어 두 명의 황제, 네 명의 재상과 천여 명의 후궁을, 자기 권력을 유지하기 위해서 죽였다. 그가 병을 얻어 궁궐을 떠나면서 후배 환관들에게 전한 권력 전횡의 비법은 이렇다. 황제를 한순간도 심심하게 해서는 안 된다. 황제가 언제든지 사냥과 가무, 여자, 술과 음식을 즐길 수 있도록 철저히 준비하고 또 준비해야 한다. 황제를 사치와 오락만을 밝히도록 해야, 그가 학식 있는 사람을 만나지도 책을 읽지도 않게 되어 바보가 된다. 그러면 환관들이 황제의 명령을 자기 뜻대로 조작하여 권력을 오래도록 농락할 수가 있다(쩌우지멍 지음, 김재영 옮김, 『권력규칙』, 한길사). 구사량은 권력이라는 이름에 강하게 집착했다. 그는 권력의 생리에 밝았고, 그러므로 황제를 농락하는 지략을 가지게 되었다.

그런데 구사량이 윗사람을 우롱하는 지략을 가지게 되는 것은 이전의 황제들이 대대로 권력을 유지하려고 지략을 중시했기 때문이기도 하다. 구사량이 지략을 썼으므로 그 밑에 있는 환관들은 물론, 백성까지 지략을 추구했을 것이다. 백성이 지략을 많이 가질수록 다스리기 어렵다. 그러므로 지략으로써 나라를 다스리는 것은 나라에 해가 되고 지략으로써 다스리지 않는 것은 나라의 복이 된다. 이 두 가지를 아는 것이 당연히 중요한 다스림의 준칙이 된다. 이 준칙을 항상 알고 있는 것을 일러 현덕玄德이라 한다. 현덕은 심오하고 아득하다. 이것은 지략을 쓰지 않으려 하는 것이므로, 지략을 널리 열심히 구하는 일반 지도자의 준칙과는 반대가 된다. 지도자가 이익을 구하는 지략을 쓰지 않아야만 모든 백성이 다 순응하는 상황(大順)을 이룰 수 있다.

영리할수록 어리석다

그런데 백성이 어리석지 않고 밝기 때문에 생긴 문제는 권력을 위태롭게 하는 것에서 끝나는 것일까?

우리는 환관 구사량은 밝다고만 생각하기 쉽다. 구사량은 권력의 생리에 밝았다. 그래서 그 권력을 잡았고, 사람들을 마음대로 부리면서, 권력이 주는 달콤함에 취했을 것이다. 그러나 그는 권력에 집착하여 그 권력만이 살길이라고 믿고 권력만을 위해서 살았으므로 권력에 매였다. 권력은 결국 그를 지배하는 신이 되고 말았다. 그 신은 그가 만든 것이므로, 그것을 버리고 청산에 묻혀 살 수 없는 것은 아니었지만, 그것이 죽음이라고 여겼을 것이다. 뿐만 아니라, 권력을 잡고 권력을 행사할수록 희생자가 늘어났을 것이므로, 권력을 잃으면 보복으로 죽음을 면키 어려운 것이 현실이 되었을 것이다. 그러므로 그는 모든 것들을 권력의 눈으로만 보았다. 예컨대 권력을 지키는 데 방해가 되는 사람을 죽이는 것을 아무렇지 않게 생각했다. 그는 권력에 취해 사람을 사람으로 보지 못했다. 그는 권력에 밝았기 때문에 다른 것에는 어리석었다. 영리한 바보였다.

그리고 그는 황제를 사치와 오락에 빠뜨리는 데는 매우 밝았다. 그러나 그는 오락이 권력을 잃는 지름길이라고 믿고 있었을 것이므로, 그것을 마음놓고 즐길 여유를 가질 수는 없었을 것이다. 뿐만 아니라 많은 사람을 죽였으므로 보복이 두려워 편한 잠도 이루지 못했을 것이다. 그는 남을 환락에 빠뜨리는 데는 매우 밝은 사람이었지만, 한 순간도 인생을 즐길 줄은 모르는 어리석은 사람이었다. 이 점에서도 그는 밝았기 때문에 어리석었다.

그렇다면 환관에 농락당했던 황제는 어리석기만 했는가? 그렇지 않았다. 그가 알면서 그랬든지 모르고 그랬든지 그는 환락에 탐닉하여 환락에 밝았다. 환락에 밝았기에 환락을 더욱 추구했고, 결국에 환락만이 자신의 삶이라고 믿기에 이르렀고, 환락만을 위해 살았을 것이다. 그에게 환락은 신이 되었다. 그가 그것을 버린다고 하더라도 죽지도 불행하지도 않을 수 있지만, 그는 그것을 죽음으로 여겼을 것이다. 그는 환락에만 밝아서 다른 것을 보지 못하는 바보가 되었다. 심지어 자기를 죽이려는 음모의 손길이 다가와도 알아차릴 수 없었다.

환관이나 황제나 다 밝았기 때문에 꿈을 꾸고 있었을 뿐이다. 꿈속에서는 그것이 꿈인 줄도 모를 것이므로, 꿈에서 깨어나지 않는 한, 김수연 명창이 부르는 이 흥타령을 결코 이해할 수가 없었을 것이다.

꿈이로다. 꿈이로다. 모두가 다 꿈이로다.

너도 나도 꿈속이요 이것저것이 꿈이로다.
꿈 깨이니 또 꿈이요 깨인 꿈도 꿈이로다.
꿈에 나서 꿈에 살고 꿈에 죽어 가는 인생
부질없다 깨려는 꿈, 꿈은 꾸어서 무엇을 헐 거나?
아니고 데고 어허 음~ 성화가 났네 에~

(http://www.youtube.com/watch?v=sC_O8fLduXo)

자본주의 사회에서 중요하게 여기는 돈은 원래는 물건을 편리하게 바꾸기 위한 수단에 불과하다. 그런데 이것이 통용되기 시작하면 돈이 사람을 지배한다. 돈이 있으면 황제처럼 환락을 누릴 수 있고, 심지어 환관 구사량처럼 권력을 행사할 수도 있지만, 돈이 없으면 삶을 유지하기도 어렵다. 사람들이 돈에 집착하여 돈에 밝을 수밖에 없다. 돈에만 밝기 때문에 돈이 신이 되어 자신을 지배한다는 환상을 가지며, 그런 환상을 갖기 때문에 사람들이 돈에 더욱 밝아진다. 환관과 황제가 권력과 환락의 눈으로 세상을 보는 것처럼 자본주의에서 사람들은 돈의 눈으로만 세상을 본다. 그러므로 다른 것을 잘 보지 못한다. 가족끼리 모여서 화투놀이에 몰두하면 그 순간에는 상대가 가족이라는 사실마저도 망각하곤 한다. 돈에 집착하면 거래하는 사람을 사람 그 자체로 보지 못한다. 모든 사람이 돈거래의 대상으로 단순하게 통일되어 버린다. 자본주의 사회에 사는 우리의 시야에서는 사람은 없어지고 소비자와 판매자, 돈을 받는 자와 주는 자만이 있다. 그러므로 화폐제도가 발전할수록 이웃과 친척, 가족관계가 냉엄한 돈 관계로 대체되면서 인간은 심한 고립감을 느낀다. 사람들은 돈에 밝기 때문에 따뜻한 인간관계를 버리는 어리석음에 이른다. 예컨대 비싼 집값도 교육비도 개인이 알아서 해결해야 하는 한국에서 젊은 사람들이 스스로 돈을 모아서 집을 마련하기란 거의 불가능하다. 젊은 사람들이 돈에만 집착하여 돈에만 밝을 수밖에 없다. 돈에 밝을수록 주변 사람을 살필 수 없고, 결혼과 출산, 자신의 생명까지도 무시할 수밖에 없다. 사회 자체의 존속이 위험스럽게 되었다. 우리 사회는 지금 특히 젊은 사람들이 돈에만 밝아서 돈 꿈을 꾸고 인생을 어리석게 살아가도록 강요하고 있다. 돈만 보고 내달릴 수밖에 없는 사람이 어떻게 길가에 핀 노란 민들레를 감상할 수 있을까?

66장
강과 바다가 온 골의 왕

강과 바다가 온(百) 골의 왕인 것은
아래 머물기를 잘함으로써
그들의 왕일 수가 있기 때문이니,
누구든 백성 위에 머물고 싶으면
반드시 말로는 아래에 머물고,
백성의 앞에 서고 싶으면
반드시 몸을 뒤에 세운다.
그러므로 성인이 위에 있어도
백성이 부담을 전혀 안 받고,
앞에 서도 백성이 해를 안 입어,
천하가 왕으로 추대하길 좋아하고,
그에게 싫증을 느끼지 않는데,
왜냐하면 아무와도 다투지 않으므로,
천하의 누구라도 다툴 수 없기 때문이다.

江海所以能爲百谷王者 以其善下之 故能爲百谷王
是以欲上民 必以言下之 欲先民 必以身後之
是以聖人處上而民不重 處前而民不害
是以天下樂推而不厭
以其不爭 故天下莫能與之爭

문법과 용어 풀이

- 江海所以能爲百谷王者 以其善下之 故能爲百谷王은 한 문장일 것이다. 者까지가 주어, 以其 이하는 보어이다. '㉠所以㉡者'는 '㉠이 ㉡한 까닭'의 문형이다. 以는 때문이다(because), 善은 잘하다, 下之는 그것의 아래 머물다는 뜻이다.
- 民不重은 수동형 문장으로 볼 수 있다.
- 是以天下樂推而不厭 以其不爭 故天下莫能與之爭도 한 문장이다. 厭까지가 주문장, 以(because) 이하는 종속문장이다. 與之의 與는 개사, 之는 대명사이다. 是以 앞의 내용과 以 뒤의 내용이 동시에 天下樂推而不厭의 원인이다.

江강, 海해 바다, 所以소이~ 者자 까닭, 能능 할 수 있다, 爲위 되다, 百백, 谷곡 골, 王왕, 以이 때문이다(because), 其기 그것, 善선 잘하다, 下하 아래 되기, 之지 그것, 故고 그러므로, 是以시이 그러므로, 欲욕 하려고 하다, 上상 의 위에 머물다, 民민 백성, 必필 반드시, 以이 로서, 言언 말, 下하 의 아래 머물다, 先선 의 앞에 서다, 身신 몸, 後후 의 뒤에 서다, 是以시이 그러므로, 聖人성인, 處처 있다, 上상 위에, 而이 연사, 不불 아니, 重중 부담을 받다, 前전 앞에, 害해 해입다, 天下천하, 樂락 좋아하다, 推추 추대하기, 厭염 싫어하다, 爭쟁 다투다, 莫막 아니, 與여 와

낮추어야 참된 왕

강과 바다가 온 골의 왕이 될 수 있는 까닭은 골들보다 아래 머물기를 잘함으로써 온 골의 왕이 될 수 있기 때문이다. 계곡을 막아서 만든

저수지도 여러 골물들을 모아서 생태계를 이루고 왕이 된다. 이곳에는 저수지 위의 물만 모이고 아래 물은 강과 바다로 바로 나아간다. 이 물은 틈만 생기면 흘러 내려가므로 둑을 관리하지 않으면 안 된다. 인공으로 만든 산정호수도 물을 모아 나름대로 생태계를 이루고 역시 왕이 된다. 예전에는 밤에 생산한 전기 힘을 저장하기 위해서 높은 곳에 저수지를 짓고 그곳으로 물을 끌어올렸다. 그런 산정호수의 물은 저수지 물과는 달리 저절로 모인 것이 아니다. 그 물도 틈만 있으면 흘러 내려가므로 저수지처럼 항상 둑을 관리하지 않으면 안 된다. 강과 바다도 물을 모아서 생태계를 이루고 왕이 된다. 그런데 이곳에는 일부의 물이 아니라 온 골의 물이 스스로 모여든다. 둑을 막지도 않고 양수기로 끌어올리지도 않지만, 윗골물은 물론 아랫골물도 다 모인다. 모인 물은 떠나지 않으니 틈을 막으려고 둑을 단속할 필요가 없다. 강과 바다가 이룬 생태계는 저수지와 산정호수에 비해 크고 풍요롭다. 그러므로 강과 바다는 온 골물의 제대로 된 왕이다. 이것들이 온 골의 참다운 왕이 되는 까닭은 무엇인가? 저수지와 산정호수와는 달리 아래 머물기를 잘해서 왕이 될 수 있기 때문이다. 저수지와 산정호수는 아래 머물지 않고 위에 머물기 때문에 적은 물을 모아서 겨우 어설픈 왕이 될 수 있다. 강과 바다만이 온 골물의 진정한 왕이 될 수 있다.

　진정한 왕이 되려면 강과 바다처럼 자기를 낮추어서 왕이 되어야 한다. 그래서 백성의 위에 머물고자 하는 사람이라면 반드시 자신을 낮추는 말을 사용하여야 하며, 백성의 앞에 서고자 하는 사람이라면 앞에서 설치거나 자랑하기보다는 반드시 백성의 뒤에 서서 행동거지를 겸손하게 해야 한다. 이런 사람이 성인이므로, 성인은 위에 머물면서도 백성에게 부담을 주지 않고, 앞에 있으면서도 백성에게 해를 끼치지 않는다. 그리고 그는 누구와도 다투지 않으므로, 이 세상 그 누구도 그와 다툴 수 없다. 그렇기 때문에 천하가 그를 왕으로 추대하기를 좋아하고, 그에게 싫증을 느끼지 않는다. 만약 그가 강력한 무력으로 다른 사람과 다투어 이겨서, 이 세상에 누구도 그와 다툴 수 없다면, 천하가 겉으로는 그를 왕으로 인정하지 않을 수 없지만 속으로는 그를 싫어할 것이다.

67장
천하가 우리 길이 크다고 여겨

천하가 우리 길이 크다고 여겨
다들 본받지 않는 것 같다.
무릇 크다고 여길 뿐이므로
본받으려 하지 않은 것 같다.
만약 오랫동안 본받아 왔다면,
그것은 아주 하찮은 것이다.
우리는 세 가지 보물을 간직했다.
첫째는 사랑(慈)이고, 둘째는 검소(儉)이며,
셋째는 천하 앞에 감히 서지 않음이다.
우리는 사랑하니 용감할 수 있고,
검소하니 부를 늘릴 수 있으며,
감히 천하 앞에 서지 않으니
천하의 지도자가 될 수가 있다.
지금은 다들 사랑 않고 용감하고,
검소하지 않고서 부를 늘리며,
뒤에 서지 않고 앞장서서 망한다.
무릇 사랑으로 싸우면 이기고

사랑으로 방어하면 견고해진다.
하늘은 그런 이를 구원해주고,
사랑으로 감싸서 보호해준다.

天下皆謂我道大 似不肖 夫唯大 故似不肖 若肖久矣 其細也夫
我有三寶 持而保之 一曰慈 二曰儉 三曰不敢爲天下先
慈故能勇 儉故能廣 不敢爲天下先 故能成器長
今舍慈且勇 舍儉且廣 舍後且先 死矣
夫慈以戰則勝 以守則固 天將救之 以慈衛之

문법과 용어 풀이

- 似不肖에서 似는 ~한 것 같다, 肖는 본받다(仿效)이다. 자칭 불초자不肖子란 훌륭한 부모님을 본받지 못한 자식이라는 뜻이다.
- 夫唯大에서 大는 크다고 여기다이다.
- 若肖久矣에서 若은 이면(if), 久는 오래되다, 矣는 조사이다. 직역하면 '만약 본받음이 오래되었다면'이 될 것이다.
- 其細也夫에서 細는 하찮다, 也夫는 감탄사이다.
- 儉故能廣에서 廣은 늘리다이다.
- 器長에서 器는 만물(有形的具體事物), 長은 우두머리다.
- 舍慈且勇에서 舍는 버리다, 且는 연사(and)이다.
- 死矣에서 死는 망하다이다.
- 以守則固에서 以는 以之이고 之는 慈를 받는다.
- 天將救之에서 將은 돕다이다.
- 以慈衛之에서 衛는 지켜주다이다.

天下천하, 皆개 모두, 謂위 생각하다, 我아 우리, 道도 길, 大대 크다, 似사 것 같다, 不불 아니, 肖초 본받다, 夫부 무릇, 唯유 오직, 大대 크게 여기다, 故고 그러므로, 若약 이면(if), 久구 오래되다, 矣의 조사, 其기 그것, 細세 미미하다, 也夫야부 감탄사, 有유 가지다, 三삼 세가지, 寶보 보물, 持지 지키다, 而이 연사, 保보 보존하다, 之지 그것, 一일 첫째, 曰왈 이다, 慈자 사랑, 二이 둘째, 儉검 검소, 三삼 셋째, 不불 아니, 敢감 감히, 爲위 되다, 天下천하, 先선

앞, 故고 그러므로, 能능 할 수 있다, 勇용 용감하다, 廣광 늘리다, 成성 되다, 器기 만물, 長장 우두머리, 今금 지금, 舍사 버리다, 且차 연사, 後후 뒤, 先선 앞, 死사 망하다, 矣의 조사, 夫부 무릇, 以이 연사, 戰전 싸우다, 則즉 면, 勝승 이기다, 以이 그것으로서, 守수 지키다, 固고 견고하다, 天천 하늘, 將장 돕다, 救구제하다, 衛위 지켜주다

사랑하지 않으면 이겨도 망한다

언젠가 미국에서 온 대학생들과 식사를 같이 한 적이 있다. 내가 살아 있는 목포 세발낙지를 통째로 맛있게 먹자 그들은 따라 먹어볼 생각은 하지 않고 질겁하면서 나를 이상하게 생각했다. 맛있다고 말해줘도 감히 시도조차 하지 못했다. 일반적으로 오직 어떤 것이 이상하다고 믿으면, 아무리 맛있는 것이라도 따라서 먹어볼 생각조차 하지 않는다. 그러나 한 번 먹기 시작해서 자주 먹다보면 그것이 별게 아니라는 것을 알게 될 것이다. 그것을 먹기란 누워서 빵 먹기만큼이나 쉬운 것이다. 천하의 사람들이 노자의 길이 대단한 것으로 여겨서 본받지 않은 것 같다. 다들 그것이 크다고 여기기 때문에 그 길을 따라서 해볼 생각을 하지 않는다. 그러나 그것을 따라 하기 시작해서 오랫동안 계속하다 보면 그것이 별것이 아니라는 것을 알게 될 것이다.

길을 따르는 사람은 세 가지를 보물을 가지고 있다. 그 보물은 대단한 것이 아니다. 그것들을 따라하다 보면 살아 있는 세발낙지 먹기만큼이나 쉽다. 그 세 가지는 사랑(慈, 내리 사랑), 검소(儉), 그리고 감히 천하의 앞이 되지 않는 것이다. 진정으로 지도자가 백성을 사랑하면 백성이 위기에 처했을 때 백성을 구하려고 용감하게 나설 수 있다. 백성을 사랑하지 않는 지도자는 저 살기에 바쁘다. 검소하면 재원도 백성도 군사도 늘릴 수 있다. 감히 천하 사람들의 앞에 나서지 않고 뒤에서 천하를

보살피면 다른 사람들의 성원으로 자연스럽게 지도자가 될 수 있다.

 많은 지도자들은 만물을 사랑하지 않고 용감하다. 자기 백성과 남의 나라 인민을 사랑하지 않고 용감하게 전쟁을 일으켜서 많은 사람들을 죽이고 다치게 하면, 싸움에 져도 망하고, 비겨도 망하고, 이겨도 망한다. 이기고도 망한 나라가 역사에서 얼마나 많은가? 흔히 검소하지 않으면서 재원과 백성, 군사 등을 늘리려 한다. 그러려면 백성과 다른 나라를 수탈收奪하게 된다. 이러면 망하지 않는 나라는 없다. 많은 지도자들이 뒤에서 보살피려 하지 않고 앞에 나서서 설치곤 한다. 설치면 인심을 잃고 인심을 잃으면 망한다.

 무릇 백성과 인민을 사랑하면서 싸우면 이기고, 사랑하면서 방어하면 견고하다. 『맹자』에는 이런 말이 나온다. 어진 왕이 형벌을 신중히 하고 세금을 적게 거두면 백성들이 깊이 밭을 갈고 김을 잘 매며, 성장한 사람들이 틈틈이 효도와 우애, 충성심을 익혀서 집안에서는 부모와 형제를 섬기고 밖에서는 어른을 섬길 것이다. 그런데 이웃나라의 왕은 농사철에 백성을 동원하므로, 백성이 농사를 지어 부모를 봉양할 수가 없어서, 부모들이 얼어 죽고 형제와 처자식들이 뿔뿔이 흩어지게 된다. 이럴 때에 어진 왕이 자기 백성에게 몽둥이를 만들어서 이웃나라를 쳐부수게 하면, 아무리 그 나라의 갑옷이 견고하고 무기가 예리하다고 하더라도 갑옷과 무기를 사용할 백성이 없을 것이니, 반드시 이길 것이다. 그래서 어진 사람에게는 대적할 자가 없다(仁者無敵)고 한다(『孟子』, 梁惠王章句上).

 하늘은 어진 지도자를 도와서 어려움에서 구원해주고, 사랑으로써 보호해준다. 그런데 하늘은 어질지 않다(天地不仁)(5장)고 하지 않았는가? 어찌 하늘이 어진 사람을 사랑하고 도와주겠는가? 그러므로 하늘이 사랑하고 돕는다는 말은 비유일 뿐이다. 이 말은 백성을 사랑하면 하늘이 도와주는 것처럼 백성들과 그 밖의 많은 사람들의 지원을 받으면서 어려움 없이 삶을 누릴 수 있다는 뜻이다.

68장
지휘를 잘하는 이는

지휘를 잘하는 이는 무력을 쓰지 않고,
싸움을 잘하는 이는 성을 내지 않으며,
적을 잘 이기는 이는 맞붙어 싸우지 않고,
남을 잘 부리는 이는 자기 몸을 낮춘다.
이것들을 다투지 않는 덕이라 하고,
사람을 부리는 능력이라 하며,
하늘을 받드는 도리라 한다.

善爲士者不武 善戰者不怒 善勝敵者不與 善用人者爲之下
是謂不爭之德 是謂用人之力 是謂配天古之極

문법과 용어 풀이

- 善爲士者不武에서 士는 지휘관(將領), 武는 무기를 사용하다이다. 직역하면, 지휘관질을 잘하는 자는 무력을 쓰지 않는다이다.
- 善勝敵者不與에서 與는 대적하다이다.
- 善用人者爲之下에서 爲는 에게(개사), 之는 그, 下는 낮추다.

344

- 是謂不爭之德 이하의 是는 모두 앞의 문장들 전체를 받는다.
- 是謂配天古之極은 앞의 두 문장과 형식이 같다. 配는 동사, 天古가 객어이다. 配는 배향하다, 古는 하늘의 상징(天爲古 地爲久), 極은 도리(中正的准則)이다.

善선 잘, 爲위 하다, 士사 지휘자 노릇, 者자 놈, 不불 아니, 武무 무력을 쓰다, 戰전 싸우다, 不불 아니, 怒노 성내다, 勝승 이기다, 敵적 적, 與여 대적하다, 用용 쓰다, 人인 사람, 爲위 에게, 之지 그, 下하 낮추다, 是이 이것, 謂위 이르다, 爭쟁 다툼, 之지 의, 德덕, 力력 능력, 配배 배향하다, 天古천고 하늘님, 極극 도리

사람을 잘 부리려면 자기를 낮춘다

지휘를 잘하는 사람은 무력을 쓰지 않는다. 노자에게 지휘를 잘함이란 잘 지배하는 것이 아니라, 모든 사람들이 조화롭게 행복을 누리면서 살아가도록 잘 다스리는 것이다. 그런데 만약 어떤 지도자가 자기의 의지대로 세상을 끌고 가기 위해서 무력으로 자기 백성을 통치하고 남의 나라를 침공한다면, 그것은 잘 지배하는 것일 수는 있어도 잘 지휘하는 것은 아니다. 이와는 달리, 만약 어느 원시사회 공동체의 추장이 자기 공동체와 이웃 공동체의 성원들에게 함부로 무력을 사용하지 않고 바다처럼 모두를 포용하여 스스로 어울려 살아가도록 보살피고 지켜준다면, 자기 부족은 물론 남의 부족도 잘 지휘한다고 할 수 있을 것이다. 그런데 그가 무력을 쓰지 않지만 자기 마음대로만 하려고 고집을 부린다면 지휘를 잘한다고 볼 수는 없을 것이다. 따라서 무력을 쓰지 않는다고 반드시 지휘를 잘하는 것은 아니지만, 무력을 쓰고서는 결코 지휘를 잘할 수는 없다. 그러므로 진정으로 지휘를 잘하는 사람은 무력을 쓰지 않는다.

잘 싸우는 사람은 성내지 않는다. 자기의 이름과 싫음을 접어둔 사람은 성낼 가능성이 매우 적다. 성을 내는 것은 자기 주관이 분명하기 때문이다. 성낸 사람은 시야가 좁을 수밖에 없고, 감정에 치우쳐 사태를 냉정하게 처리하기 어렵다. 그리고 아무리 자기의 주장이 정당하다고 하더라도 다른 사람들의 공감과 지원을 얻어내기가 어렵다. 많은 사람들은 성냄 자체를 싫어하고 그 이유를 이해하지 못하기 때문이다. 그러므로 성낸 사람은 결코 잘 싸울 수가 없다. 물론 성내지 않는다고 모두가 잘 싸우는 것은 아니다. 싸울 힘이 없는 사람이 성내지 않는다고 잘 싸울 수 있겠는가? 그러나 성을 내고서는 잘 싸울 수 없기 때문에, 잘 싸우는 사람은 결코 성을 내지 않는다고 말할 수 있다.

적을 잘 이기는 자는 맞붙어 싸우지 않는다. 노자에게 잘 이긴다는 것은 무조건 이기는 것만이 아니다. 많은 희생을 치르거나, 상대에게 원한을 안기고 이긴다면, 그것은 잘 이긴 것이 아니다. 잘 이긴 것이란 적의 진심 어린 동조까지 얻어내는 것이다. 적과 맞붙어 싸운다면 진 경우는 말할 필요조차 없고, 이긴다 하더라도 적이 원한을 품을 것이므로 결코 잘 이긴 것이 아니다. 적을 잘 이기는 사람은 결코 싸우지 않고 이긴다.

사람을 잘 부리는 자는 상대에게 자신을 낮춘다. 사람을 잘 부리는 것이란 그 사람의 진정어린 지원을 받는 것이다. 억지로 부리는 것은 잘 부리는 것이 아니다. 남을 잘 부리려면 자신을 낮추어야 한다. 유성룡 선생의 『징비록懲毖錄』에서는 다음과 같은 이야기가 있다. 이순신 장군이 울돌목에서 12척의 배로 일본군의 300여 척을 물리치고 완도에 속한 고금도에 머물고 있을 때, 명나라 수군이 파견되었다. 도독(총책임자)은 진린이었는데, 그의 군사들은 고금도로 가는 길에 수령을 함부로 때리고, 한 찰방의 목을 새끼로 묶어서 끌고 다니는 행패까지 부렸다. 이 말을 전해들은 대신들이 한결같이, 진린이 이순신의 권한을 빼앗고 우리의 군사를 괴롭힐 것이니 이순신이 전쟁에 질 것이 뻔하다고 탄식했다. 그런데 이순신은 진린이 온다는 말을 듣고 병사들에게 물고기와 사슴, 멧돼지를 잡아두게 했다. 진린 부대가 도착하자 전군이 도열하여 환영하고, 군사들을 극진하게 대접하니, 진린과 장졸들이 크게 만족했다. 얼마 후 이순신은 가까이 쳐들어온 일본군 배를 군사들을 보내 쳐부수고, 적군의 머리 40개를 진린에게 바치고 모두 진린의 공으로 돌렸다. 이순신은 '아왕阿王(아부의 왕)'처럼 보인다. 아무튼 진린은 기대 이상의 대접을 받았다고 생각해 모든 일을 이순신과 논의하고 행차 시에는 이순신과 나란히 갈 뿐, 앞으로 나서지 않았다. 심지어 이순신의 제언을 받아들여 명나라 군사들도 백성들의 물건을 빼앗으면 매로 다스리도록 했다. 이순신은 자기를 낮추어서 진린을 잘 부렸다. 남을 잘 부리는 사람은 자기를 낮춘다.

무력을 쓰지 않으므로 지휘를 잘하고, 성 내지 않으므로 싸움을 잘하며, 적과 대결하지 않으므로 적을 잘 이기고, 자기를 낮추므로 사람을 잘 부리는 것을 일러, 다투지 않은 덕이라 하고, 사람을 잘 쓰는 재능이라 하며, 하늘을 받드는 도리라 한다.

69장
병기 쓰는 사람

병기 쓰는 사람들이 이런 말을 한다.
감히 주인이 되기보다 손님이 되며,
감히 한 치(3.33cm)라도 나가기보다
오히려 한 자(33.3cm)를 뒤로 무른다.
이것을 함이 아닌 것을 하고,
팔이 아닌 것을 걷어붙이며,
적이 아닌 것을 불러내오고,
병기가 아닌 것을 잡는다고 한다.
잘못 중에 큰 잘못은 얕보는 것이고
얕보는 것은 보물을 잃는 것이다.
그러므로 병기 들고 맞붙는 싸움에선
슬퍼하는 사람이 이기기 마련이다.

用兵有言 吾不敢爲主而爲客 不敢進寸而退尺
是謂行無行 攘無臂 扔無敵 執無兵
禍莫大於輕敵 輕敵幾喪吾寶

故抗兵相加 哀者勝矣

문법과 용어 풀이

- 用兵有言을 직역하면 '병기를 쓸 때 말이 있다'가 된다.
- 行無行 攘無臂 扔無敵 執無兵에서 無는 아니다(非)이다.
- 輕敵幾喪吾寶에서 幾는 거의(將近)이다. 직역하면 적을 얕보면 나의 보물을 거의 잃는다가 된다.
- 抗兵相加에서 加의 객어인 공격 등이 생략되었을 것이다.

用용 쓰다, 兵병 병기, 有유 가지다, 言언 말, 吾오 나, 不불 아니다, 敢감 감히, 爲위 되다, 主주 주인, 而이 연사, 客객 손님, 進진 나아가다, 寸촌 한 치, 退퇴 물러나다, 尺척 한 자, 是시 이것, 謂위 이르다, 行행 행하다, 無무 아니다, 行행 행함, 攘양 걷어붙이다, 臂비 팔, 扔잉 끌어당기다, 敵적, 執집 잡다, 兵병 병기, 禍화, 莫大於막대어 보다 큰 것이 없다, 輕경 가벼히 보다, 幾기 거의, 喪상 잃다, 吾오 나, 寶보 보물, 故고 그러므로, 抗항 들어올리다, 兵병 병기, 相상 서로, 加가 가하다, 哀애 슬퍼하다, 者자 놈, 勝승 이기다, 矣의 조사

적을 얕보면

병기를 사용하는 사람들이 흔히 하는 말이 있다. "나는 감히 주인이 되지 않고 손님이 되며, 감히 한 치(3.33cm)라도 나가지 않고 한 자(33.3cm)를 물러난다." 이 말은 싸움을 도발하는 자가 되지 않고 어쩔 수 없을 때에만 싸움에 응하는 자가 되며, 감히 공격하기보다는 방어하고, 싸움에 신중해야 한다는 의미일 것이다. 이것을 일러, 싸움함이 아닌 것을 하고, 팔이 아닌 것을 걷어붙이며, 적이 아닌 것을 불러들이고, 병기가 아닌 것을 잡는다고 한다. 싸움함이 아닌 것을 한다는 것과 싸움을 하지 않는다는 것은 어떤 차이가 있을까? 싸움을 하지 않으려

는 것은 싸움을 할 것인가 말 것인가를 고민하는 수준이다. 그런데 싸움함이 아닌 것을 한다는 것은 예컨대 평화외교를 한다는 것까지도 포함한다. 이 경우에는 싸움을 하지 않는다는 것은 너무나 당연하다. 흔히 싸움함을 걸 때는 팔을 걷어붙이고 욕설을 퍼붓는다. 이런 짓을 하지 않는 것보다는 이런 짓이 아닌 것, 예컨대 꽃다발을 보내는 것이 싸움을 피하는 더 강력한 의지를 담고 있다. 적을 불러내지 않는 것보다는, 상대를 적이 아니라 친구로 불러내는 것이, 그리고 병기를 잡지 않는 것보다는 병기가 아닌 농기구를 잡는 것이 싸움을 피하는 더 강한 의지를 담는다.

싸움에는 신중하고 또 신중한 것이 좋다. 싸울 때 가장 잘못된 것은 적을 얕보는 것이다. 적을 얕보는 것은 자신의 보물과 같은 비장의 무기를 잃는 것과 마찬가지다. 임진왜란 명나라 군대는 평양성에 주둔한 일본군을 처음에 얕보고 공격했다가 패했다. 다시 전략을 신중하게 펼쳐서 일본군을 평양성에서 몰아냈다. 그 후 고양시에 있는 벽제관에서 일본군을 다시 얕보고 공격했다가 크게 패했다.

슬퍼하는 이순신이 이겼다

"그러므로 병기를 들고 맞붙어 싸울 때에는 슬퍼하는 사람이 이긴다(故抗兵相加 哀者勝矣)". 이것이 무슨 말인가? 이순신의 명량해전을 예로 들면 이 말이 쉽게 이해된다. 노자의 이야기는 잠시 접어두고 400여 전의 울돌목(鳴梁)으로 남도 여행을 떠나자.

이순신이 모함으로 감옥에 갇힌 사이, 자신이 구축해놓은 수백 척의 조선함대가 일본군에게 괴멸壞滅당했다. 그는 겨우 남은 13척의 배로, 남해안을 장악하고 북진하는 수백 척의 일본수군과 맞붙어 싸우게 되었다. 이순신의 명량해전 일기를 정리하면 다음과 같다.

"1597년 음력 9월 15일. 이날 부하들에게 이렇게 당부했다. '병법에 이르기를, 반드시 죽고자 하면 살고, 반드시 살고자 하면 죽는다(必死則生 必生則死). 한 사람이 길목을 지켜서 천 사람을 두렵게 할 수가 있다(一夫當逕, 足懼千夫)'.

1597년 9월 16일. 보초가 달려와 적선 200여 척이 명량을 통과하여 진지로 향해 온다고 보고했다. 곧바로 출동 명령을 내리고 바다로 나아가니 적선 130여 척이 우리 배들을 향해 밀려왔다. 내가 탄 지휘선이 적진 쪽으로 나아가 포탄과 화살을 비바람같이 쏘아댔지만, 다른 배들이 모두 진군하지 않고 바라만 보고 있어서 일이 어찌 될지 알 수가 없었다. 배 위의 군사들은 질려서 얼굴빛이 변한 채로 서로를 쳐다보았다. 나는 부드럽게 타일렀다.

'적의 배가 천 척이라도 감히 우리 배에는 곧바로 덤벼들지 못할 것이니 조금도 동요하지 말고 힘을 다해 적을 쏘아라.'

다른 배들을 둘러보니 1마장쯤 물러나 있었고, 특히 우수사 김억추가 탄 배는 2마장쯤 떨어져 있어서 아득했다. 당장 중군장中軍將 김응함金應誠의 배로 가서 그의 목을 베서 내걸고 싶었으나, 내 배가 물러나면 다른 배들이 더 달아나고 적선이 기세를 올리고 덤벼들 것 같아서, 그럴 수가 없었다. 하는 수 없이 신호 깃발(슈下旗와 招搖旗)을 올려 다른 배를 부르니, 중군장 김응함의 배가 다가오는 사이에, 거제 현령 안위安衛의 배가 먼저 도착했다.

'안위야, 군법에 따라 죽고 싶으냐?'

진격하려는 안위의 배를 다시 불렀다.

'네가 군법에 따라 죽고 싶으냐? 도망간다고 살 것 같으냐?'

안위의 배가 적진으로 나아갔다. 그리고 김응함에게 말했다.

'너는 중군장인데도 멀리 피하여 대장을 구하지 않으니, 그 죄를 어찌 면할 수 있겠느냐? 당장 처형하고 싶으나, 전세가 위급하니 공을 세우게 한다.'

김응함의 배도 적진으로 나아갔다. 안위의 배가 교전하려 할 때 적장의 배에 가까이 있던 적선 2척이 안위의 배로 접근하여 적병들이 개미떼처럼 배에 붙어 오르려 했다. 안위 배의 군사들이 몽둥이, 창, 돌(水磨石)로 마구 쳐서 겨우 막아내고 있었다. 우리 격군(노 젓는 병사) 7, 8명도 물에 빠져 헤엄치고 있으나 구할 수 없을 것 같았고, 군사들도 지쳐가고 있었다. 나는 뱃머리를 돌려 안위의 배가 있는 곳으로 나아갔다. 군사들이 적선을 향해 포와 화살을 빗발치듯 쏘아댔다. 안위 배의 군사들도 죽기를 각오하고 쏘아대자 적장의 배를 포함한 적선 세 척이 거의 뒤집혔을 때, 녹도 만호 송여종, 평산포 대장 정응두가 잇달아 와서 협력하여 적을 쏘아 죽이니 한 놈도 살아남지 못했다. 그때 안골(지명) 적진에서 투항해온 왜인 준사俊沙가 내 배 위에서 바다에 빠져 있는 적을 굽어보고 소리쳤다.

'무늬 있는 붉은 비단옷을 입은 자가 바로 안골진에 있던 적장 마다시馬多時입니다'.

날쌘 김돌손金乭孫을 시켜 낚아 올렸더니, 준사가 좋아 껑충껑충 뛰면서 말했다.

'정말, 마다시입니다'.

곧바로 시체의 목을 베서 적들에게 보이니 적의 기세가 크게 꺾였다. 우리 배들은, 적이 다시는 덤비지 못할 것을 알고, 일제히 북을 울리고 함성을 지르면서 쫓아 들어가 지자地字, 현자玄字 총통과 화살을 마구 쏘아대니, 그 소리가 바다와 산을 뒤흔들었다. 드디어 우리와 맞붙은 적선 31척을 쳐부수었다. 다른 적선들은 후퇴하여 달아나고는 다시 우리 수군에게 가까이 오지 못했다. 싸우던 바다에 그대로 정박하고 싶었지만, 바람도 거세게 불어 물결이 몹시 험하고 형세도 외롭고 위태하여, 당사도로 옮겨 정박하고 밤을 지냈다. 이번 일은 실로 천행天幸이었다."

이 싸움에 임하는 세 종류의 사람이 있다. 첫째는 일본군, 둘째는 도망가는 조선 장병들, 셋째는 열심히 싸운 조선 장병들이다. 첫째, 일본군은 매우 무모하게 전투를 치렀다. 좁은 해협을 망설이지 않고 통과하고 적의 강한 화력을 고려하지 않고 선두의 배들로만 근접전을 시도했다. 적을 깔보았음에 틀림이 없다. 그들은 이긴다고 생각하고 '김칫국부터 마셨을 것이므로' 슬퍼하지 않았을 것이다. 둘째, 도망간 조선 장병들은 자신들이 진다고 생각하면서 겁을 먹었을 것이다. 이들은 도망가기에 바빴으므로, 슬퍼할 겨를조차 없었을 것이다. 셋째, 김돌손, 김응함, 송여종, 안위, 이순신, 정응두, 준사와 같이, 열심히 싸운 조선군 장병들은 전투에 이긴 것이 하늘이 도운 행운(天幸)이라고 믿었다. 질 수 있다는 생각을 하면서 죽음을 각오했기 때문일 것이다. 이들은 전투 중에 매우 슬펐을 것이다. 그런데 무릇 냉정하지 않으면 슬플 수가 없다. 예컨대 흥분해서 통곡할 때는 슬픔을 모른다. 슬픈 장병들은 냉정했으므로, 사태를 잘 파악하고 싸웠을 것이다.

승리를 믿고 슬퍼하지 않은 사람은 적을 깔보아서 지고, 적이 두려워서 도망가면서 슬플 겨를이 없는 사람은 싸우지 않고도 진다. 병기를 높이 들고 서로 맞붙어 싸울 때는, 슬퍼하는 사람은 냉정하게 사태를 잘 판단하므로, 슬퍼하지 않거나 슬퍼할 겨를조차 없는 사람을 이길 것이다.

70장
내 말은 매우 알기가 쉽고

내 말은 알기가 매우 쉽고,
실천하기도 매우 쉬운 것인데,
천하가 모르고 실천하지 않는다.
나의 말에는 요지要旨가 있고,
나의 일에는 요점要點이 있는데,
무릇 그것들을 모를 뿐이라
나를 천하가 알아주지 않는구나.
나를 아는 사람이 드물지라도
나라는 사람이 오히려 귀하다.
그러므로 성인은 삼베옷을 걸쳤지만
마음에는 귀한 옥을 지니고 있다.

吾言甚易知 甚易行 天下莫能知 莫能行
言有宗 事有君 夫唯無知 是以不我知
知我者希 則我者貴 是以聖人被褐懷玉

문법과 용어 풀이

- 吾言甚易知에서 吾言은 주어, 甚易는 부사, 知는 알아지다이다.
- 不我知는 원래 不知我인데 부정사 때문에 知我가 도치되었다.
- 則我者貴에서 則은 그러나, 者는 我를 강조하는 조사이다.

吾오 나, 言언 말, 甚심 매우, 易이 쉽게, 知지 알아지다, 行행 행해지다, 天下천하 천하의 사람들, 莫막 아니, 能능 할 수 없다, 知지 알다, 行행 행하다, 有유 가지다, 宗종 요지, 事사 일, 君군 요점, 夫부 무릇, 唯유 오직, 無무 아니, 知지 알다, 是以시이 그러므로, 我아 나, 希희 드물다, 則즉 그러나, 者자라는 것은, 貴귀 귀하다, 是以이시 그러므로, 聖人성인, 被피 입다, 褐갈 갈옷, 懷회 품다, 玉옥

삼베옷 걸쳤지만 옥을 품었다

　노자는 자기 말은 매우 알기 쉽고 매우 실천하기도 쉬운데, 천하의 사람들이 알지 못하고 행하지도 못한다고 아쉬워한다. 그의 말에는 요지가 있고, 그의 말을 실천하는 데는 요점이 있다. 요지는 이름과 싫음을 갖지 않는 것(無名, 無欲)이고, 요점은 싫음에 따라 헛된 일을 벌이지 않는 것(無爲, 無事)이다. 사람들이 이 쉬운 것을 알아듣지 못하므로, 노자를 이해하지 못할 것이다.

　그러나 그는 실망하지 않는다. 노자는 자기를 이해해주는 자가 드물지라도, 자신이 귀하다고 여긴다. 세상 사람들이 노자를 이해하지 못하는 것은 모두가 이름과 싫음에 사로잡혀 있기 때문이다. 이런 사람들이 노자가 말하는 길을 이해한다면, 그 길은 참된 길이 아니다. 낮은 수준의 선비인 하사下士가 길을 듣고 크게 비웃지 않으면 그것은 길이 아니고(41장), 그가 노자를 알아준다면 노자는 귀하지 않을 것이다. 성인은 비단옷을 입고 고급차를 타기보다는 누추한 옷을 입고 걸어 다니

므로 세상 사람들은 그의 귀함을 알지 못한다. 그러나 귀하다. 그는 겉에 허접한 삼베옷을 걸쳤지만 속에는 귀한 옥을 껴안고 있다.

결국 노자는 자기의 길을 닦으며 스스로 만족하고, 남이 알아주기를 간절하게는 바라지 않는다. 물론 바라기는 바란다. 남이 알아주면 더욱 기쁠 것이다. 그러나 남이 알아주지 않더라도 조금도 실망하지 않는다. 자기의 길과 그 길을 간직한 자신이 귀하다는 것을 알기 때문이다. 그는 외로운 사람이면서도 외롭지 않다. 노자만이 아니라 자기를 수양하는 모든 사람들이 다 그럴 것이다. 『논어』의 첫머리를 보자.

"배우고 그것을 익히면 마땅히 스스로 기쁘지 아니한가? 멀리서 벗이 찾아오면 마땅히 즐겁지 아니한가? 남들이 자기를 알아주지 않더라도 서운하게 여기지 않으면 마땅히 군자가 아니겠는가?(學而時習之 不亦說乎 有朋自遠方來 不亦樂乎 人不知而不溫 不亦君子乎)"

바른 삶의 자세를 배우고 그것을 익혀나가면, 마땅히 스스로 기쁘다. 그런데 가까운 곳에서는 말할 것도 없고 먼 곳에서까지 벗들이 소문을 듣고 같이 배우고 익히자고 찾아오면 마땅히 즐겁다. 그러나 아무도 자기를 이해하지 못할 수도 있다. 그렇더라도 서운하게 여기지 않고 계속 배우고 익히면 마땅히 군자일 것이다. 자기의 길을 남이 알아주면 즐겁지만, 알아주지 않더라도 자기의 길을 담담하게 가는 이의 모습은 아름답고도 귀하다.

71장
자기 모름을 아는 것

자기 모름을 아는 것이 최상이고,
자기 앎을 모르는 것이 잘못이다.
무릇 잘못을 잘못으로 여긴다면,
아무런 잘못을 짓지 않는다.
성인이 진정으로 잘못 짓지 않는 것은
항상 잘못을 잘못으로 여겨서
아무런 잘못을 짓지 않기 때문이다.

知不知 上 不知知 病
夫唯病病 是以不病 聖人不病 以其病病是以不病

──────────────── 문법과 용어 풀이 ────────────────

- 知不知에서 앞의 知는 타동사, 不知는 객어이다.
- 不知知에서 앞의 知는 타동사, 뒤의 知는 객어이다.
- 病은 병통이나 문제이다.
- 夫唯病病 是以不病에서 맨앞의 病은 잘못으로 여기다, 다음의 病은 잘못,

不病은 잘못을 짓지 않다이다. 이 문장은 일반적으로 보면 성인만이 아니라 누구나 오직 잘못을 잘못으로 여기기 때문에 잘못을 짓지 않는다는 의미이다.
- 以其病病是以不病에서 以는 때문이다(because)이다.

知지 알다, 不知부지 알지 못함, 上상 최상, 不知부지 모르다, 知지 앎, 病병 잘못, 夫부 무릇, 唯유 오직, 病병 잘못으로 여기다, 是以시이 그러므로, 不病불병 잘못하지 않다, 聖人성인, 以이 때문이다(because), 其기 그

똥개와 시인

하루살이는 그믐과 보름을 알지 못한다. 사람은 자기가 낳기 전과 죽은 후의 일을 알지 못한다. 과거는 들어서 알고, 미래는 추측하여 알 수 있으나, 그것은 제대로 아는 것이 아니라 상상해본 것에 지나지 않는다. 인간은 시간의 감옥에 갇혀 있다.

우물 안의 개구리는 우물 밖을 알지 못한다. 인간은 자기가 가본 곳 밖에는 잘 알지 못한다. 아무리 세계 여행을 많이 했다 하더라도 발로 밟아본 곳은 세계의 극히 적은 부분이다. 특히 단체 여행객들이 가본 곳은 비행기 안과 버스 안, 여관, 식당, 관광지 그리고 그것들의 주변일 뿐이다. 안 가본 곳을 소개한 책을 읽고 남이 찍은 사진을 보아서 아는 것은 짐작에 지나지 않는다. 인간은 공간의 감옥에도 갇혀 있다.

똥개 눈에는 똥만 보인다. 그 개가 어떻게 길가에 핀 매화를 볼 수 있겠는가? 달에 취하고 꽃에 홀린(醉月迷花) 시인은 똥을 보지 못한다. 인간은 저마다 자기의 이름과 싫음에 사로잡혀서 자기 마음대로 사물을 편집하여 체험한다. 그러므로 인간이 직접 체험해서 아는 것은 대단한 것이 아니라, 매우 미세하고 편협한 것이다. 특히 설문 조사로 생

산한 숫자 지식은 더욱 그렇다. 설문 조사란 미리 말과 개념을 정해놓고 그 틀 안에서만 그것도 수치로 단순화시켜 아는 것이기 때문이다. 인간은 개념의 감옥에도 갇혀 있다.

인생은 시간으로나, 공간으로나, 개념으로나 한계가 분명하다. 그러나 앎의 대상은 한계가 없다. 어떤 사람이 국내 여행을 매주 하고, 세계 여행을 달마다 하고도 모자라, 우주 여행을 해마다 해도, 안 가본 곳이 더 많다. 인간이 알고, 계속 알아도, 앎의 대상들이 얼마나 남았는지도 알지 못한다. 장자는 이렇게 말한다. "우리의 삶은 끝이 있다. 알 것은 끝이 없다. 끝이 있는 것이 끝이 없는 것을 따라가면 위태롭다. 그런데도 앎을 추구하는 것은 위태로울 뿐이다(吾生也有涯 而知也無涯 以有涯隨無涯 殆已 已而爲知者 殆而已矣)."

인간이 아무리 많이 안다고 해도 그 앎이란 하루살이나 우물 안의 개구리, 똥개의 앎과 크게 다르지 않다. 인간은 아는 것보다는 모르는 것이 많다. 그러므로 자기의 모름을 아는 것이 중요하다. 자기의 모름을 알면 자기의 앎이 얼마나 미미하고 편협한 것인가도 당연히 더 잘 알게 된다. 우물 안의 개구리가 우물 밖의 광대한 세계를 알지 못한다는 것을 알면 자기가 우물 안에 갇혀서 알고 있는 것이 별것이 아니라는 것을 당연히 안다. 자기의 모름을 아는 개구리는 몸이야 우물 안에 갇혀 있어도, 물에 잠긴 하늘에 흐르는 구름 사이로 날아가는 새의 실체가 우물 밖의 광활한 세계를 알고 있음을 안다. 마찬가지로 자기의 모름을 알아야만 하루살이는 한철살이 메뚜기의 앎을, 똥개는 시인의 앎을 인정할 수가 있다. 자기의 모름을 알아야 자기의 앎도 더 알 수 있고, 남의 앎도 이해할 수가 있다. 그러므로 자기의 모름을 아는 것이 최상이다.

이와는 달리 자신이 잘 알고 있다고 생각한 사람들이 적지 않다. 이런 사람들, 특히 '똑똑하고 잘난' 사람은 자기가 아는 것이 무엇이고 얼마인지도 당연히 알지 못한다. 그러므로 자기가 무엇을 얼마나 모르고 있다는 것도 알지 못한다. 자기의 앎을 모르니, 자기의 모름도 모르고 남의 앎도 인정하지 않는다. 이것이 자기 앎을 모르는 하루살이, 우물 안 개구리, 똥개, '똑똑한' 사람의 문제이다. 자기의 앎을 모르는 것이 문제이다.

이런 잘못을 잘못으로 여기는 사람은 잘못하지 않는다. 자기의 앎을 자기가 모른다는 것을 잘못으로 여기는 사람은, 이미 자기 앎의 한계를 깨닫고 자기의 모름이 얼마나 광대한지를 알며, 남의 앎을 존중하는 사람이기 때문이다. 하루살이가 아는 것이 하루뿐임을, 개구리가 아는 것이 우물 안뿐임을, 똥개가 아는 것이 똥뿐임을 깨달으면 잘못하지 않는다. 누구든지 무릇 자신의 잘못을 잘못으로 여길 뿐이면, 바로 그 때문에 전혀 잘못하지 않는다. 성인이 진정으로 잘못하지 않는 까닭은 자신의 잘못을 잘못으로 여겨서 잘못하지 않기 때문이다. 예컨대 자수성가한 사람은 나름대로 성실하고 능력이 탁월하여 잘못하지 않을 수 있다. 그러나 이런 사람은 나이가 들수록 자기의 앎을 확신하여 어려움을 겪기도 한다. 자신의 앎은 자기가 젊어서 한참 일을 할 때는 옳았음이 틀림없다. 그러나 상황이 바뀌면 그것은 일을 그르치게 할 수 있다. 칼이 물에 빠진 자리를 배에다 새겨놓고 배가 움직였는데도 새긴 자리에서 계속 칼을 찾는(刻舟求劍) 잘못을 범할 수도 있다. 그러므로 능력이 있어서 잘못하지 않는 것은 진정으로 잘못하지 않는 것이 아니다. 성인은 능력이 탁월하거나 다른 특별한 이유가 있어서 잘못하지 않는 것이 아니라, 오직 자기의 잘못을 잘못으로 여겨서 잘못하지 않기 때문에, 진정으로 잘못하지 않는다. 이것을 표로써 정리해 보자.

〈표 13〉 문제 없음의 원인과 종류

사람	문제 없음의 원인	문제 없음의 종류
성인	잘못을 잘못으로 여김	진정으로 잘못하지 않음
능력자	능력이 탁월함	불완전하게 잘못하지 않음
기타	기타 이유	불완전하게 잘못하지 않음

72장
백성이 위세를 두려워하지 않아야만

백성이 위세威勢를 두려워하지 않아야만
왕에겐 진정으로 큰 위세가 찾아든다.
백성이 그 거처를 깔보지 않고,
백성이 그의 삶을 싫어하지 않는다.
무릇 싫도록 누리지 않을 뿐이므로,
백성이 왕의 삶을 싫어하지 않는다.
따라서 성인은 자기 지위 알지마는
스스로 조금도 뽐내지 않고,
자기를 아끼지만 드높이지 않는다.
그러므로 저걸 버리고 이걸 취한다.

民不畏威 則大威至
無狎其所居 無厭其所生 夫唯不厭 是以不厭
是以聖人自知不自見 自愛不自貴
故去彼取此

문법과 용어 풀이

- 民不畏威에서 威는 위세威勢이다.
- 大威는 큰 위세, 곧 만백성이 스스로 순종하는 위세이다.
- 無狎其所居에서 無의 객어는 狎其所居이다.
- 無狎其所居에서 주어는 백성(民)이나 왕이고, 其는 백성이나 왕을 받는다. 백성을 ㉥, 왕을 ㉠, 백성의 거처를 ㉤, 왕의 거처를 ㉣라 할 때, 가능한 묶음은 4가지이다(《표 14》). 여기서는 대위는 백성이 왕을 순응하는 상태를 기술하므로 주어는 백성이고 其는 왕이 될 것이다(②).

〈표 14〉 無狎其所居, 주어와 객어 묶음

번호	조합	내용
①	㉥㉤	백성이 자기 거처를 깔보지 않음
②	㉥㉣	백성이 왕의 거처를 깔보지 않음
③	㉠㉤	왕이 백성의 거처를 깔보지 않음
④	㉠㉣	왕이 자기 거처를 깔보지 않음

- 無厭其所生에서 厭은 싫어하다이다. 주어는 백성, 其는 왕일 것이다.
- 夫唯不厭 是以不厭에서 앞의 厭은 실컷 누리다, 뒤의 厭은 싫어하다이다. 두 不厭의 주어는 백성이나 왕, 객어는 백성의 거처·생활이나 왕의 거처·생활일 것이다. 백성을 ㉥, 왕을 ㉠, 백성의 거처·생활을 ㉤, 왕의 거처·생활을 ㉣로 하면 묶음은 16 가지이다(《표 15》).

〈표15〉 夫唯不厭 是以不厭, 주어-객어 묶음 번호

번호	묶음	번호	묶음	번호	묶음	번호	묶음
①	㉥㉤-㉥㉤	⑤	㉥㉣-㉥㉤	⑨	㉠㉤-㉥㉤	⑬	㉠㉣-㉥㉤
②	㉥㉤-㉥㉣	⑥	㉥㉣-㉥㉣	⑩	㉠㉤-㉥㉣	⑭	㉠㉣-㉥㉣
③	㉥㉤-㉠㉤	⑦	㉥㉣-㉠㉤	⑪	㉠㉤-㉠㉤	⑮	㉠㉣-㉠㉤
④	㉥㉤-㉠㉣	⑧	㉥㉣-㉠㉣	⑫	㉠㉤-㉠㉣	⑯	㉠㉣-㉠㉣

그런데 夫唯不厭에서 厭을 '싫도록 누리다'로 보면 주어가 왕, 객어가 왕의 거처·생활이 되어야 하므로 ㉠㉣으로만 시작해야 한다. 그리고 대위大威가 백성의 순응을 가리킨다면 是以不厭의 주어는 ㉥, 객어는 ㉣일 수밖에 없으므로 뒤는 ㉥㉣로 끝나야 한다. 이 문장의 주어 객어 묶음은 ⑭인 ㉠㉣-㉥

㉯, 왕이 자신의 거처와 삶을 실컷 누리지 않을 뿐이므로, 백성이 왕의 거처와 삶을 싫어하지 않는다가 될 것이다.
- 自知는 자기를 알다이다
- 去彼取此에서 彼는 威(위세를 보이는 것)이고, 此는 聖人이하의 내용으로서 자기를 드러내지 않은 것 등일 것이다.

民민 백성, 不불 아니, 畏외 두려워하다, 威위 위세, 則즉 면, 大威대위, 至지 이르다, 無무 갖지 않다, 狎압 깔보다, 其기 그, 所소 바, 居거 머물다, 厭염 싫어하다, 生생 살다, 夫부 무릇, 唯유 오직, 厭염 실컷 누리다, 是以시이 그러므로, 聖人성인, 自知자지 자기를 알다, 見현 드러내다, 自愛자애 자기를 아끼다, 貴귀 귀한 대접을 받게 여기다, 故고 그러므로, 去거 제거하다, 彼피 저것, 取취 취하다, 此차 이것

백성이 왕의 삶을 싫어하지 않으니

『맹자孟子』의 '양혜왕장梁惠王章'에는 '백성과 함께 즐긴다(與同樂)'는 말이 나온다.

"왕께서 지금 여기서 음악을 연주하시면, 백성이 그 종과 북의 소리, 피리와 젓대의 가락을 듣고는 모두 머리가 아파 이마를 찌푸리며 서로 이야기하기를 '우리 왕이 음악 연주를 좋아하면서, 어찌 우리를 이와 같이 곤궁에 빠지게 하고, 아비와 아들이 서로 보지 못하게 하며, 형제와 처자가 흩어지게 하는가?'라고 하고, 왕께서 지금 여기서 사냥을 하시면, 백성들이 왕의 수레와 말(馬)소리를 듣고 아름다운 깃발을 보면서 모두 머리가 아파 이마를 찌푸리며 서로 이야기하기를, '우리 왕이 사냥을 좋아하면서, 어찌 우리를 이와 같이 곤궁에 빠지게 하고, 아비와 아들이 서로 보

지 못하게 하며, 형제와 처자가 흩어지게 하는가?'라고 한다면, 이것은 다른 것이 아니라 백성과 함께 즐기기 않기 때문입니다. 왕께서 지금 여기서 음악을 연주하시면, 백성이 그 종과 북 소리, 피리와 젓대 가락을 듣고는 모두 기뻐하는 기색을 보이고 서로 이야기하기를, '우리 왕께서 다행히 아프지 않으신가 보다, 어떻게 음악을 연주하실 수 있을까?'라고 하며, 왕께서 지금 여기서 사냥을 하시면, 백성들이 왕의 수레와 말(馬) 소리를 듣고 아름다운 깃발을 보면서 모두 기뻐하는 기색을 보이고 서로 이야기하기를 '우리 왕께서 다행히 아프지 않으신가 보다, 어떻게 사냥을 하실 수 있을까?'라고 한다면, 이것은 다름이 아니라 백성과 함께 즐기기 때문입니다."

백성과 함께 즐기지 않은 왕은, 자기가 위대하며 귀하다고 생각하며, 그것을 과시하고자 별난 옷을 입고 진귀한 음식을 먹으며 으리으리한 집에서 산다. 온갖 사치를 실컷 누리면서도, 백성의 삶은 배려하지 않고, 무거운 세금과 부역을 물려서 백성을 고통의 수렁으로 몰아넣는다. 백성과 즐거움을 함께 나누지 않고 저만 혼자서 사치를 누릴 뿐이므로 백성들은 이마를 찌푸리며 왕의 놀이를 증오한다. 그는 백성이 저항하면 무력으로 억압할 것이므로, 백성은 두려워하면서 그의 명령을 따르지 않을 수 없다. 위세란 사람들을 복종하게 하는 힘이므로, 이런 왕의 위세는 대단하다. 그러나 이것은 허울만 좋은, 불안한 위세일 뿐, 큰 위세일 수는 없다. 백성이 그가 망하기를 바라고, 그에게 증오심이 더욱 커지면 죽음마저도 두려워하지 않고 저항할 것이기 때문이다.

백성과 함께 즐기는 왕은 아마도 스웨덴의 지도자들과 같을 것이다. 우리는 앞에서 총리를 24년간이나 하고도 자기 집이 없었던 타게

엘르란데르에 대해서 이야기한 적이 있다. 그가 정계를 떠날 때 총리직을 넘겨받은 사람이 그의 비서관이었던 팔메이다. 그도 자기 선생을 본받아 국가를 '국민의 집'으로 만들고자 했다. 국민 위에 군림하려 들지 않고 국민을 보살폈다. 국정의 최고책임자였지만, 일반 시민들이 사는 곳에서 검소하게 입고, 소박하게 먹으며, 평범하게 살았다. 일과가 끝나면 경호원도 데리고 다니지 않았다. 어느 날 부인과 함께 일반인들이 가는 극장에서 영화를 보고 집으로 돌아오다가, 암살범이 쏜 권총을 맞고 세상을 떠났다. 국민들이 안타까워했다. 팔메 자신을 포함한 스웨덴 사람들은 이런 비극이 일어나리라고는 생각하지 않았고, 사고에도 대비하지 않았으므로 수십 년이 지난 지금까지도 범인을 잡지 못하고 있다. 그는 국민들과 함께 즐기려고 했다. 국민들이 지도자의 거처와 삶을 싫어할 리가 없다. 스웨덴의 지도자들은 대부분 이러하다. 국민들이 그들을 두려워하기는커녕, 스스로 존경하며 따른다. 세금을 많이 내라고 해도 거부감을 갖지 않는다. 이런 지도자의 위세는 두려움에서 나오는 것이 아니지만, 진정으로 큰 위세이다.

백성이 왕의 위세威勢를 두려워하지 않을 때라야 그 왕에겐 큰 위세가 찾아든다(民不畏威 則大威至). 이런 세상에서는 백성은 왕과 그의 거처를 업신여기지 않을 뿐더러 그의 삶을 싫어하지도 않는다(無狎其所居 無厭其所生). 무릇 왕이 자신의 거처와 삶을 실컷 누리지 않을 뿐이므로, 백성이 왕의 거처와 삶을 싫어하지 않는다(夫唯不厭 是以不厭).

지도자가 자기의 위세를 세우려 하지 않아야만 저절로 참위세가 세워진다. 그러므로 성인은 자신의 지위 따위를 잘 알지만 자기를 치장하며 자랑하지 않고, 자기를 소중하게 여기지만 자기를 귀하게 여기지 않는다. 따라서 성인은 자신을 과시하여 백성이 두려워하게 하는 작은 위세의 길을 버리고, 백성이 스스로 따르게 하는 큰 위세의 길을 취한다.

73장
결행함에 용감하면

결행決行함에 용감하면
나와 남을 죽이고,
결행치 않음에 용감하면
나와 남을 살린다.
이 둘 중에 하나는 이로운 것이고
다른 하나는 해로운 것이다.
하늘이 그 중 하나를 싫어하는데,
그 이유를 어느 누가 알 수 있겠나?
그래서 성인도 그걸 꺼린다.
하늘 길은 싸우지 않고 잘 이기고,
말하지 않고도 곧잘 받아내며,
부르지 않고도 스스로 오게 하고,
너그러우면서도 잘 도모圖謀한다.
하늘의 그물은 넓고도 넓으며
성글어도 아무것도 놓치지 않는다.

勇於敢則殺 勇於不敢則活 此兩者 或利或害
天之所惡 孰知其故 是以聖人猶難之
天之道 不爭而善勝 不言而善應 不召而自來 繟然而善謀
天網恢恢 疏而不失

문법과 용어 풀이

- 勇於敢에서 敢은 이름과 싫음에 따라 과감하게 결행하다, 勇은 피해 여부에 아랑곳하지 않고 실천한다는 뜻일 것이다. 於는 개사이다.
- 或利或害에서 或은 대명사(어떤 것)로서 각각 利와 害의 주어일 것이다.
- 天之所惡 孰知其故에서 其는 天之所惡를 받고, 故는 이유이다. 직역하면 하늘이 싫어하는 바, 그 이유를 누가 알겠는가가 된다.
- 聖人猶難之에서 猶는 또한, 難은 꺼리다, 之는 대명사이다.
- 不言而善應에서 應은 받다(接受)이다.
- 不召而自來에서 不召의 주어는 天之道, 來의 주어는 萬物이다. 직역하면 '(하늘의 길이) 부르지 않아도 (만물이) 스스로 오다'이다.

勇용 용감하다, 於어 에, 敢감 결행함, 則즉 면, 殺살 죽이다, 不불 아니, 活활 살리다, 此차 이, 兩者양자, 或혹 하나는, 利리 이롭다, 害해 해롭다, 天천 하늘, 之지 의, 所소 바, 惡오 싫어하다, 孰숙 누가, 知지 알다, 其기 그, 故고 이유, 是以시이 그러므로, 聖人성인, 猶유 또한, 難난 꺼려하다, 之지 그것, 天천 하늘, 道도 길, 爭쟁 다투다, 而이 연사, 善선 잘, 勝승 이기다, 言언 말하다, 應응 받다, 召소 부르다, 自자 스스로, 來래 오다, 繟천 너그럽다, 然연 조사, 而이 연사, 謀모 도모하다, 天천 하늘, 網망 그물, 恢恢회회 넓고도 넓다, 疏소 성글다, 失실 놓치다

하늘 그물 성글어도 놓침이 없네

지도자가 자기의 이름과 싫음에 사로잡혀 일을 결행함에 용감하면 생명을 죽인다. 예컨대 전쟁을 용감하게 수행하거나 강을 막고 산을

헐며, 핵발전소를 짓고 유전자를 조작하는 일을 용감하게 집행하면 생명이 다친다. 그렇지 않고 어떠한 유혹도 뿌리치고, 어떤 것도 결행하지 않고 자연에 맡겨두는 데 용감하면 생명을 살려낸다. 이 둘 중에서 하나는 만물에 이롭지만, 다른 하나는 해롭다. 이 해로운 것을 하늘이 싫어하는데, 그 이유야 누가 알겠는가? 하늘은 모든 것을 좋아하지도 싫어하지도 않지만, 용감하게 일을 벌이는 사람은 자기도 해를 입게 되므로 마치 하늘이 싫어하는 것과 같다. 아무튼 하늘의 길을 따르는 성인도 용감하게 일을 벌이는 것을 꺼린다. 심지어 들짐승에게 먹이를 주는 것도 조심하고 또 조심한다. 야성을 잃을까 염려하기 때문이다.

하늘의 길은 자기의 이름과 싶음을 갖지 않으므로 어떠한 결정도 자기가 하지 않는다. 그러므로 만물과 싸우지 않으면서도 만물을 잘 이기고, 만물에게 말하지 않으면서도 만물의 호응을 받으며, 만물을 부르지 않고서도 만물이 스스로 찾아오게 하고, 만물을 느슨하게 관리하면서도 천하의 일을 잘 처리한다. 하늘의 길은 모든 것을 만물에게 맡기고 만물을 믿고 따른다. 냅두고 냅둘 뿐이다. 하늘의 그물은 넓고도 넓은데, 성글지만 하나도 놓치지 않는다.

그러므로 위정자가 간섭하지 않으면 사람들은 지혜롭게 잘 살아간다. 추사 김정희 선생의 제자인 신광현申匡絢이 쓴 「위항쇄문委巷瑣聞 후서後敍」에는 이런 내용이 있다(한영규, 『조희룡과 추사파 중인의 시대』, 학자원, 78-79쪽).

"한 나라 길(道)의 진면목은 서울의 번화한 지역에서 볼 수 있는 것이 아니고, 한 사람의 길의 진면목은 벼슬하며 잘 나갈 때에 볼 수 있는 것이 아니다. 배불리 먹고 노래 부르는 태평세월의 백성은 밭을 갈고 샘을 파면서 살아갈 뿐, 왕의 가르침 따위는 서로 잊고 지낸다. 맨머리에 도롱이를 입고 다녀도 참된 자연의 모습(天眞)을 볼 수가 있지 않는가? 나무 하고 짐승을 치는 산골에서는 권세와 손익을 따지지 않는다. 사기와 거짓이 생겨나지 않기 때문이다."

74장

백성이 죽음을 두려워하지 않으면

백성이 죽음을 두려워하지 않으면
어떻게 죽이겠다, 위협할 수 있겠는가?
이에 늘 백성을 죽이겠다 협박하며
기이한 짓을 저지르는 자라면,
백성의 거센 저항을 받기 마련이니,
나라도 잡아서 죽일 수 있다.
누가 감히 이런 짓을 하겠는가?
죽이는 일은 전담자가 하는 건데,
흔히 제멋대로 사람을 죽인다.
이것을 목수 대신, 깎는다고 하는데,
목수를 대신해서 깎는 사람이
손 다치지 않기는 극히 드물다.

民不畏死 奈何以死懼之
若使民常畏死而爲奇者 吾得執而殺之 孰敢
常有司殺者殺 夫代司殺者殺
是謂代大匠斲 夫代大匠斲者 希有不傷其手矣

━━━━━━━━━ 문법과 용어 풀이 ━━━━━━━━━

- 若使民에서 若은 乃(이에, 이 때문에)이다.
- 爲奇者에서 奇는 기이하고(詭異) 바르지 못하다(不正)이다.
- 常有司殺者殺을 직역하면 '항상 죽임을 전담하는 자가 있어서 죽인다'가 된다.
- 吾得執而殺之에서 得은 할 수 있다(can), 之는 '~者'를 받는다.
- 夫代司殺者殺에서 代는 무자격자가 역할을 대신하다는 것이다. 직역하면 '무릇 죽임을 전담하는 자를 대신해서 죽인다'가 될 것이다.

民민 백성, 不불 아니, 畏외 두려워하다, 死사 죽음, 奈何내하 어찌, 以이 으로서, 死사 죽음, 懼구 위협하다, 之지 그, 若약 이 때문에, 使사 하게 하다(let), 常상 항상, 而이 연사, 爲위 하다, 奇기 기이하고 바르지 못한 짓, 者자 놈, 吾오 나, 得득 할 수 있다, 執집 잡다, 而이 연사, 殺살 죽이다, 孰숙 누구, 敢감 감히, 有유 있다, 司사 맡아하다, 殺살 죽이는 일, 夫부 무릇, 代대 대신하다, 是시 이것, 謂위 이르다, 大대 큰, 匠장 목수, 斲착 깎다, 夫부 무릇, 希희 드물게, 有유 있다, 傷상 다치다, 其기 그, 手수 손, 矣의 조사

죽이는 사람은 자기도 죽는다

백성이 죽음을 두려워하지 않으면 어떻게 죽이겠다고 백성을 위협할 수 있겠는가? 삶을 포기한 사람에게는 겁날 것이 없다. 어떤 권력자는 백성을 본보기로 죽이고 다른 사람들을 죽이겠다고 위협하면서 백성을 착취한다. 이런 사람이 바로 백성이 항상 죽음을 두려워하도록 만들면서 백성에게 못된 짓을 하는 자다. 이것이 처음에는 통용될지 모른다. 시간이 지나면 반항하는 백성이 생길 수밖에 없는데, 그런 백성을 처형한다면, 백성의 원성은 더욱 커지고 저항하는 백성은 더욱 늘어날 것이다. 가족과 친지를 잃고 원한에 사무친 백성이 모두 목숨을 걸고 대들면 그의 추종자들도 서서히 등을 돌리게 되어 결국에는

독재자가 죽음으로 내몰릴 것이다. 이리 되면 무력을 싫어하는 노자라도 그를 잡아서 죽일 수 있다. 누가 감히 백성을 죽이면서 괴롭히려 하는가? 독재자는 곧 죽을 수밖에 없다.

꽃을 지게 하는 일과 같이, 사람 죽이는 일을 담당하는 것도 하늘 길(天道)이다. 사람의 생명은 스스로 그러함(자연)만이 빼앗을 수 있다. 사람이 사람을 죽이는 것은 억지로 꽃을 따는 것과 같다. 그런데 흔히 권력자들이 하늘 길의 노릇을 대신해서 백성을 함부로 죽이곤 한다. 이것은 무면허의사가 뇌수술을 하는 것과 같다. 목수도 아닌 사람이 큰 목수 노릇을 대신해서 나무를 깎다가 손을 다치지 않은 경우와, 운전을 한 번도 해본 적이 없는 사람이 지 멋대로 대형차를 몰다가 사고를 내고 다치지 않은 경우는 거의 없다. 하늘 길의 노릇을 대신해서 사람을 죽이는 자는 결국 자기가 죽임을 당한다.

75장

백성이 배고픈 것은

백성이 진정으로 배고픈 것은
위에서 받아먹는 세금이 많아
백성의 배가 고프기 때문이다.
백성을 다스리기 어려운 것은
위에서 이름 따른 함을 가져서(有爲)
백성을 다스리기 어렵기 때문이다.
백성이 죽음을 가볍게 여기는 것은
위에서 후한 삶을 누리려 해서
백성이 죽음을 가볍게 여기기 때문이다.
무릇 삶을 대단찮게 여기는 것이
삶을 귀히 여김보다 오히려 현명하다.

民之饑 以其上食稅之多 是以饑
民之難治 以其上之有爲 是以難治
民之輕死 以其求生之厚 是以輕死
夫唯無以生爲者 是賢於貴生

문법과 용어 풀이

- 民之饑 以其上食稅之多是以饑에서 之는 조사, 以는 때문이다(because)이다.
- 以其上之有爲에서 以는 때문이다(because), 之는 주어 뒤에 오는 조사이다.
- 以其求生之厚에서 其 다음에 上이 빠진 듯하다.
- 唯無以生爲者에서는 無의 객어는 以生爲者일 것이다. 以㉠爲㉡은 ㉠을 ㉡으로 여기는 것이 되므로, 無以生爲者는 삶을 무언가로 여기는 것을 갖지 않다로 직역할 수 있다.
- 是賢於貴生에서 是는 唯無以生爲者를 받을 것이다.

民민 백성, 之지 조사, 饑기 배가 고프다, 以이 때문이다, 其기 그, 上상 위, 食식 먹다, 稅세 세금, 之지 조사, 多다 많다, 是以시이 그러므로, 難난 하기에 어렵다, 治치 다스리다, 有爲유위 무위의 반대, 是以시이 그러므로, 輕경 가볍게 여기다, 死사 죽음, 求구 추구하다, 生생 삶, 之지 의, 厚후 후함, 夫부 무릇, 唯유 오직, 無무 없다, 以이 으로서, 爲위 삼다, 者자 것, 是시 이, 賢현 현명하다, 於어 보다, 貴귀 귀히 여기다

빼앗기지 않으면 사막에서도 산다

진정으로 백성의 배가 고픈 것은 위에서 세금을 너무 많이 받아먹음으로써 배가 고프기 때문이다. 백성은 흉년이 들어서도 배가 고플 수 있다. 그러나 흉년이 들어도 위에서 착취하지 않으면 백성은 죽음을 면할 수는 있다. 백성은 대부분 흉년을 이겨낼 지혜를 대물림으로 발전시켜가기 때문이다. 착취를 당하지 않으면 사막, 혹한의 땅, 히말라야의 산속에서도 사람들은 살아남지만, 물산이 풍부한 열대 지방에서도 많이 빼앗기면 사람들은 굶어 죽는다. 뿐만 아니라 거친 자연 환경 때문에 배가 고프면 억울하지는 않으나, 빼앗겨서 배가 고프면 억울하다. 억울하면 더욱 배가 고프게 느껴진다. 한편 위에서 비록 세금

을 많이 거두었더라도 많이 먹지 않으면 반드시 백성이 주리지 않는다. 거둔 세금을 백성의 복지에 많이 쓴다면 백성이 곯지 않을 것이다. 스웨덴과 독일에서는 전체 총생산(GDP)의 거의 절반을 세금으로 거두어서 그것의 대부분을 복지에 쓴다. 나머지도 나라 운영에 긴요한 곳에만 쓴다. 한 푼도 정치인과 공무원의 사치와 치부에 쓰지 않는다. 그러므로 진정으로 백성이 배가 고픈 것은 다른 것이 아니라, 위에서 세금을 너무 많이 거두어서 많이 먹음으로써, 배가 고프기 때문이다. 한국 국민의 삶이 고달픈 것은 무엇 때문이겠는가? 세금을 거두어서 일부 권력자, 그와 결탁한 사람들이 많이 먹기 때문이다.

진정으로 백성을 다스리기 어려운 것은, 위에서 온갖 이름에 따라 제도를 지어 사람들을 경쟁시키고 마음을 혼란하게 만들기 때문이지 다른 이유가 있어서가 아니다. 노자는 이름과 싶음에 따라 함이 없으면 백성은 저절로 다스려진다고 믿는다.

백성이 죽음을 가볍게 여기는 것은 위에서 허영심에 따라 풍족한 삶을 살겠다고 백성을 착취하여, 백성이 살맛을 잃고 죽는 것을 겁내지 않기 때문이다.

흔히 윗사람이 자기의 이름과 싶음에 따라 삶에 대해 대단한 의미를 부여하고 그 의미에 합당한 후한 삶을 누리기 위해서 백성의 고혈을 짜내곤 한다. 이런 짓을 하지 않는 것이 자기 삶을 귀하게 여기는 것보다 훨씬 현명하다.

76장

산 사람은 부드럽고

산 사람은 부드럽고, 죽은 사람은 빳빳하다.
살아 있는 만물 초목은 유연하지만,
죽어 있는 것들은 말라서 딱딱하다.
그래서 빳빳한 것은 죽음의 무리요,
부드러운 것은 삶의 무리이므로,
병기가 단단하면 이기지 못하고,
굳센 것은 언제나 재앙이 된다.
단단하고 큰 것은 아래에 머물고,
부드럽고 작은 것은 위에 머문다.

人之生也柔弱 其死也堅强
萬物草木之生也柔脆 其死也枯槁
故堅强者死之徒 柔弱者生之徒
是以兵强則不勝 木强則兵 强大處下 柔弱處上

◦ 문법과 용어 풀이 ◦

- 人之生也柔弱에서 之는 조사, 生은 살아 있다, 也는 조사, 弱은 부드럽다이다.
- 其死也堅强에서 其는 그것, 死는 죽다, 强은 단단하다(固)이다.
- 萬物草木에서 萬物의 일부가 草木이므로 둘 중에 하나가 없는 것이 자연스러울 것 같다.
- 木强則兵에서 木强은 질직하면서 굳세다(質直剛强), 則은 조사, 兵은 재앙이라는 의미로 전용된다.

人인 사람, 之지 조사, 生생 살아 있다, 也야 조사, 柔弱유약 부드럽다, 其기 그것, 死사 죽다, 堅强견강 빳빳하다, 萬物만물, 草木초목, 柔脆유취 유연하다, 枯槁고고 말라서 딱딱하다, 故고 그러므로, 者자 놈, 死사 죽음, 之지 의, 徒도 무리, 生생 삶, 是以시이 그러므로, 兵병 무기, 强강 단단하다, 則즉 면, 不불 못, 勝승 이기다, 木强목강 굳세다, 則즉 조사, 兵은 재앙(災), 强강 빳빳하다, 大대 크다, 處처 처하다, 下하 아래, 柔유 부드럽다, 弱유 약소하다, 上상 위

움직여야 부드러우니

사람의 살아 있는 몸은 부드럽다. 그 주검은 빳빳하다. 살아 있는 만물 초목은 유연하다. 그 죽은 것은 말라서 딱딱하다. 그래서 단단하고 굳센 것은 죽음의 무리요, 부드럽고 약한 것은 삶의 무리다. 죽어감이란 부드러운 것이 딱딱해져가는 과정이다. 부드러울수록 죽음이 멀고, 딱딱할수록 가깝다. 부드러울수록 삶이 길고, 딱딱할수록 짧다. 사람의 몸을 부드럽게 하려면 어떻게 해야 할까? 사람은 식물이 아니라 동물에 속한다. 식물은 움직일수록 굳어지고, 동물動物(움직이는 물건)은 움직일수록 유연하다. 사람이 움직이는 본성을 거부하면 서서히 빳빳해진다. 사람의 몸은 움직여야 부드럽고 부드러워야 오래 산다. 사람

의 마음은 어떻게 해야 부드러운가? 이름과 욕심에 집착하면 마음이 굳어진다. 이름과 싫음을 버려야 부드러워진다. 마음이 부드러워야 병이 적다. 사람의 몸은 움직여야 부드럽고 마음은 비워야 부드럽다. 몸과 마음이 부드러워야 오래 산다.

모든 것이 부드러워야 오래 산다. 그러므로 병기가 단단하면, 적을 이기지 못한다. 예컨대 부드러움이 없는 칼은 강한 것처럼 보이지만 쉽게 부러진다. 천하의 명검은 잘 휘어진다. 유연한 강함이 진정한 강함이다. 굳세기만 한 것은 재앙이다. 딱딱한 것은 위에 머물러 있고자 하여도 결국 연한 것을 이길 수 없기 때문에 아래로 내몰린다. 그러나 부드러운 것은 항상 아래에 머물려고 하여도 참으로는 강한 것이므로 결국은 위를 차지하게 된다.

77장
하늘의 길은 마치 활줄을 당기는 듯

하늘의 길은 마치
활줄을 당기는 듯,
높은 곳은 눌러주고
낮은 곳은 돋아주며,
남는 곳은 줄여주고
부족한 곳은 더해준다.
하늘 길은 남는 데서 덜어내어서는
부족한 곳에다 보태주는데,
사람의 길은 안 그렇구나.
부족한 곳에서 털어내서는
남아도는 곳에다 갖다 바친다.
누가 천하를 남는 것으로
잘 받들어 살필 수 있나?
오로지 길을 품은 사람이로다.
그래서 성인은 돕고도 기대잖고,
공이 이뤄져도 머물지 않으며,

현명함을 드러내지 않으려 한다.

天之道 其猶張弓與
高者抑之 下者擧之 有餘者損之 不足者補之
天之道 損有餘而補不足 人之道則不然 損不足以奉有餘
孰能有餘以奉天下 唯有道者
是以聖人爲而不恃 功成而不處 其不欲見賢

문법과 용어 풀이

- 天之道 其猶張弓與에서 其는 天之道를 받는다. 與는 감탄사이다.
- 高者抑之는 원래는 抑高者일 것인데, 高者를 앞으로 빼서 강조하고 그 자리에 之를 놓았을 것이다.
- 損有餘而補不足에서 有餘는 남아도는 사람들의 것, 不足은 부족한 사람들의 것을 가리킬 것이다.
- 損不足以奉有餘에서 以는 연사, 有餘는 여유가 있는 사람이다.

天천 하늘, 之지 의, 道도 길, 其기 그, 猶유 과 같다, 張장 당기다, 弓궁 활, 與여 조사, 高고 높다, 者자 놈, 抑억 누르다, 之지 그것, 下하 낮다, 擧거 돋아주다, 有유 가지다, 餘여 남음, 損손 덜다, 不足부족 부족하다, 補보 보완하다, 有餘유여 남는 것, 而이 연사, 不足부족 부족한 것, 人인 사람, 則즉 조사, 不然불연 그렇지 않다, 以이 그것으로서, 奉봉 받들다, 孰숙 누가, 能능 할 수 있다, 天下천하, 唯유 오직, 有유 가지다, 道도 길, 者자 놈, 是以시이 그러므로, 聖人성인, 爲위 하다, 而이 연사, 不불 아니, 恃시 기대다, 功공, 成성 이뤄지다, 不불 아니, 處처 머물다, 其기 그, 欲욕 하려고 하다, 見현 드러내다, 賢현 현명함

남는 것을 덜어서 죽음은 면해주고

하늘의 길은 활줄을 당기는 것과 같다. 활줄을 당기기 전에는 늘어

져서 쭈글쭈글하다. 그러나 시위를 끼워서 줄을 당기면 팽팽해진다. 이것은 높은 곳은 눌러주고 낮은 곳은 돋아주며, 남는 곳은 줄여주고 부족한 곳은 보완해주는 것과 같다.

하늘의 길은 남은 곳에서 덜어내어 부족한 곳에 보태주는데, 사람의 길은 그렇지 않다. 부족한 사람 것을 털어내서 남는 사람을 받든다.

그렇다면 부족함과 남음은 무엇인가? 아무리 밥이 많아도 매끼 배를 채우는 데 한 그릇이면 충분하다. 이 한 그릇이 없으면 사람이 살 수가 없지만, 거친 음식이나마 한 배만 채우면, 어른은 노래 부르고 춤추며, 꽃에 홀리고 달에 취할 수 있고, 아이들은 산천을 내달리며 놀 수가 있다. 우리 인간에게 주리지 않을 밥, 추위를 피할 옷과 집, 보살핌을 받을 손길이 반드시 필요하다. 부족함이란 최소한 먹고 살 자원을 갖지 못한 것이다. 그 이상의 것은 다 남는 것이다. 사람들이 싫음(虛榮心)을 좇아서 삶의 풍요함(生之厚)(50장)을 추구하면 남아도 항상 부족하다고 여길 것이다. 그러나 이것은 하늘의 길에서 보면 남는 것이다. 이 남는 사람의 것을 덜어서 부족한 사람을 보탠다는 것은 모든 사람들을 최소한 죽지 않게 해주는 것이다. 이처럼 사회가 모든 사람들을 죽지 않게 최저의 삶을 보장해주는 것을 사회보장이라 한다.

누가 남는 것을 가지고 천하의 모든 사람들을 받드는 사회보장을 할 수 있을까? 길을 따르는 사람, 곧 성인뿐이다. 성인은 천하의 모든 사람을 받들고자 할 뿐, 자기를 다른 사람이 받들기를 털끝만큼도 바라지 않는다. 그러므로 그는 모든 백성의 삶을 사회보장으로 잘 보살펴주고도 대가代價를 바라지 않고, 공이 이루어져도 자리에 연연하지 않으며, 자신의 현명함을 과시하려 들지도 않는다.

78장
천하에 물보다 연한 것이 없지만

천하에 물보다 연한 것이 없지만,
단단한 것들을 다스릴 때는
그보다 어떤 것도 나을 수가 없다.
그것은 고정체를 갖지 않고서
단단한 것들을 잘 바꾼다.
말랑한 것이 단단한 것을 이기고
유연한 것이 딱딱한 것을 이긴다.
천하가 이것을 모를 리가 없지만
아무나 쉽게 실천하지 못한다.
그러므로 성인은 이렇게 말을 한다.
나라의 때(垢)까지 감당하는 이,
그를 사직의 주인이라 부르고,
나라의 재앙까지 감당하는 이,
그를 천하의 왕이라 부른다고.
바른 말이 오히려 그른 것 같다.

天下莫柔弱於水 而攻堅强者莫之能勝 其無以易之
弱之勝强 柔之勝剛 天下莫不知 莫能行
是以聖人云 受國之垢 是謂社稷主 受國不祥 是爲天下王
正言若反

문법과 용어 풀이

- 天下莫柔弱於水에서 弱은 부드럽다. 莫㉠於㉡은 ㉡보다 ㉠한 것이 없다이다.
- 莫之能勝은 莫能勝之인데, 부정사 때문에 之가 앞으로 나갔다. 之는 水일 것이다.
- 其無以易之에서 無 뒤에는 객어인 고정된 모습 따위가 생략되었다. 以는 연사, 易은 바꾸다이다. 之는 堅强을 받을 것이다.
- 弱之勝强에서 之는 조사이다.

天下 천하, 莫 막 아니, 柔弱 유약 부드럽다, 於 어 보다, 水 수 물, 而 이 연사, 攻 공 다스리다, 堅强 견강 단단하다, 者 자 조사, 莫 막 아니, 之 지 그것, 能 능 할 수 있다, 勝 승 이기다, 其 기 그것, 無 무 갖지 않다, 以 이 그럼으로써, 易 역 변화시키다, 之 지 그것, 弱 약 부드러운 것, 之 지 조사, 勝 승 이기다, 强 강 딱딱한 것, 柔 유 연한 것, 剛 강 단단한 것, 天下 천하, 不 부 아니, 知 지 알다, 行 행 행하다, 是以 시이 그러므로, 聖人 성인, 云 운 말하다, 受 수 받아들이다, 國 국 나라, 之 지 의, 垢 구 티끌 때, 是 시 이것, 謂 위 이르다, 社稷 사직, 主 주 주인, 不祥 불상 불길한 것, 是 이 이것, 爲 위 부르다, 王 왕, 正 정 바른, 言 언 말, 若 약 과 같다, 反 반 반대되다

불길한 것도 받아들이네

천하에 물보다 부드러운 것이 없지만, 단단한 것을 다스리는 데 물을 능가하는 것이 없다. 부드러운 것은 자기는 물론, 단단한 남까지 잘 변화시킨다. 연한 물과 바위가 만나면 물은 자기를 변화시켜 돌을 감

싸고, 돌은 물을 변화시켜 물 안으로 들어간다. 언뜻 보면 돌이 물을 변화시키는 것 같다. 그러나 자세히 보면 반대이다. 흐르는 물은 돌 모양에 따라 자기 몸을 변화시켰다가도 돌을 스치고 나면 다시 몸을 합치지만, 거침없이 흘러내리면서 돌을 굴려 부서지게 한다. 그런가 하면 비좁은 바위틈까지 스며들어서 겨울이 되면 얼음으로 몸을 부풀려 바위를 갈라놓는다. 물은 남을 급하게 변화시키려고 하는 딱딱한 것들과는 달리 한 순간도 어떤 고정된 모습을 가지지 않음으로써 오히려 남을 잘 변화시킨다. 자기를 잘 변화시켜서 남을 잘 변화시키는 것이 물이다.

길을 잘 따르는 사람은 물처럼 부드럽고 연하다. 그는 고정된 마음을 만들지 않고 잘 변화시켜 남에게 자기 마음을 맞춘다. 자기의 마음으로 남의 마음을 삼지 않고, 남의 마음으로 자기 마음을 삼는다. 물이 돌을 이기는 것처럼 마음이 부드러운 사람이 고정된 사람을 이긴다. 부드러운 것이 딱딱한 것을 이기고 연한 것이 단단한 것을 이긴다. 천하가 이것을 모르지 않지만 실천하지는 못한다.

그러므로 성인은 온 나라 사람들이 다 때나 오물로 여기는 것까지도 수용하는 지도자를 사직의 주인이라 부르고, 온 나라의 사람들이 불길하다고 생각하는 것들마저도 마다하지 않는 지도자를 천하의 왕이라 부른다고 말한다. 그렇다면 깨끗한 것과 상서로운 것은 내친다는 말인가? 그렇지 않다. 성인은 이름과 싫음을 버렸기 때문에 그에게는 더러운 것도 깨끗한 것도 없고, 불길한 것도 상서로운 것도 없다. 『장자』(인간세)에는 이런 이야기가 있다.

"봄에 황하에 제사를 지낼 때는 이마가 흰 소와 들창 코 돼지, 치질을 앓은 사람은 제물로 쓰지 않는다. 무당들이 이것들을 불길

하다고 여기지만, 신인은 오히려 대길한 것으로 생각한다."

성인은 무당의 불길과 대길을 초월해 있다. 불길이 대길이고 대길이 불길이다. 그는 더럽고 불길하다는 것은 물론 깨끗하고 길하다는 것도 받아들인다. 모든 것을 수용하는 사람은 결국 천하를 이끌어가는 진정한 지도자이다. 그러나 대부분의 지도자들은 고정된 마음의 틀에 따라서 깨끗하고 상서롭다는 것만을 추구하고 받아들인다. 그러므로 진정으로 바른 말이 세상 사람들에게는 그른 것처럼 보인다.

79장

큰 원한을
풀었다고 하더라도

큰 원한을 풀었다고 하더라도
반드시 찌꺼기는 남기기 마련이니,
어찌 이것이 잘한 일이 되겠는가?
그러므로 성인은 좌계左契를 간수타가,
우계右契 지닌 사람에게 물품 내줄 뿐,
남을 조금도 닦달하지 않는다.
덕이 있는 사람은 계契를 일삼고,
덕이 없는 사람은 철徹을 맡는다.
하늘 길은 친소親疎를 따지지 않고,
길 잘 가는 사람(善人)을 항상 돕는다.

和大怨 必有餘怨 安可以爲善
是以聖人執左契 而不責於人 有德司契 無德司徹
天道無親 常與善人

・ 문법과 용어 풀이 ・

- 安可以爲善에서 安은 '어찌', 可以는 할 수 있다(can), 爲는 되다(become), 善은 잘한 일이다.
- 左契는 물건을 보관한 사람이, 右契는 물건을 맡긴 사람이 지닌다(『道德經註』, 文淵閣四庫全書電子版).
- 無德司徹에서 徹은 빚이나 세 등을 철저히 받아내다는 뜻이다(『道德經註』, 文淵閣四庫全書電子版).
- 常與善人에서 與는 돕다, 善人은 길을 잘 따르는 사람이다.

和화 풀다, 大대 큰, 怨원 원한, 必필 반드시, 有유 가지다, 餘여 남은, 安안 어찌, 可以가이 할 수 있다(can), 爲위 되다, 善선 잘한 것, 是以시이 그러므로, 聖人성인, 執집 잡다, 左契좌계, 而이 연사, 不불 아니, 責책 독촉하다, 於어 에게, 人인 남, 有유 가지다, 德덕 덕인, 司사 담당하다, 契계, 無무 갖지 않다, 徹철, 天道천도, 親친 친함, 常상 항상, 與여 돕다, 善人선인

하늘 길은 누구와도 친하지 않고

어떤 사람에게 큰 원한을 갖게 하면, 그것을 풀어준다고 해도 그 사람의 마음속에는 반드시 원한의 찌꺼기라도 남아 있기 마련이다. 큰 원한을 짓는 것이 어찌 잘한 일일 수 있겠는가?

그러므로 그 성인은 물품보관소에서 물표 확인증인 좌계左契를 쥐고, 우계右契를 들고 온 사람에게 해당 물품을 내줄 뿐, 남에게 빚 따위를 독촉하여 받아내는 일을 하지 않는다. 좌계와 우계는 두 쪽으로 갈라진 그릇처럼 맞추면 딱 맞는 한 쌍이다. 옛날의 귀중품 보관소에서는 물품을 맡기는 사람에게 우계를 내주고 물품과 좌계를 보관하고 있다가, 우계를 들고 온 사람에게 좌계와 맞추어보고 해당 물품을 내주었다고 한다. 계 관리자는 우계의 지참자가 누구인가는 전혀 따지지

않고 우계를 내밀면 물건을 되돌려줄 뿐이다. 이와 같이 성인은 아무런 사사로움이 없이 공적인 임무를 수행한다. 누구라고 잘 대해주고 누구라고 못 대해주지 않는다. 이런 성인을 누가 원망하겠는가?

덕이 있는 사람은 계契만을 일로 삼고, 덕이 없는 사람은 남을 닦달하여 빚이나 세금을 받아내는 일, 곧 철徹을 일로 삼는다.

하늘의 길에는 친함이 없다. 친함만이 아니라 소원함도 없다. 하늘의 길은 누구도 사랑하지 않고 누구도 미워하지도 않는다. 하늘과 땅은 어질지도 않지만(2장), 모질지도 않다. 그러나 하늘의 길은 물이 낮은 곳으로만 흐르는 것처럼, 길을 따라서 잘 살아가는 사람을 아무런 생각 없이 돕는다.

큰 원한은 푼다 해도, 원한의 찌꺼기는 남으므로, 성인은 남의 가슴에 원한을 심지 않는다는 말이 공감이 간다. 그러나 남의 마음에 원한을 심지도 않고, 내 마음에 품지 않기란 참으로 어렵다. 원한을 심지 않으려 했는데 심어지고, 품지 않으려 했는데 품어진다. 원한을 지우려 해도 남아 있다. 이것이 운명일까? 원한을 다 풀려 하지 말고, 웃고 만날 수만 있게 하여도 좋지 않을까? 원한이 잠긴 마음을 조금이라도 함께 씻어냈으면 좋겠다. 그래서 옛 사람들은 축제를 벌여서, 함께 의식을 치르고, 먹고 마시며, 노래하고 춤추며, 웃고 울었을 것이다. 이런 축제가 지금은 점점 사라지고, 난장을 여는 것을 축제로 안다. 심지어 결혼식과 장례식에도 웃음과 울음이 없어졌다. 이런 세상에서 사람들은 무엇으로 서로에게 맺은 한을 씻어낼 수 있을까? 공동체의 축제와 일상에서 벌어졌던 모든 것들이 이제는 정신과 육체의 치료법이 되어야 하는 절박한 세상이 되었다. 이미 놀이치료, 운동치료, 미술치료, 음악치료, 춤치료, 이야기치료, 일치료, 웃음치료가 나왔으니, 울음치료가 곧 나올 것이다. 아름다운 울음을 자아내던 진도의 씻김굿이 못내 그립다.

80장

나라를 작게 하고
백성을 적게 하면

나라를 작게 하고 백성을 적게 하면,
장정 열 백 몫의 일을 해내는
기계가 있다 해도 안 쓰게 되고,
백성이 죽음을 중히 여기며
멀리까지 왔다갔다 안 하게 되니,
배와 수레가 있어도 탈 일이 없게 되고,
무기가 있어도 쓸 일이 없게 되며,
사람들이 복잡한 문자를 마다하고
새끼 신호법을 복원하여 쓰게 된다.
자기 음식을 달게 여기고,
자기 의복을 고이 여기며,
자기 거처를 편히 여기고,
자기 풍속을 즐겁게 여기므로,
마주 보는 나라와 나라 사이에
닭 울음과 개 짖음이 들릴지라도,
늙어서 죽을 때까지 오가지 않게 된다.

小國寡民
使有什佰之器而不用 使民重死而不遠徙
雖有舟輿 無所乘之 雖有甲兵 無所陳之
使人復結繩而用之 甘其食 美其服 安其居 樂其俗
鄰國相望 雞犬之聲相聞 民至老死不相往來

---------- 문법과 용어 풀이 ----------

- 小國寡民에서 國은 부족 공동체를 가리킬 것이다.
- 小國寡民에서 小는 작게 하다, 寡는 적게 하다이다.
- 小國寡民 使有什佰之器而不用의 주어는 小國寡民, 使의 객어는 民이다. 직역하면, 나라를 작게 하고 백성을 적게 한 것이 십 백의 기계를 가지고 있어도 사용하지 않게 하다가 된다.
- 什佰之器는 什(열 사람), 佰(백 사람)의 일을 해내는 기계이다.
- 無所陳之에서 陳은 전투를 위해서 병기를 펼치는 것이다.
- 使人復結繩에서 結繩은 옛날에 새끼를 묶어서 신호하는 것이다.
- 甘其食의 앞에 使人이 생략된 것으로도 볼 수 있다.

小소 작게 하다, 國국 나라, 寡과 적게 하다, 民민 백성, 使사 하게 하다(let), 有유 가지다, 什십 열 사람, 佰백 백사람, 之지 의, 器기 기계, 而이 연사, 不불 아니, 用용 쓰다, 重중 중하게 여기다, 死사 죽음, 而이 연사, 不불 아니, 遠원 멀리, 徙사 옮기다, 雖수 할지라도(though), 有유 가지다, 舟주 배, 輿여 수레, 無무 가지지 않다, 所소 바, 乘승 타다, 之지 그것, 甲兵갑병 무기, 陳진 펼치다, 人인 사람, 復복 다시, 結繩결승 새끼를 묶다, 而이 연사, 甘감 달게 여기다, 其기 그, 食식 음식, 美미 아름답게 여기다, 服복 옷, 安안 편안하게 여기다, 居거 주택, 樂락 즐겁게 여기다, 俗속 풍속, 鄰인 이웃, 國국 나라, 相상 서로, 望망 바라보이다, 雞계 닭, 犬견 개, 聲성 소리, 聞문 들리다, 民민 백성, 至지 이르다, 老노 늙다, 死사 죽다, 往來왕래 오가다

비밀번호가 필요 없는 세상

원시시대에 인간은 무리를 이루어 살았다. 이 무리가 최초의 나라일 것이다. 이 작은 나라의 백성은 외부와 교류하지 않았다. 외부로 통하는 길은 막혀 있었고 문은 닫혀 있었다(52장). 사람들은 나름대로 주어진 자연 환경에 적응하여, 생필품을 자급자족했으므로, 물건을 만들어서 남과 바꾸어 사용하지 않았다. 상품도 화폐도 시장도 없었다. 사람들은 나라 안의 사람들과는 함께 나누며 살았고, 나라 밖의 사람들과는 교류하지 않았으니, 나라 안과 밖의 누구와도 자기의 삶을 비교하지 않았다. 그러므로 우쭐하지도 주눅들지도 않았다.

그러나 이런 삶은 점점 파괴되기 시작했다. 노자가 살던 시대에도 권력자들은 나라를 키우고 백성을 늘리려고 끊임없이 싸웠다. 승패가 갈릴수록 나라의 수는 적어지고 규모는 커졌다. 커진 나라에서 교류가 늘어나면 사람들은 더 많은 이름을 배우고, 더 큰 싶음을 가지게 되어 다툼이 늘어났으므로, 인간은 행복할 수가 없었다. 노자는 인간이 본래의 자연적 상태로 돌아가야 행복할 수 있다고 생각했다. 그러려면 나라를 키우고 백성을 늘리기보다, 나라를 작게 하고 백성을 적게 하며, 여러 작은 나라들이 소규모 공동체로 공존하면서도 서로 교류하지 않게 하여야 할 것이다.

이런 세상에서는 누구도 남에게 물건을 많이 팔아서 부를 모을 생각조차 하지 않을 것이므로, 사람들이 장정 수십 수백 명의 일을 해내는 굴삭기(포클레인)와 같은 기계를 가지고 있다 하더라도 사용할 데가 없을 것이다. 각 나라의 백성은 행복도 불행도 모르지만 삶이 즐거우므로, 죽음을 중히 여길 것이다. 멀리 이동하고 무거운 물건을 나를 필요가 없으므로, 설령 좋은 배나 수레가 있어도 타지 않을 것이다. 모든 나라가 구태여 남의 나라를 침공하지 않으니, 침공받지도 않을 것이므로, 좋은 무기가 있어도 쓸 데가 없을 것이다. 좋은 기계와 무기를 개발하려고 과학기술을 발전시킬 필요도, 교역과 외교를 하려고 외국어를 익힐 필요도 없을 것이다. 그러므로 자기 나라의 자연 환경에 적응하는 것 이외의 다른 교육은 필요치 않을 것이다. 더 많이 배우려고 청춘을 바치면서 사랑과 출산까지 뒤로 미룰 필요는 없을 것이다.

그렇다면 노자는 과학 기술의 발전과 교육 등을 반대했는가? 이 80장을 "나라는 작게 하고 백성은 적게 하라. 열 사람 백 사람의 일을 감당하는 기계가 있어도 사용하지 않게 하라"와 같이 명령문으로 해석하면 노자는 과학기술의 발전과 교육 등을 반대하는 사람이 된다. 그러나 노자는 거부감이 있을 수도 있는 명령문을 고수답게 함부로 쓰지 않는다는 점을 고려해보면 이런 해석은 무리가 있는 것 같다. 그는 모든 나라를 작게 하고, 백성을 적게 하면 시장과 유통과 전쟁이 없고, 따라서 기계와 유통수단과 무기, 결국 과학 기술 발전과 교육이 필요 없는 세상이 될 것이라고만 말한다. 그는 기술 발전과 교육을 찬성하지도, 그것을 반대하지도 않는다. 그것을 반대할 필요조차 없는 세상을 꿈꾼다. 비유하자면, 병원을 반대하는 것이 아니라 병이 없는 세상을 바란다. 요즈음 전자거래가 일반화되면서 각종 전자 범죄가 늘어나고, 이를 막기 위해서 비밀번호가 하루가 다르게 무수히 많아질 뿐만 아니라 복잡해지고 있다. 노자는 아마도 비밀번호를 반대하는 것이 아니라, 그것이 필요하지 않은 세상을 원할 것이다. 미국의 공항 검색이 더욱 철저해지고 있다. 노자는 공항 검색의 강화를 반대하는 것이 아니라, 공항 검색은 물론 공항마저도 필요 없는 세상을 꿈꾼다. 결국 노자가 원하는 것은 과학과 교육마저도 필요하지 않은 세상일 것이다.

자기의 머리색도 추하게 여기고

원래 작은 나라 적은 백성의 삶은 간편하여, 많은 것을 기록할 일도, 멀리 편지를 보낼 일도 없었다. 전화, 인터넷은 물론 문자도 사용할 필요가 없었다. 그러므로 어렵게 문자를 배우기보다는 사냥꾼이 갔던 길을 표시하려고 나무에 새끼를 묶어(결승結繩) 두는 것과 같은 방식으로 간단한 기록과 통신을 하였을 것이다. 그러나 노자가 살던 시대에는 이미 나라가 커졌고 교류가 일어났으므로 정보를 주고받으려고 어려운 한자를 만들어 사용했다. 사람들이 문자를 익히려고 애를 썼고 그것으로 많은 이름을 배워서 더 큰 싫음을 가졌을 것이다. 이미 커진 나라들을 다시 나누어 작게 만들어, 사람들이 자급자족하면서 살게 하면, 거대 조직의 관리와 교류에 필요한 어려운 문자를 배우려 하지 않을 것이고, 누가 시키지 않아도 옛날 사람들이 사용하던 새끼 묶기와 같은 간단한 신호법을 복원하여 사용할 것이다.

요즈음 사람들은 무한 정보에 노출되어 끝없이 유혹당하고 있다. 특히 상품의 유혹이 심하다. 홀림이 커질수록 가고 싶은 곳도, 갖고 싶은 것도 늘어난다. 땅에는 차가, 바다에는 배가, 하늘에는 비행기가 어지럽게 사람과 짐을 실어 나른다. 이제 사람들은 자기 사는 곳에서 나지 않은 음식에 대해서도 알게 되고 그런 음식들을 먹을 수도 있다. 자기 고장의 음식을 맛없게 여기고 방부제와 화학 물질이 가득 들어간 음식을 즐겨 먹는다. 자기 조상이 즐겨 입던 옷을 부끄럽게 여기고 유행을 쫓아서 낯선 옷을 사 입기를 좋아한다. 자기 집과 동네를 싫어하고 남의 집과 동네를 부러워하며, 자기 풍속을 부끄럽게 여기고 먼 곳에서 흘러들어오는 자극적인 음악과 춤을 따라 한다. 남의 음악과 춤을 '음악'과 '무용'이라 부르고 자기 음악은 국악, 자기 나라 춤은 전통춤이라 부른다. 심지어 자기의 머리 색깔을 추하게 여기고 남을 따라 울굿불굿 물을 들이면서 개성을 찾는다고 생각하고, 멀쩡한 얼굴과 몸을 밉다고 여기고 돈을 들여서 고쳐댄다.

노자는 신토불이身土不異 세상을 꿈꾼다. 그런 세상에서는 옥수수와 커피, 석유, 옷과 같은 물건들, 음악과 춤 따위를 담은 정보, 그리고 사람 몸을 바다 건너 멀리 이동시킬 필요가 없을 것이다. 작은 나라들의 백성은 늘 먹던 음식은 달게, 늘 입던 옷은 아름답게, 늘 살던 집은 편하게, 늘 부르고 추는 노래와 춤을 즐겁게, 자기 몸을 예쁘게 여길 것이다. 그리고 마주 보는 나라 사이에 닭 울고 개 짖는 소리가 들릴지라도, 사람들은 늙어죽을 때까지 왕래하지 않을 것이다.

노자가 희구하는 세상은 모르는 사람끼리 교류하는 세계화된 사회가 아니라, 친밀한 인간관계를 유지하고 살아가는 수많은 작은 공동체들이 고립되어 공존하는 사회이다. 이런 사회에서 일은 자기와 가족의 생필품을 생산하는 것이지, 돈을 벌기 위한 것이 아니다. 사람들은 태어나서 가족과 이웃의 보살핌을 받고, 자라서는 어린이와 노약자를 보살피고, 늙어서는 젊은이의 보살핌을 받다가 죽고, 죽어서는 추모의 대상이 된다. 태어나서 보살핌을 받지 않은 아이가 없고, 실업도 없고, 은퇴도 없으며, 버려진 병자도 노인도 없고, 고독사도 없다. 사회보장제도를 따로 만들지 않아도 사람들의 생존은 자연이 허락한 범위 안에서 잘 보장된다. 어울려 생활하므로 외로움과 우울증도 드물다.

그러나 나라가 커진 자본주의 사회에서는 많은 사람들이 돈에 홀려 이웃과 친족으로부터 멀어진다. 직장을 찾아 헤매다가 가족과 헤어지고, 사랑을 미루다가 가족을 이루지 못한다. 아이가 태어나기도, 보살핌을 받기도 어렵다. 실업과 은퇴가 있어서 일할 힘이 있는데도 자기 삶을 건사하지 못하고, 늙고 병이 들어서는 홀로 생을 마감해야 하는 경우가 많다. 이런 세상에서 사람들의 최저 생존을 국가(사회)가 보장하지 않으면 안 된다. 그러나 사회보장이 만능의 해결책은 아니다. 그것이 모든 시민의 죽음을 면케 해줄 수 있지만, 사람들이 서로 고립되어 사는 한, 외로움과 우울증까지 없애줄 수는 없기 때문이다.

눈물이 꽃잎처럼

우리가 이런 자본주의 사회를 버리고 작은 나라에 적은 백성이 모여 사는 노자의 이상 사회로 완전하게 되돌아갈 수는 없을 것이다. 그렇더라도, 만민의 최저 생계가 보장되고, 고립이 줄어든 세상을 꿈꿀 수는 없을까? 나는 『한국 사회보장론 - 스웨덴을 거울 삼아』라는 책을 이렇게 마무리한 적이 있다.

"우리 동네 한복판에는 사회보장의 손발인 종합사회복지관이 있었으면 좋겠다. 어린이집, 요양원, 재가수발중심, 1차 의료기관, 각종 상담실, 문화교실, 도서관, 주민지원중심(센터), 치안중심이 모여 있는 이곳에서 펼쳐질 일들을 상상해본다. 며느리가 출근하면 위층에 사는 시아버지가 손녀의 손을 잡고 어린이 집에 들렀다가, 문화교실에서 수채화를 그린다. 사위는 퇴근길에 어린이집에 들러 아들을 안고 위층 요양원으로 내려가서 치매 든 장모님께 문안을 드린다. 장애인이 탄 윤의輪倚(Wheel Chair)를 건강한 노인이 밀어주며 산책을 한다. 청소년들은 학원에 가서 입시교육을 받는 대신, 내공이 쌓인 어른들로부터 사군자와 붓글씨, 대금과 색소폰, 피아노, 사물놀이, 살풀이춤, 탈춤, 요가, 명상을 배우면서 인생의 지혜도 덤으로 얻고, 어른이 되어서는 그것들을 다음 청소년에게 전해준다. 회의실에서는 진지한 토론도 하지만, 휴게실에서는 하나마나 한 소리로 시간을 보낸다. 주말이면 '씨엄씨 몰래 술 돌라 묵고 이 방 저 방 댕기다가 씨압씨 불알을 뽊았네(시어머니 몰래 술 훔쳐 먹고 이방 저방 다니다가 시아비 불알을 밟았네)'(진도아리랑)와 같은 노래를 함께 부르며 가족 내의 규율과 해방, 긴장과 해소의 변증법을 멋스럽게 누린다. 주민들의 결혼과 회갑 잔치에는 문화교실 사람들의 흥거운 춤과 가락이 흐르고, 마을 사람이 영별하는 날에는 아름다운 꽃상여의 수술들이 소리를 타고 너울거리며 눈물이 꽃잎처럼 떨어진다. 사람들이 음률로 마음을 씻고 이웃들과 함께 즐거워하니, 늘 남을 감사하게 생각하면서 존경하고, 베풀고도 보답을 기대하지 않는다(爲而不恃)(10장). 낮에는 나무 아래 평상에 동네 사람들과 함께 누워 흔들리는 잎 사이로 열린 하늘과 흘러가는 구름을 보고, 밤에는 마당에 나가 이웃집 아이와 별을 헤아린다. 할머니의 무거운 짐을 청소년이 달려가 들어주고, 울고 있는 아이의 눈물을 이웃집 할아버지가 다가가서 닦아준다. 설령 벌이가 조금 적더라도 사는 데는 아무런 지장이 없으니 누구나 장인 정신을 가지고 열심히 일하고, 부담 없는 비용으로 성실한 남의 일손을 빌려 쓰므로 출근자의 발걸음에는 기운이 넘치고, 퇴근자의 얼굴에는 보람이 가득하다. 잘난 사람이나 못난 사람이나 모두 참살구나 개살구 같은 개성을 드러내면서 자기 일에 만족하고, 싸웠다가도 금방 만나서 환한 얼굴로 이야기꽃, 웃음꽃을 피워낸다. 이런 마을 사람의 고운 마음들이 인因이 되고 연緣이 되어 온 세계가 평화를 누리기를 기원한다."

81장
미더운 말은 예쁘지 않고

미더운 말은 예쁘지 않고,
예쁜 말은 미덥지 않다.
길 따름을 잘하는 사람은 변론을 잘못하고,
변론을 잘하는 사람은 길 따름을 잘못한다.
길을 아는 사람은 박식하지 않고,
박식한 사람은 길을 알지 못한다.
성인은 재물을 싸두지 않고,
남을 위해 쓰므로 더 많이 가지며,
남에게 베푸므로 더 많이 얻는다.
하늘의 길은 이로울 뿐, 해롭지 않고,
성인의 길은 위해줄 뿐, 다투지 않는다.

信言不美 美言不信 善者不辯 辯者不善 知者不博 博者不知
聖人不積 既以爲人 己愈有 既以與人 己愈多
天之道 利而不害 聖人之道 爲而不爭

─────── **문법과 용어 풀이** ───────

- 善者不辯에서 善者는 길을 따라 일을 '잘하는 사람'이다.
- 既以爲人에서 既以는 既已와 같으며 이미를 뜻한다.
- 己愈有에서 己는 자기, 愈는 더욱이다.

─────

信신 믿음직스런, 言언 말, 不불 아니, 美미 아름답다, 美미 아름다운, 信신 믿음직스럽다, 善선 잘하다, 者자 놈, 不불 아니, 辯변 말을 잘하다, 知지 알다, 博박 박식하다, 聖人성인, 積적 쌓아두다, 旣以기이 이미, 爲위 위하다, 人인 남, 己기 자기, 愈유 더욱, 有유 가지다, 與여 주다, 多다 많이 갖다, 天천 하늘, 之지 의, 道도 길, 利이 이롭다, 而이 연사, 害해 해롭다, 爲위 주다, 爭쟁 다투다

길을 아는 사람은 박식하지 않고

이름과 싶음을 버리고 길을 따르는 사람은, 남을 설득하려 들지 않으므로, 말이 실제로는 미덥지만, 겉으로는 아름답지는 않다. 그러나 아름답게 들리는 말은 믿음직스럽지 못하다. 흔히 나쁜 물건을 비싸게 팔려는 사람의 말은 아름답지만, 그 말은 믿음직스럽지는 못하다. 길을 잘 따르는 사람은 남에게 주장할 것이 없으므로 변론을 잘하지 않고, 변론을 잘하는 사람은 길에 따라 일을 잘하지 못한다. 길을 아는 사람은 헛된 이론 따위에 박식하지 않고, 박식한 자는 길을 알지 못한다. 길의 기본을 잘 알면, 잡다한 지식은 필요하지 않다.

성인은 많은 것을 쌓아두지 않는다. 이미 남에게 베풀었으므로 남이 베풀어주는 사랑을 더욱 많이 받게 되며, 이미 남에게 많은 것을 주었으므로 정녕 자신을 즐겁게 해주는 것을 더욱 많이 갖게 된다.

하늘의 길은 그 길을 따르는 모든 이에게 이로울 뿐, 해롭지 않다. 그러나 길을 따르지 않은 사람에게는 해롭다. 이것은 그 길이 자기를

따르는 사람을 사랑하고 그렇지 않은 사람을 미워하기 때문이 아니다. 하늘의 길은 인자하지도 모질지도 않다. 봄에 씨를 뿌리면 가을에 거둘 수 있게 해주고, 뿌리지 않으면 거둘 수 없게 해줄 뿐이다.

성인은 하늘의 길을 따라 남을 위해줄 뿐, 어느 누구하고도 다투지 않는다.

| 찾아보기 |

인명

강준혁 406
강태인 406
강태준 407
건륭제 5
경종 268
경희 407
계상 407
고개지顧愷之 7, 169
공년 407
공자孔子 145
구사량仇士良 331
귀봉龜峯 86
김군선 88
김기덕 406
김기열 80
김돌손金乭孫 352
김삿갓 247
김성천 406
김수연 97
김억추 351
김영식 406
김은경 406
김웅함 351
김인후 162
김재영 331

김정희 369
김지현 406
김해식 406
놀보 222
대처 65
도요토미 히데요시 322
동기창童其昌 7
동문민 7
마다시馬多時 352
맑스 17, 20, 310, 402
맹자孟子 78, 329, 343, 365
미선 407
박문수 235
박미정 406
박승희 49 73
박시종 406
박영도 406
벽사碧史 9
사도세자 275
삼우당三愚堂 264
서종희 406
선조 213
섭공葉公 145
蘇轍 308
소치小癡 7

손우현 406
송여종 352
송익필宋翼弼 86
숙종 268, 268
신광현申匡絢 369
신안주씨新安朱氏 308
신용선 93
안위 351
양기주 407
양혜왕 329
엥겔스 17
영조 268, 275
영희 406
옥열 406
왕필 5, 7
용찬 407
우봉又峰 7
월매 204
유성룡 346
윤재 407
이기홍 406
이도령 205
이상주 247
이석 81
이순신 346, 350
이은경 406

401

이장호 406
이종아 406
이태주 264
임해영 406
장자莊子 17, 37, 144, 176, 191, 249, 287, 359, 385
장자張子 308
장희빈 268
전태국 406
정강성 7
정란 407
정복순 406
정웅두 352
정현鄭玄 7
정혜정 40
조공례 40
조용운 235
조희룡 7, 369
준사俊沙 352
진린 346
진시황秦始皇 71
쩌우지멍 331
차라투스트라(Zarathustra) 312
최명민 406
최연혁 74
최진석 17
추사秋史 7, 369
춘향 204
칠곡七谷 6, 158, 209, 264, 406
캔다 36

타게 에를란데르Tege Erlander 73
탁평곤 406
퇴계 213
포정 176
하영휘河永輝 69, 125, 194, 260, 282, 317, 406
韓非子 146
한영규 369
허련 7
화란 407
홍보 222

사항

可名爲大 203
가물대는 암컷 63, 66
가지미(有) 232,
가짐(有) 34, 38
强其骨 45
江海 194, 337
去彼取此 95, 96, 221, 222, 362, 364
겨울 냇물 119
輕則失本 躁則失君 171
稽式 328, 329
高下相傾 35
谷神不死 63
曲則全 156, 157
골짜기의 신 63, 65
공기청정기 138
功成而弗居 35, 43

功遂身退 79, 80
공적 바램 128
공화空華 101
敎父 239
九層之臺 325
군대가 주둔한 곳 184, 186
귀누리 116
근대주의(modernism) 133, 223, 295
其鬼不神 307, 308
其神不傷人 307, 308
企者不立 跨者不行 164
其政悶悶 299
其政察察 299
길(道) 16, 17, 19, 27, 51, 52, 54, 55, 63, 65, 75, 77, 116, 153, 154, 160, 162, 164, 167, 169, 170, 185, 190, 208, 225, 304, 318, 369
길의 벼리(道紀) 115, 118
긺과 짧음 34, 38, 39
金玉滿堂 79
까치발 164, 165
깨금발 164, 165
難易相成 35
내리사랑(慈) 137, 139, 141, 145
녹우당綠雨堂 20, 21, 23
녹으려는 얼음 119
높음과 낮음 34, 38, 39, 231

눈누리 116
다른 색의 글씨 8
多言數窮 58, 62
대국 173, 313, 314, 315
大道廢 137
大成若缺 251
大小多少 321
大盈若沖 251
大威 362, 363, 364, 365
大直若屈 251
덕德 89, 162, 225, 308
德者 160, 161
盜夸 278
道紀 115, 118
도둑놈의 사치 277, 280
道法自然 168
道常無名 193
道生之 271
道者 120, 161, 162, 164, 189, 317, 328, 381
道者萬物之奧 317
道沖 51, 52
珞珞如石 227, 228
老子道德經노자도덕경 6, 59, 60, 267
琭琭如玉 227, 228
리利(이익) 330
리외離畏 309, 310
마음은 비워주고 44, 48, 129, 148, 379
만물의 안방 316, 318
萬物作焉而不辭 35, 42

말 19
말라식 98, 116
맨바램 27, 128, 129, 196
緜緜若存 63, 67
名명 17, 115, 154, 168, 194, 203, 216, 235, 247, 258
모계母系 65
모욕 108, 109, 110, 111, 112, 250
목간 5, 6, 69
木強則兵 377
몸과 돈 246, 248
못하는 사람의 스승 174
妙묘 16, 17, 29, 33, 120, 175, 177
無名 16, 17, 25, 29, 30, 31, 33, 193, 215, 216, 217, 234, 259, 355
無爲 34, 35, 39, 41, 44, 45, 82, 83, 84, 89, 92, 172, 182, 199, 215, 216, 220, 221, 222, 225, 242, 243, 260, 261, 262, 294, 308, 320, 321, 325, 326, 355
無爲之事 35, 39
無有入無間 242
無知無欲 45, 50, 210
文과 質 141
문법 8, 98, 99
문연각文淵閣 6
물신주의物神主義 310
物壯則老 185, 287

뭇 사람들 똑똑한데 150
微明 211, 214
미인 36, 37
民不畏死 371
民之從事 325
바램(慾望) 27, 127, 128
바른 길 16, 18, 19, 24
바른 이름 16, 21, 22, 24
樸散則爲器 179
반야심경般若心經 96
反者 道之動 230
方而不割 299
배는 채워주며 44
배는 튼실하게 48
百谷王者 337
백성의 마음 263
兵者 不祥之器 189
不可得而親 290
復命 124, 125
不善人之師 175
不言之敎 無爲之益 242
不欲以靜 215
不自見故明 157
不肖 341
不爭之德 344, 345
非以明民 將以愚之 328, 329
司契 387
사립을 나서지 않아야 257
사마駟馬 316, 317
사욕 127
사적 바램 128

司徹 387, 388
사회보장 48, 49, 65, 72, 73, 143, 382, 395, 396
사회복지 36, 48, 93
살누리 116
삼베옷 354, 355, 356
상덕上德 220, 222, 224
常道상도 16, 18, 19, 24, 52
상례上禮 220
常名 16, 17, 22
상사上士 233, 236
上善若水 76, 77
상의上義 220, 224
상인上仁 220, 224
常足 254, 255
塞其兌 閉其門 274, 290
생각누리 116
生而不有 35, 42, 84, 89, 271
善人之資 175
善戰者不怒 344
소국 313, 315
小國寡民 291, 391
修之於身 282
습명襲明 174, 176
習常 273, 274, 276
勝而不美 189
是以聖人 35, 68, 95, 156, 171, 175, 181, 257, 299, 321, 325, 337, 354, 362, 368,
381, 384, 387
信不足焉 130, 134, 161
信言不美 398
實其腹 45, 94, 248
失者 160
心使氣曰强 物壯則老 287
싫음(欲) 16, 26, 27, 28, 29, 44, 60, 92, 105, 140, 147, 216, 297
쌓임(蘊) 96, 97
我獨泊兮 149
아뢰아식 98, 116
안가지미(無) 232
안가짐(無) 34, 38
哀者勝矣 349, 350
弱其志 45
弱之勝强 柔之勝剛 384
陽 239
어려움과 쉬움 34, 39
얻음과 잃음 246
餘食贅行 164, 165
영聲 85
吾言甚易知 354, 355
五蘊皆空 96
徼 16, 17, 28, 29
요묘要妙 175, 177
欲 16, 26, 27, 28, 29, 44, 50, 60, 92, 105, 121, 128, 140, 141, 147, 203, 216, 228, 255, 295, 297, 314, 326, 381
用兵有言 348, 349

用人之力 344
用之不勤 63, 64, 67
右契 387, 388
雄 179
威 362
爲無爲 321
爲腹不爲目 95
爲而不恃 35, 42, 84, 89, 271, 381, 397
爲者敗之 執者失之 181, 325
爲學日益 爲道日損 260
有名 16, 17, 29, 33
有無相生 35, 38
有生於無 230
有爲 35, 39, 41, 225, 374, 375
六親不和 137
陰 238, 239, 240
音聲相和 35
음악과 음식은 207
음音과 성聲 34
이름가짐(有名) 16, 29, 33
이름과 몸 246
이름안가짐(無名) 16, 25, 29, 30, 31, 33, 215, 217, 259
以百姓心爲心 132, 263
以正治國 以奇用兵 294
益生曰祥 287
인의仁義 330
雌 84, 179
慈 137, 138, 144, 145,

340, 341, 342
自見者不明 164
慈故能勇 儉故能廣 341
自樸 294
자본주의 65, 85, 104, 248, 283, 334, 395, 396
自富 294
自賓 193, 194, 195
自正 294
自化 215, 294
잘하는 사람의 의지처 174
長短相較 35
將欲歙之 211, 212
長而不宰 84, 89, 271
載營魄抱一 84, 85, 88
赤子 287
前後相隨 35
絶聖棄智 140, 141
絶學無憂 149, 150
정신장애 진단 및 통계 편람 23
左契 387, 388
挫其銳 解其紛 51, 52
주혼走婚 66
죽간 5, 6, 8
중덕 224, 225
衆甫 154
중사中士 233, 236
重爲輕根 靜爲躁君 171
衆人熙熙 149
지도자의 등급 131

지렁이 39, 40, 41, 126
知不知 上 357
知人者智 197
知者不言 言者不知 290, 291
잡밥 164
참 만족 254, 255, 256
참길 16, 17, 18, 19, 24, 25, 52, 138, 169, 180, 273, 276
참이름 16, 21, 22, 25, 46, 240
창문을 열지 않아야 257
天古之極 344, 345
天網恢恢 疏而不失 368
天長地久 68
天地不仁 58, 343
天地之間 58
天下無道 254
天下有道 254
총애 106, 108, 109, 110, 111, 112, 113, 331
寵辱 109, 110
최선의 지도자(上善) 75, 76, 77, 78
出生入死 267
沖氣 239
치사랑 137, 144, 145
치사랑(孝) 144, 145
코누리 116
틈이 없는 곳 242, 244
被褐懷玉 354
하덕下德 220, 222, 224

하사下士 233, 236, 355
한어대사전漢語大詞典 8
함가짐(有爲) 39, 41
含德之厚 287
함안가짐(無爲) 39, 41, 44, 82, 308
合抱之木 325
解其分 和其光 同其塵 290
行無行 348, 349
行不言之敎 35, 42
行於大道 唯施是畏 278
虛其心 45, 94, 248
헛꽃 101
헛짓 164, 165
혀누리 116
玄德 84, 89, 270, 271, 272, 328, 329, 332
玄同 290, 291, 292
玄牝之門 63, 64, 66
玄현 17, 64, 84, 120, 291
和光同塵화광동진 54
和其光 同其塵 51, 52, 53, 55, 56, 57, 290
화씨의 벽옥 146
禍兮福之所倚 299
활줄 380
孝 137, 141, 144, 145
흐르면서도 고인 물 121
欽定四庫全書 6
希言自然 161

405

| 감사의 글 |

　나는 칠곡七谷 하영휘河永輝 교수를 삼십여 년 전에 산에서 우연히 만나 인생의 가운데 토막을 더불어 즐겁게 보냈다. 칠곡은 산에서는 벗, 술자리에서는 형, 교실에서는 선생님이시다. 『도덕경』을 읽으면서 막힌 곳이 있으면 묻고 또 물어서 많이도 괴롭혀드렸다. 감사드린다.
　젊었을 때 나는 '마금모(맑스를 읽는 금요 모임)'에 참여하여 공부했다. 이 모임에서는 틈틈이 동양의 고전도 읽었는데, 그때 『도덕경』을 처음 접했다. 많은 가르침을 주셨던 전태국, 이기홍, 박시종, 박영도, 김해식, 김영식 선생님의 은혜를 잊을 수 없다.
　최근에는 '실복회實腹會'에서 『도덕경』을 수년에 걸쳐서 읽었다. 사회복지 전공자이신 김성천, 김기덕, 최명민, 이은경 선생님은 사회복지 윤리와 철학, 그리고 실천에 관한 많은 지혜들을 깨우쳐주셨다. 깊은 사랑까지 전해주신 선생님들께 야생 국화 한 송이씩을 전해드리고 싶다.
　정리되지 않은 초고를 읽어주고 집필의 보람까지 안겨준 죽마고우 손우현, 매월 모여 공부하면서 많은 것을 일깨워주고, 이 책의 원고를 읽어준 강태인 박사, 박미정 박사, 서종희 박사, 임해영 박사, 탁평곤 박사, 강준혁, 김은경, 김지현, 이종아 군, 그리고 예쁜 책을 만들어준 성대출판부의 여러 선생님들에게 누룩 막걸리 한 사발을 올리고 싶다.
　병이 깊은 어머님을 편히 모셔주셔서 내가 마음놓고 책을 쓸 수 있게 해주신 이장호 자형과 영희 누님, 정복순 형수와 옥열 형, 여러 면에서 항상 많은 것을 도와주신 강태준 자형과 경희 누님, 공년, 정란, 윤재, 미선, 그리고 늘 나에게 용기를 주신 용찬 계상 숙부를 비롯한 여러 가족들에게도 감사의 마음을 전한다.

  내가 지금 이 글을 쓰고 있는 오스트리아 알프스 산장의 경치는 이렇다.

산 아래 풀밭에는 소와 말이 노닐고
옛 성당의 종소리가 골안에 울려 퍼져,
이 몸도 새를 좇아 멀리 날고 싶은데,
눈 봉우리 하늘 밖에 흰 구름이 흘러옌다.
山邊牛馬草原遊 古洞鐘聲出寺樓
我欲從禽遠飛去 雪峰天外白雲流

나를 독일까지 초청해서 아름다운 이 산골에서 함께 머물며 원고를 마무리할 수 있도록 모든 배려를 아끼지 않으신 양기주 자형과 화란 누님께 깊이 감사드린다.

2015년 봄 박승희